日本の神様解剖図鑑

平藤喜久子
hirafuji kikuko

X-Knowledge

はじめに

日本には八百万《やおよろず》の神々がいる、という言い方をする。八百万とは、数えられる数字のことではない。とにかくたくさんの神々がいるという意味である。

たしかに『古事記』や『日本書紀』、『風土記』といった神話を伝える8世紀の文献を紐解けば、天照大御神《あまてらすおおみかみ》や須佐之男命《すさのおのみこと》等々、そこには覚えられないほどたくさんの神々が登場する。こうした古い文献には登場しなくとも、土地の言い伝えや昔話などで語られる神もいるし、その土地の山や川そのものが神とされている場合もある。

お稲荷《いなり》さんやえびすさんのように、民間信仰から自然発生的に生まれた神、大黒天や弁財天のように仏教の神と習合した神もいる。さらには人間が神になることすらある。多くの人が受験シーズンに合格祈願で訪れる天満宮の天神様は、菅原道真《すがわらのみちざね》。権現《ごんげん》様として知られる東照大権現は、徳川家康のことである。

面白いことに、すぐれた人や神だけでなく、物語では悪役として登場する酒呑《しゅてん》童子《どうじ》やいたずら者の河童《かっぱ》も神として祀られている。このようにわたしたちはさ

まざまな来歴をもった神々に囲まれて暮らしている、ということができる。

そんな神々は、それぞれに興味深い神話を持っていたり、独自の祀られ方をしていたり、不思議な姿形でイメージされていたりする。本書は、「解剖図鑑」と題されているように、その神々の神話や姿、信仰のあり方をできる限り描き出し、解き明かそうとしている。神話には性別も不明であれば、どのような姿をしていたのかまったく描かれていない神も珍しくない。しかしそれをあえて描こうとすることで、今まで以上に深く神について考えることができると思う。

本書を手に取られ、中には「この神さまってこんな顔かなぁ」と疑問を抱く方もおられるだろう。その体験が、神さまについてより深く知ろうとするきっかけになればと願っている。

目次

2章 ダークヒーローと異形の神様

3章

物から仏まで、森羅万象の神様

4章

ありがたい神様のスゴいご利益

column

ブックデザイン：細山田デザイン事務所（米倉英弘）
編集協力・ＤＴＰ：ジーグレイプ
イラスト：Ｌｅｉａ
印刷・製本：シナノ書籍印刷

序章

すぐにわかる神様の系譜

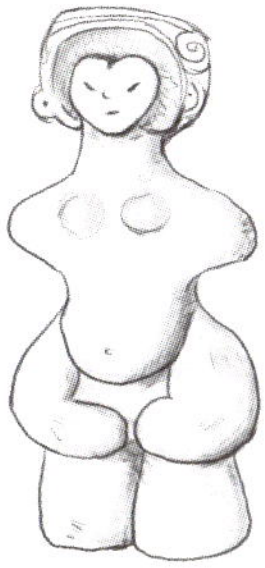

神の系譜をたどる

高天原にいる天つ神たち
天つ神の中には、葦原中国を統治すべく高天原から降った天照大御神の孫、迩迩芸命（ににぎのみこと）のお供をした者も多い。
天照大御神の使者として、葦原中国の大国主神に大地の統治権を譲るよう交渉した。
天手力男神《あめのたじからおのかみ》
天宇受売命《あめのうずめのみこと》
天照大御神
建御雷神《たけみかづちのかみ》
伊邪那岐命（いざなぎのみこと）が黄泉国から戻り穢れを落とす禊（みそぎ）により生まれた女神で、高天原を統治。また皇室の祖神でもある。

葦原中国に降った天つ神と土着の国つ神たち
大国主神に代わる葦原中国の統治者となった天つ神。天照大御神の孫。その子孫が初代天皇に。
葦原中国をつくり統治していたが、天つ神に降伏し統治権を譲る。須佐之男命の子孫。
大国主神の子。
高天原から大地へ降る神々の先導役を務めた国つ神。
迩迩芸命の妻となった山の女神。国つ神との婚姻により、天つ神の支配は盤石になっていく。
大国主神
猿田毘古神《さるたびこのがみ》
迩迩芸命《ににぎのみこと》
事代主神《ことしろぬしのかみ》
事代主神の弟。国譲りに反対するも敗退。
木花之佐久夜毘売《このはなのさくやびめ》
建御名方神《たてみなかたのかみ》

根の国、黄泉国の神たち
伊邪那岐命の伴侶として多くの神を生むが、火の神を生んだ際にやけどにより死亡。黄泉国へ降った。
天照大御神の弟だが、高天原で傍若無人に振る舞ったため追放された。葦原中国に降った後はヒーローとなり、後に根の国へ行った。
根の国（黄泉国）と地上とは、千引（ちびき）の岩と呼ばれる巨大な岩で隔てられているとされる。
須佐之男命
伊邪那美命《いざなみのみこと》

日本語の神は、複雑だ。「神」と聞いてキリスト教の神を思い浮かべる人も多いだろうし、「神仏」という言い方があるように、仏と混ざり合ったイメージも持たれがちだ。

もともとはどのような存在が神なのだろうか。大きく3つに分けてみると、①古事記や日本書紀といった神話に登場する神、②民俗神、③もとは人間だった神となる。

神話には世界をつくり出したり、英雄的な活躍をしたりする神が登場する。人間と同じように結婚をし、怒ったり、笑ったりする。こうした神は、人間神《にんげんしん》と呼ぶことができる。人間神は、天の高天原《たかまのはら》に住む天《あま》つ神《かみ》と地上の葦原中国《あしはらのなかつくに》に住む国《くに》つ神《かみ》に分けられる。また、厳密には区別できないが、自然そのものの神もい

神話に登場する神々が住む世界

天照大御神が統治する世界で、天之御中主神（あめのみなかぬし）をはじめ天つ神が鎮座する。
高天原とも呼ばれる天上界。天上界に住む神々は天つ神と総称される。
高天原
地上界。大国主神が統治していたが、「国譲り」により天孫・迩迩芸命に譲ったと伝わる。国つ神や人間がいる。
黄泉国《よみのくに》
葦原中国
黄泉国は、地下の世界とイメージされることも多いが、山のなかであるとも考えられている。黄泉の国と根之堅州国の関係も、同じ場所であるのか、また違う場所なのか、はっきりとは描かれていない。
根の国は、死者のいる黄泉国と同一とされることもある。葦原中国とは黄泉平坂（よもつひらさか）でつながる。
黄泉国
根の国
（根之堅州国《ねのかたすくに》）
死後の伊邪那美命や『古事記』後半の須佐之男命が根の国の神とされる。

る。山の神や海の神、風の神、木の神などである。これらは自然神《しぜんしん》という。神社には、天照大御神《あまてらすおおみかみ》のような天つ神や、大国主神《おおくにぬしのかみ》のような国つ神が祀られることも多いが、自然神も祀られる。

　神話には登場しないが、民間神、民俗神などと呼ばれる神もいる。稲《いな》荷神《りのかみ》、恵比寿《えびす》、道祖神《どうそじん》などである。神話の神と結びついて神社に祀られることもあるが、人々の間で自然発生的に生まれた神で、始まりははっきりしない場合が多い。

　天神さまとして知られる菅原道真のように、死後、神になったとされる人もいる。古くは恨みを持って亡くなった人の祟りを鎮めるために神として祀ったことに始まる、のちに豊臣秀吉や徳川家康などのようにすぐれた人物も神として祀るようになった。次章からは神話を中心に、多様な神々の姿を紹介していく。

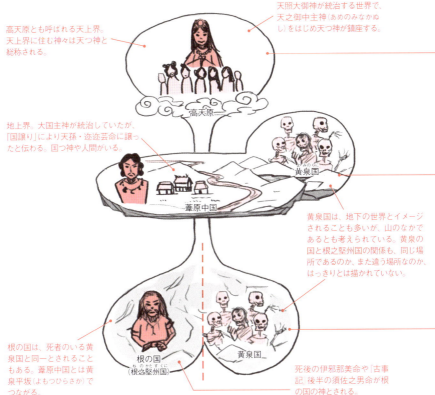

神はどこにいる?

神が宿る自然物

古代において、神は自然物に降るものとされ、特定の場所に常在する社殿（本殿）はなかった。そうした神道の世界に社殿が設けられたのは、6世紀に仏教が伝来してからである[※1]。一方、現在でも木や山、岩などをご神体として祀る古代の信仰スタイルが残る場所がある。

来宮《きのみや》神社（静岡）の巨木

樹齢2000年を超すと伝わる神木の大楠。根周りの直径は約15mにも達する。

大楠の周囲を1周すると寿命が1年延びるとされるほか、願い事を心で唱えながら1周すると成就するとされる。

古来より神の依代（よりしろ）として信仰されてきた巨木。

来宮神社は江戸末期まで木宮（きのみや）明神と称し、木の神を祭神としていた。

越《こし》木《き》岩《いわ》神社（兵庫）の巨岩

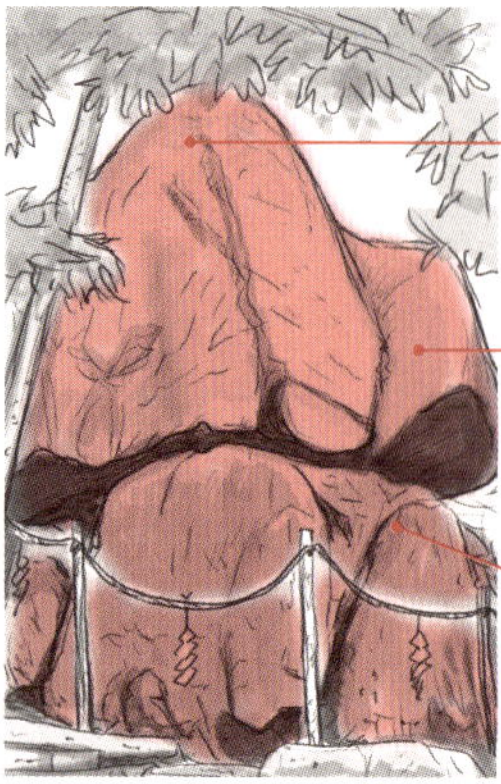

越木岩神社のご神体は甑岩（こしきいわ）なる巨岩。周囲約40m、高さ10mの花崗岩で、大人が手で繋いで30人分もある。

甑岩の名は、日本酒の醸造において酒米を蒸す際に使われる甑に形が似ることからつけられたものとされる。

甑岩には安産の神・子授けの神としての神徳が伝わる。

神体山に建つ富士山本宮浅間《ほんぐうせんげん》大社奥宮

奥宮に社殿はなく、社務所が建つのみ。富士山の開山期には神職が常駐し、祭事やお守りの授与などを行う。

富士山本宮浅間大社（静岡）は、全国の浅間神社の総本社。奥宮のある富士山頂上を含めた8合目以上は神域とされ、同社の社地とされている。

神の社を我が家に

神札はそれぞれの神が管轄する場所（竈神《かまどがみ》は台所、厠《かわや》の神は便所といったように）に供えるのが基本だ。近世以降は、神棚を設けて神札を供える方法も普及した。

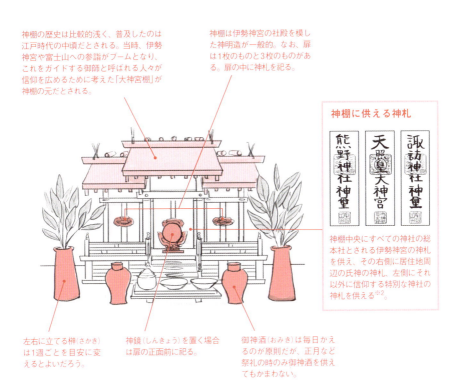

神棚の歴史は比較的浅く、普及したのは江戸時代の中頃だとされる。当時、伊勢神宮や富士山への参詣がブームとなり、これをガイドする御師と呼ばれる人々が信仰を広めるために考えた「大神宮棚」が神棚の元だとされる。

神棚は伊勢神宮の社殿を模した神明造が一般的。なお、扉は1枚のものと3枚のものがある。扉の中に神札を祀る。

神棚に供える神札

神棚中央にすべての神社の総本社とされる伊勢神宮の神札を供え、その右側に居住地周辺の氏神の神札、左側にそれ以外に信仰する特別な神社の神札を供える※2。

左右に立てる榊（さかき）は1週ごとを目安に変えるとよいだろう。

神鏡（しんきょう）を置く場合は扉の正面前に祀る。

御神酒（おみき）は毎日かえるのが原則だが、正月など祭礼の時のみ御神酒を供えてもかまわない。

神になにかを願いたいとき、感謝の思いを伝えたいとき、一般的には神社に出かけるだろう。神社とまではいかなくとも、商店街にお稲荷《いなり》さんの祠《ほこら》があれば、そこに詣でるかもしれない。家の神棚に手を合わせたりもする。街でしめ縄《なわ》を張った大きな木があったりしたら、思わず足を止め、拝む人もいる。

古くから形の良い山や、青々とした緑を称える常緑樹、大きな岩などに神は宿ると考えられてきた。そういった自然物だけでなく、鏡や御幣などにも神が宿るとされ、神社や祠ではこれらがご神体となっていることが多い。

またお札（神札）には、祭神の神名（神号）やシンボルなどが記されている。これは神社の神の神霊を家でもお祀りするためのものだ。神棚は、お札を納めることによって、神の存在する場所になる。

※1：寺院建築の影響、なかでも神社の社地に設けられた寺院「神宮寺（じんぐうじ）」にならい社殿が造営されるようになったといわれる。
※2：扉が1枚しかない神棚では手前から伊勢神宮の神札、氏神の神札、その他の神札の順に重ねる。

神の始まりと神社の誕生

縄文時代の遺跡から見えるもの

縄文時代の集落跡から出土した大型土偶・縄文のヴィーナスからは、当時の人々にとっての何か特別な存在を感じ取ることができる。また、同時代の遺跡には、共同墓地や祭祀場とみられるものもある。

ヴィーナスは特別な存在だった？

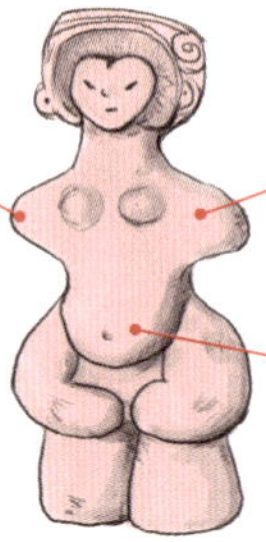
縄文時代の集落跡である棚畑遺跡※1（長野）から出土した土偶。環状集落の中心にあった広場の小さな穴に埋められていた。
この土偶は「縄文のヴィーナス」と呼ばれ、1995（平成7）年、縄文時代の遺物としては初めて国宝に指定された。
高さ27cm、重さ2.14kgの大型土偶で、雲母を混入した粘土製。腹部が張り出しており、妊娠した女性を表現したものとされる。

環状列石は埋葬跡の証し？

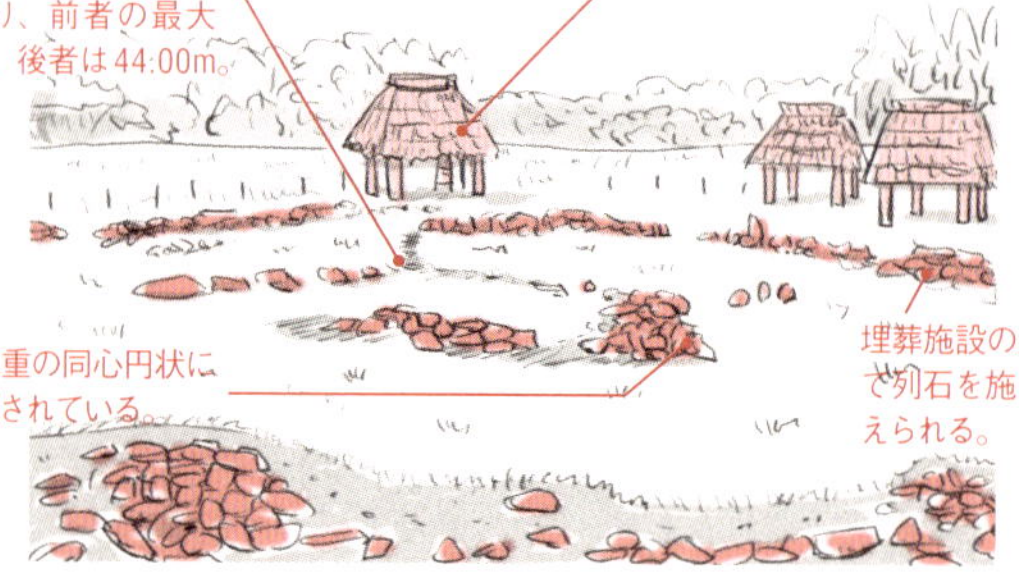
秋田の遺跡、大湯環状列石（おおゆかんじょうれっせき）※2。万座と野中堂の2カ所に環状列石があり、前者の最大径は54.25m、後者は44.00m。
万座にある環状列石の周辺には掘立柱建物跡群がある。これらは葬送儀礼に関する施設ではないかと推測されている。
内外二重の同心円状に石が配されている。
埋葬施設の上に墓石として列石を施したものと考えられる。

人がいつから神を信じるようになったのか。その起源はまだわからない。しかし、人がこの世に存在するようになったときから、何か超自然的なものを信じ、恐れ、敬っていたと考えられている。文字が生み出され、自分たちの言葉で語り始めるよりもずっと前から、超自然的なものを描いたり、像に刻んだりしていたことが、その証拠だろう。

日本でも縄文時代の土偶のなかに「縄文のヴィーナス」と呼ばれる像が存在する。人間をそのまま表現したのではなく、女性の生み出す力を強調したような姿をしたものだ。こうした像は、女神といっていいような存在を表現したものだろう。

古代の日本では、神とは祭祀（神祭り）のときにやってきて、終わる

※1：霧ヶ峰（長野）の南麓に広がる棚畑遺跡は工業団地の造成に伴い、1986（昭和61）年に発掘。住居跡は149カ所発掘され、うち146カ所が縄文中期のもの。黒曜石流通の交易・交流の拠点として繁栄した集落と推察されている。

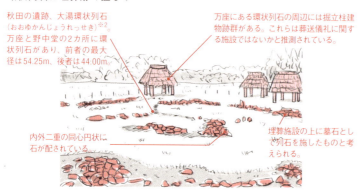

古代祭祀を今に伝う宗像大社

神社に社殿を造営する習慣は奈良時代からとされる。それ以前、人々は山や木、岩などを神が降る場所として祀っていた。宗像大社は辺津宮《へつみや》、中津宮《なかつみや》、沖津宮からなるが、それぞれ社殿ができる前から神を祀っていたとされる。

神が降りた古代祭祀場のある辺津宮

高宮祭場は宗像三女神の降臨地とされ、社殿が設立される前から祭祀が行われていたと伝わる。

高宮祭場は宗像大社辺津宮の境内に鎮まる。

中津宮の奥宮本殿背後にあった祭祀の跡

御嶽山祭祀遺跡は8～9世紀の露天祭祀の遺構とされる。

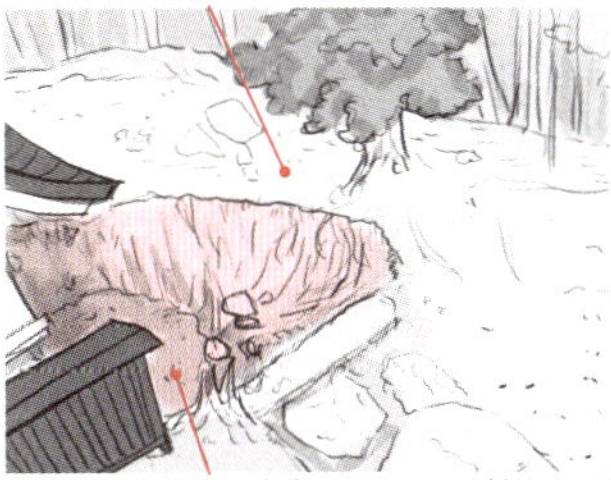

中津宮は大島（筑前大島）に鎮まる。島内の御嶽山山頂には奥宮（御嶽神）があり、その本殿後ろから古代祭祀の遺跡が発掘され、社殿ができる前から神を祀っていたことがわかる。

舶来品も出土した沖ノ島祭祀遺跡

銅鏡や装飾用馬具のほか、ペルシアのカットグラス碗片など約8万点の奉納品が出土している。

古代祭祀場跡のある宗像大社沖津宮は玄界灘に浮かぶ沖ノ島の南西部にある。全体がご神体とされ、女人禁制の伝統が今も続く。

と去っていくとされていたらしい。やってきた神が宿るものを「依代《よりしろ》」という。姿の良い山や常緑樹、大きな岩が依代とされ、そのそばで祭りのたびに場を清め、臨時の祭場をつくっていた。福岡県、宗像大社沖津宮のある沖ノ島の遺跡群には、4世紀に岩の上で祭りをやった痕跡が残る。古くから神の山と伝えられていた奈良の三輪山でも4世紀から6世紀頃の遺跡が残されており、巨石の下から勾玉《まがたま》などが見つかっている。

　時代が降り、6世紀になると日本に仏教が伝わる。仏教では、仏像があり、常設の祈りの場で、修行の場でもある寺院を持つ。大陸からやってきたこの新たな宗教の存在は、日本の神観念、また神祭りのあり方にも大きな影響を与えたとされる。その1つが、常設の祭祀の場をつくるということである。つまり、神社の誕生である。

※2：環状列石を中心とした遺跡で、縄文時代後期のものとされている。1931（昭和6）年に発掘。土器や石器のほか、土偶や石刀などが出土している。

神と仏、切っても切れない関係

仏は神の本来の姿？

牛頭天王《ごずてんのう》という疫病を防ぐ神がいる（118頁）。神仏習合では、牛頭天王は薬師如来の垂迹神《すいじゃくしん》（仮の姿）であるとともに、須佐之男命《すさのおのみこと》と同体とされた。すなわち須佐之男命と牛頭天王は同一、さらに牛頭天王の本来の姿は薬師如来ということだ。この関係の解釈は一例である。神と仏が融合していた時代には、このように複雑な信仰が広がっていた。

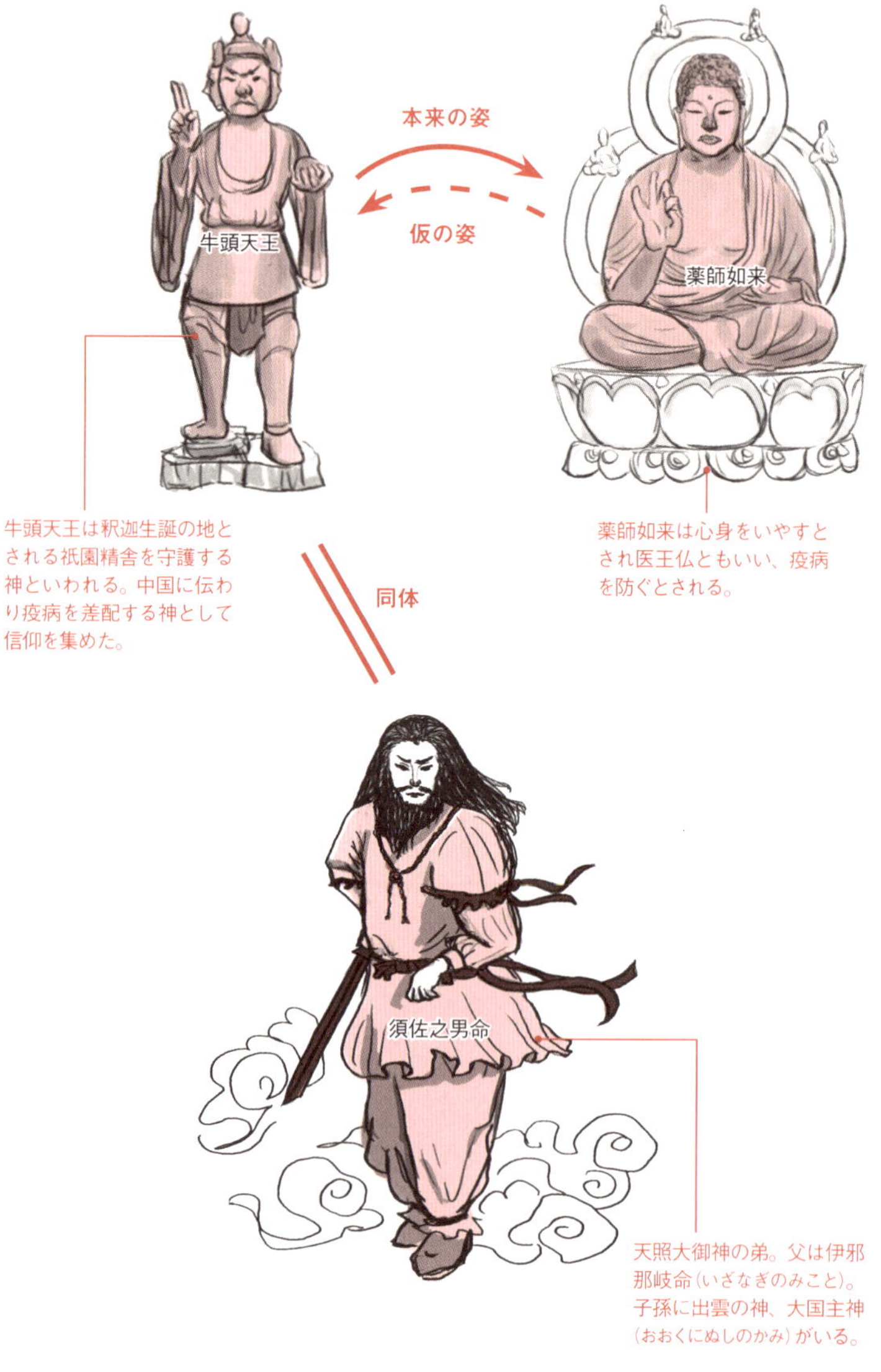
本来の姿
仮の姿
牛頭天王
薬師如来
牛頭天王は釈迦生誕の地とされる祇園精舎を守護する神といわれる。中国に伝わり疫病を差配する神として信仰を集めた。
薬師如来は心身をいやすとされ医王仏ともいい、疫病を防ぐとされる。
同体
須佐之男命
天照大御神の弟。父は伊邪那岐命（いざなぎのみこと）。子孫に出雲の神、大国主神（おおくにぬしのかみ）がいる。

仏を手助けする神もいる

宇佐神宮（大分）の祭神・八幡大神《はちまんおおかみ》は応神天皇（60頁）の神霊とされる。この八幡神が東大寺（奈良）の大仏の建立に加勢したとされる。

力を貸した八幡神

「神」である八幡神の右手に握られているのは「仏具」の錫杖（しゃくじょう）。煩悩を去り、智慧を得るための道具とされる。

東大寺・勧進所にある阿弥陀堂には僧形八幡神像が祀られる。毎年10月5日ご開帳。

力を借りた盧舎那仏《るしゃなぶつ》

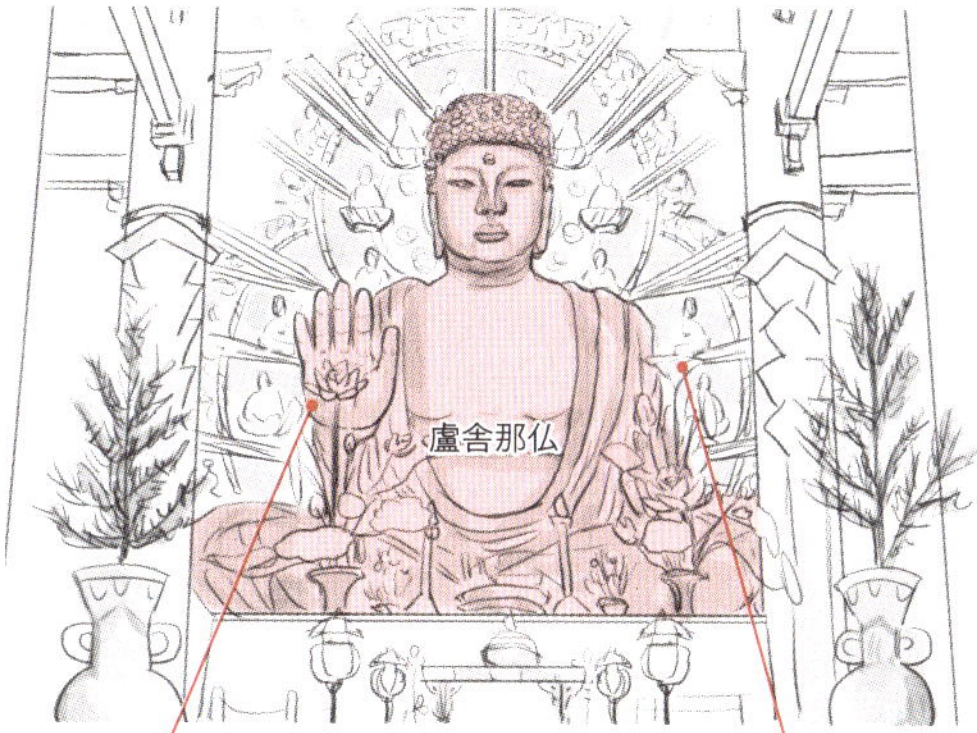

東大寺の本尊である大仏こと盧舎那仏。像高は14.98m。「生きとし生けるものが共に栄えること」を願う聖武天皇の発願により造立された。

大仏が安置される大仏殿は大仏の鋳造が終わったのちに建設が開始され、758（天平宝字2）年に完成。現在の大仏殿は江戸時代に再建されたもので、木造建築では世界最大。

6 世紀に日本に伝わった仏教は、日本文化に多くの影響を与えた。神社という常設の施設がつくられるようになったことも、その1つとされる。もちろん神という存在も影響を受けた。仏教が伝わったころ、日本の神々を「国《くに》つ神《かみ》」と呼び、仏については「蕃神《あだしくにのかみ》」つまり外国からやってきた神と呼んだ。いわば神の一種として受け止めたのだろう。

神仏習合《しんぶつしゅうごう》というが、この神と仏についての考え方は複雑で、神道側、仏教側というだけではなく、多くの思想が生まれた。奈良時代には、神も人間と同じように悩む存在であり、仏の力で解脱させなければいけないという「神身離脱《しんしんりだつ》」という考え方が生まれる。さらに神は仏教を守る存在なのだという考えも出てきた。奈良時代に東大寺の大仏が建立されるときに、いまの大分県宇佐

寺と神社が隣り合う理由

国内外から多くの観光客を集める浅草寺《せんそうじ》（東京）の隣には、浅草《あさくさ》神社が鎮まる。これらの寺社は、かつて同じ系列の神社・寺だったが、神仏判然令により、別のものとなった。このように神仏判然令で袂を分かった寺・神社が、隣りあって建つところがある。

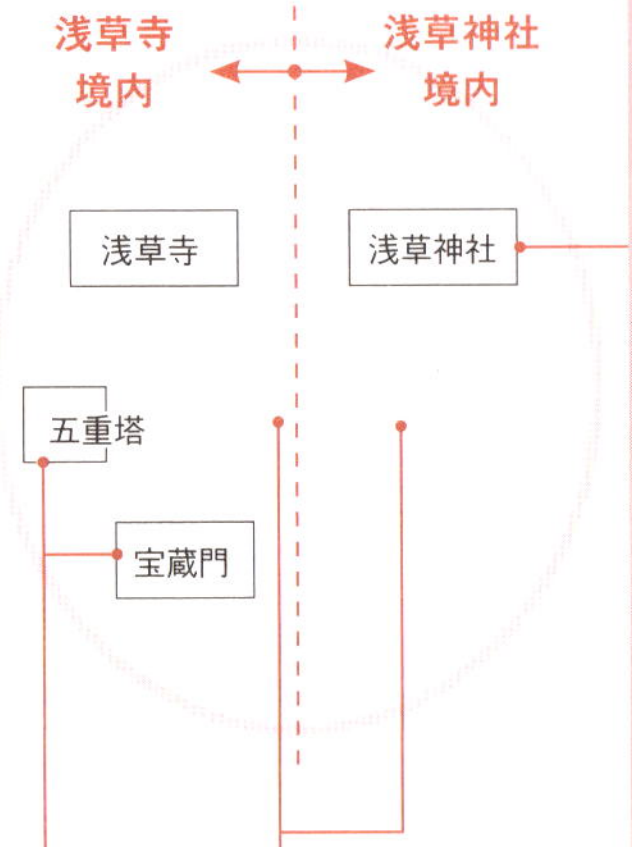

1868（慶応4）年に発令された神仏判然令により、敷地は隣同士ながら浅草神社と浅草寺は別組織となった。

三社祭《さんしゃまつり》で有名・浅草神社

祭神は檜前浜成命（ひのくまはまなりのみこと）、檜前竹成命（ひのくまたけなりのみこと）、土師真中知命（はじのまつちのみこと）の3柱。先の2柱は隅田川付近で漁師をしていたという人物を神として祀ったもの。土師真中知命は文化人でのち僧となり、浅草寺を創建したとされる人物。

3柱の神を祀っていることから「三社さま」「三社権現社」と呼ばれることも。1873（明治6）年までの社名は三社明神社。

社殿は徳川家光が寄進したもので、様式は徳川家ゆかりの日光東照宮（栃木）と同じ権現造。

創建はこちらが先・浅草寺

五重塔は、高さ53mを誇り、最上層には仏舎利が収められている。現在の塔は1973（昭和48）年に再建。

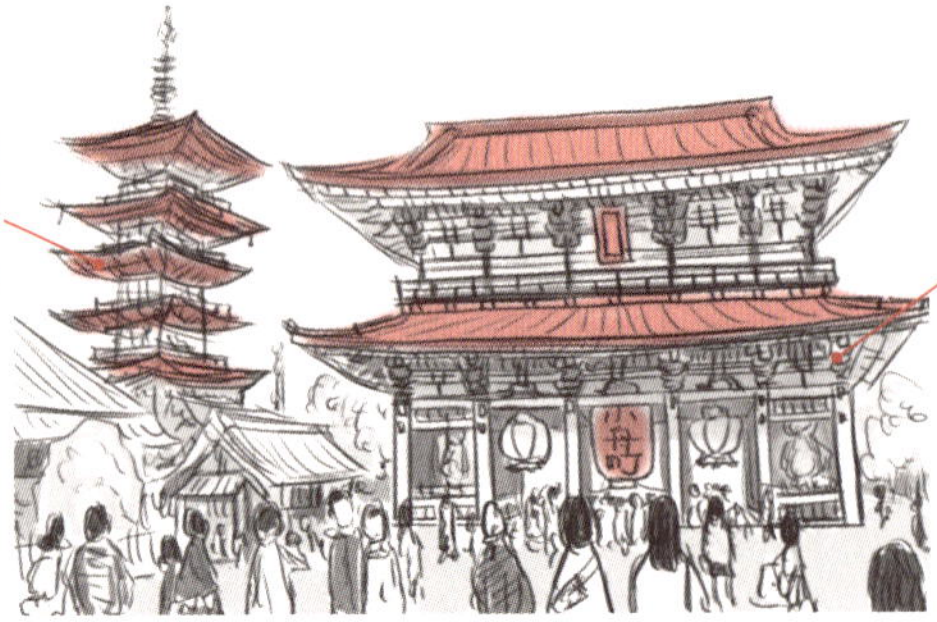

宝蔵門は942（天慶5）年、安房守・平公雅が武蔵守に赴任した際、祈願成就のお礼として建立したと伝わる。1964（昭和39）年に再建された。

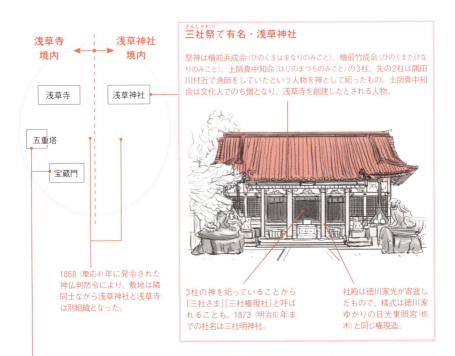

「神仏判然令」で仏具も神から離された

神と仏が習合していた時代には、仏像や経文など、仏教（密教）に関連したものを神社の社地に安置していたところもあった。しかし神仏判然令の発令により、寺院への移動を余儀なくされたり、壊されたりした。白山《はくさん》信仰で知られる白山（石川）からも数体の仏像がほかの寺へと移された という。

白山信仰は僧・泰澄が山頂に奥宮を祀ったことに始まる。白山権現（はくさんごんげん）と呼ばれる神仏習合の神は十一面観音を本地仏としていた。

山頂から下山した仏像

国重文、十一面観音立像はかつて白山山頂の社に安置されていた。

現在は山頂から下り泰澄（たいちょう）が開山した林西寺（りんざいじ）に祀られる。

市にある宇佐神宮の祭神である八幡神が上京し、助けたというエピソードがその関係をよく表している。

時代が降ると、本地垂迹説《ほんじすいじゃくせつ》といって、仏が人々を助けるために神の姿で現れたとする考えが生まれてくる。仏が神の「本地」であり、仮の姿で現れることを「垂迹」という。天照大御神の本地は大日如来《だいにちにょらい》というように、神と仏の関係も定まっていった。また、神道側から神が本地で仏が垂迹という考えも出された。

しかし江戸期になると神道から仏教の影響を取り除こうという意見も強くなっていく。その流れは、明治維新をきっかけとして明確な形となった。1868（慶応4）年に維新政府が「神仏判然令《しんぶつはんぜんれい》」を出したのである。いわゆる「神仏分離《しんぶつぶんり》」といわれるもので、これにより、長い神仏習合の歴史はいったん終止符を打たれることとなった。

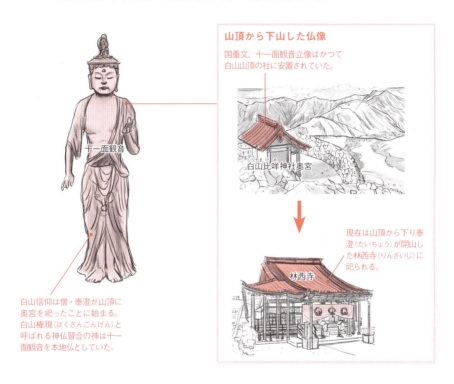

世界中に似た神話がある？

死の世界から伴侶を連れ出そうとする男神

ギリシャ神話に出てくるオルフェウスと妻・エウリュディケのエピソードは『古事記』などで見られる伊邪那岐命と伊邪那美命の別れを彷彿とさせる。

共通点①
婚姻後、命を落とす妻

ニンフ（精霊）・エウリュディケは、竪琴の名手・オルフェウスに見初められ結婚したが、蛇に足をかまれて死ぬ。

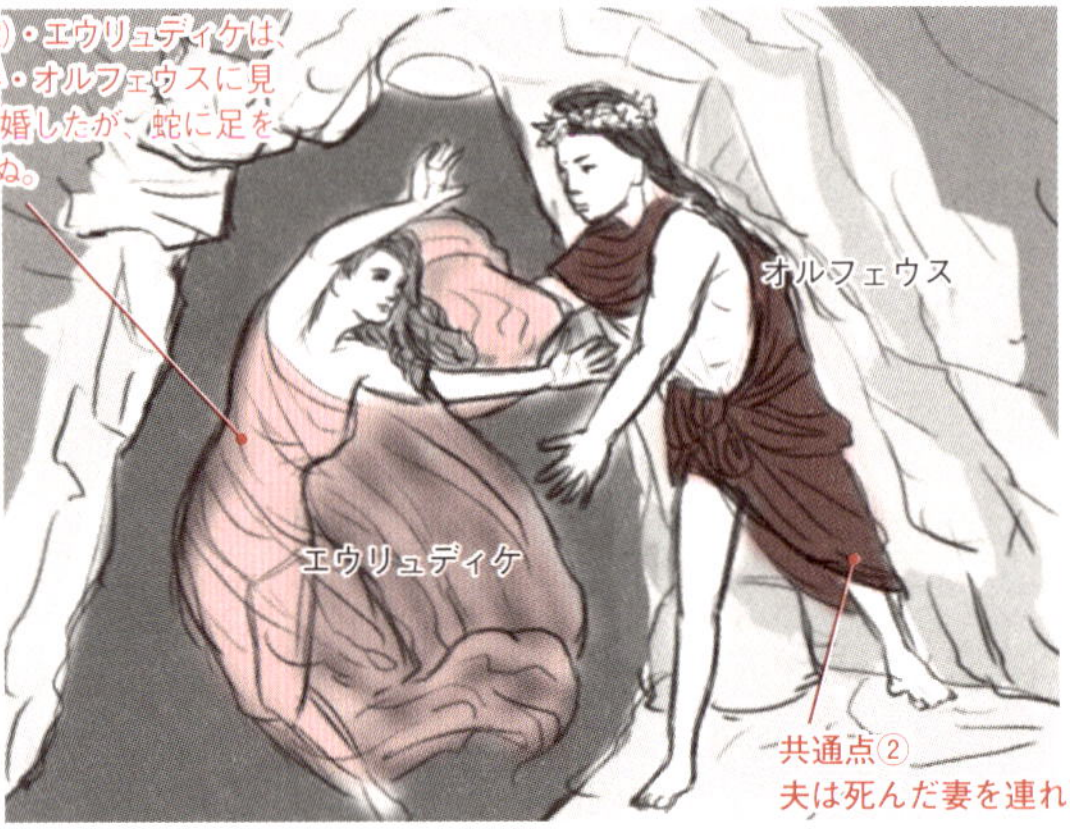
オルフェウス
エウリュディケ

共通点②
夫は死んだ妻を連れ戻すことに失敗

冥界から妻・エウリュディケを連れ戻そうとするが、冥界の王・ハデスの「地上に着くまで後ろを振り返って見るな」という忠告を守らなかった。そして、妻は冥界へ戻された。

ブルガリア
ソフィア
悪魔の喉
ギリシャ
地中海
アテネ

ギリシャのお隣・ブルガリアには「悪魔の喉」と呼ばれる鍾乳洞がある。悪魔の喉には、オルフェウスが妻のエウリュディケを探すため、冥界に行く際に通ったという伝承が残る。

日本神話
伊邪那岐命と伊邪那美命の決別

出産時のやけどが元で亡くなった伊邪那美命を取り戻すべく、黄泉国に向かった伊邪那岐命。死して姿がすっかり変わった妻を目にしたとたん逃げ出して、黄泉国の入口を岩でふさぎ、妻と永遠に別れることに。

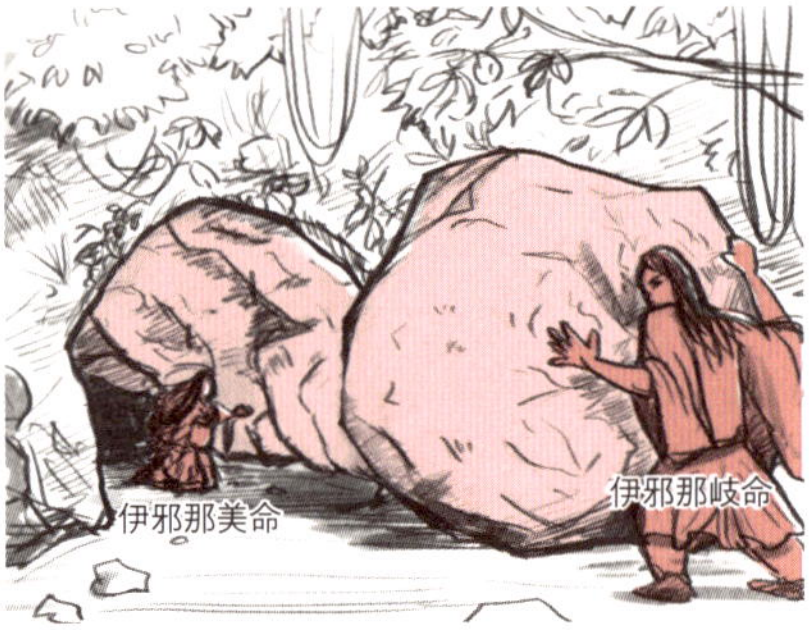
伊邪那美命
伊邪那岐命

※1：オリンポス12神の1神で、主神・ゼウスの姉であると同時に子をもうけた。

女神の不在が世界に飢饉をもたらす

弟・須佐之男命の暴挙を嘆き、天《あめ》の石屋《いわや》にこもった太陽の神・天照大御神。これにより、世界は暗闇と化し災いに襲われた。一方、ギリシャ神話では豊穣の神・デメテル※1が弟ハデスの謀略により娘を奪われ、彷徨。その結果、飢饉が起きたという。

日本神話ー天照大御神の石屋隠れ

太陽神・天照大御神が洞窟にこもったので、この世は暗闇になり、災いが起こる。神々は作戦を立て、天宇受売命（あめのうずめのみこと）が半裸で踊るなどして、天照大御神を引き出すことに成功。世界に光が戻った。

共通点①
女神の不在が飢饉を招く

大地の豊穣を担う女神・デメテルは娘を冥界の王・ハデスに誘拐され、一切の職分を放棄、天界を離れ老婆の姿となって地上をさまよった。これにより、穀物は枯れ、地上に飢饉が広がったとされる。

共通点②
卑わいな仕草と笑い

娘を奪われてから一度も食物を口にしなかったデメテルだったが、バウボが下半身を露出させると笑い、食事を摂るようになる。

共通点③
再び光が戻る

娘・ペルセポネが地上へ帰還すると※2、デメテルは悲しみから救われ、ふたたび地上は光を取り戻した。

ギリシャの首都・アテネに近い小都市エレシウスは、デメテルがやって来た地と伝わる。デメテルはエレシウスの王子の乳母として地上界に身を隠したという。

海外の神話を読んでみると、日本神話とよく似たエピソードがあちこちに存在することがわかる。たとえば妻を失った伊邪那岐《いざなぎの》命《みこと》は、連れ戻すために黄泉国《よみのくに》へ行き、そこで妻の姿を見てはならないという禁止を破り、そのことがきっかけで連れ戻すことに失敗し、永遠に別れることになる。この物語はギリシャ神話のオルフェウスの神話とよく似ている。なぜ似た神話がこんなに離れた地域間にみられるのか。偶然もあるだろう。ある地域から人の移動によって伝えられたという考え方もある。人間には共通の無意識の層があるからだという人もいる。どれも可能性としてはあるが、最近では、誕生の地であるアフリカから人類がどう広まっていったのかが解明されつつあり、そうした壮大な人類の足跡を前提に神話の類似を考える必要も出てきている。

※2：ペルセポネは冥界の食物（ざくろ）を4粒口にしたため、冥界に留まるのが原則だった（伊邪那美命が黄泉国の食物を摂っていたエピソードと類似）。そのため天界や地上にいられるのは1年の3分の1だけと限定された。

column | 各地に伝わる「高天原《たかまのはら》伝承」

高天原は日本神話のなかで、天の神々（天つ神）が暮らす場として描かれている。

その場所について、江戸期の国学者・本居宣長などはこの世ではない、異界の地であるとしているが、その一方で、ヤマト政権の発祥の地としての地上であると唱える人もいる。真偽のほどは定かではないが、日本各地に高天原、あるいは高天原と関わる場所とされる地が残る。「天孫降臨（46頁）」の伝承からか、その多くは険しい山岳地帯となっている。

天照大御神が隠れた「天《あめ》の石屋《いわや》」もある・蒜山高原《ひるぜんこうげん》

蒜山高原にある岩倉山（標高920m）の中腹には石屋の戸とされる扉の形をした巨石がある。

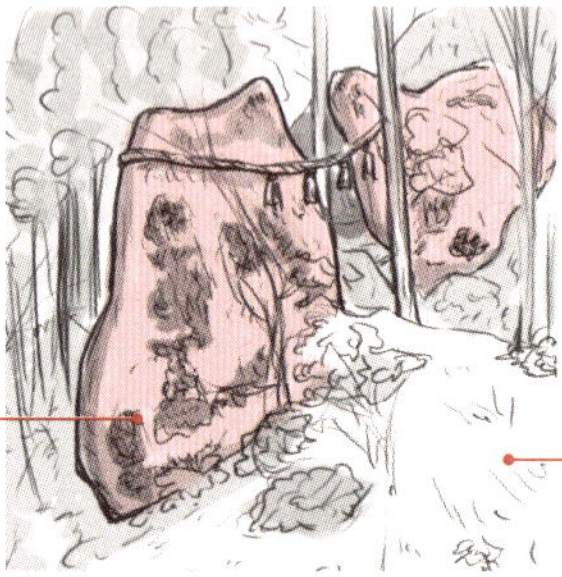

蒜山高原（岡山）を高天原だとする説もある。同地には神話を思い起こさせる鶏声（とりごえ）という地名や、天照大御神を祀る茅部（かやべ）神社などがある。

天孫はここから日向へ降った・高天彦神社《たかまひこじんじゃ》

創建は未詳だが、社殿の背後にそびえる白雲峰（標高694m）を神体山として祀ってるので本殿はない。

高天彦神社（奈良）の社地周辺は、高天原だと伝わる。ここから日向（ひゅうが）（宮崎県）へ降った過程が「天孫降臨」だとしている。

神々が故郷の天界を望んだ・高天原遥拝所《たかまがはらようはいしょ》

高天原遥拝所は槵觸（くしふる）神社（宮崎）の南にある小高い丘にある。天孫・迩迩芸命ほか、 地上に降った神々がこの丘にたち、高天原を遥拝したとされる。

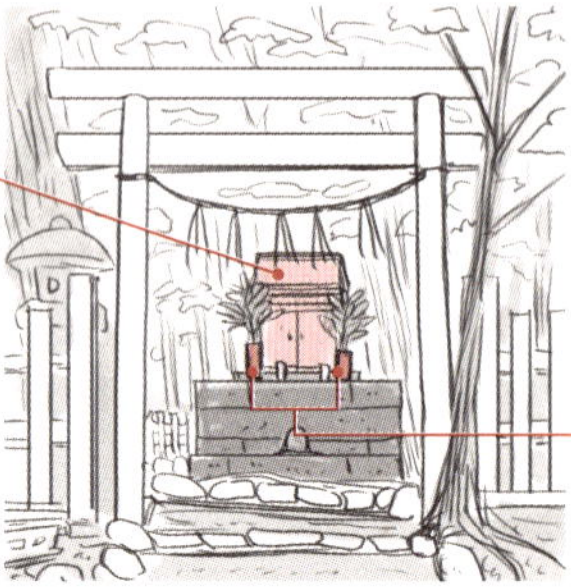

拝所に供えられた木は「榊（さかき）」。榊は字の通り、神と人間の境界にある木ともいわれる。

1章

日本を形づくった古事記の神様

天地開闢《かいびゃく》で登場
別天神《ことあまつかみ》

天と地の始まりのとき、天の高天原《たかまのはら》※1に神々が自然と現れ出てきた。最初の神は**天之御中主神**《あめのみなかぬしのかみ》。天の中心という意味の名を持つ。次に現れたのは**高御産巣日神**《たかみむすひのかみ》と**神産巣日神**《かみむすひのかみ》。その名の意味はどちらも生み出す力。世界の始まりの元となった神ということで、「造化三神《ぞうかさんしん》」と呼ばれている。天の中心が定まり、そこからいろいろなものが生まれてくるぞということを神々の名で示しているのだろう。神話は抽象的に始まり、次第に具体化していく流れとなっている。

そのあと葦がぐんぐん伸びていくようにして現れ出た神は**宇摩志阿斯訶備比古遅神**《うましあしかびひこぢのかみ》。そして天がこれからしっかりと存在していくことを意味する**天之常立神**《あめのとこたちのかみ》が現れた。天之御中主神から天之常立神までの神々は、最初に現れた特別な天の神ということで「別天神」という。別天神は男女の区別もなく、登場してすぐに隠れてしまう。謎の多い神々でもある。

至高の神　天之御中主神

天之御中主神は、天地開闢、つまりこの世の始まりの際、最初に誕生した神とされ、宇宙の根源の神とも。全国の水天宮に祀られる。
神仏習合で北極星、北斗七星※2を神格化した妙見菩薩（みょうけんぼさつ、126頁）と習合、同一神とされた。古くから妙見菩薩を祀る千葉神社（千葉）などの祭神とされた。
天之御中主神
初めは世界に形はなく、神々は自然に発生したとされる。

御神徳　安産、開運招福、延命長寿など

高天原に生まれた別天神

造化三神（天之御中主神、高御産巣日神、神産巣日神）に、宇摩志阿斯訶備比古遅神、天之常立神を加えた5神を別天神という。別天神が隠れた後は、神世七代《かみよななよ》と呼ばれる神々が生まれた。

始まりは造化三神

造化三神はサムハラ神社（大阪）に祀られる。造化三神のうち高御産巣日神と神産巣日神とペアで祀る神社も多い。

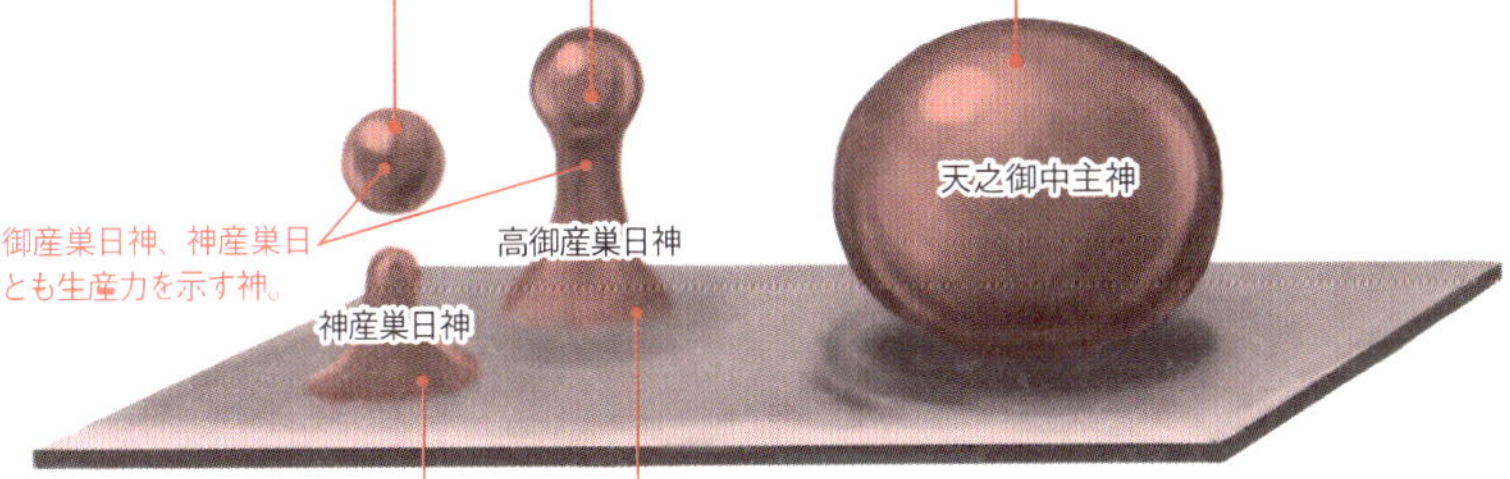

高御産巣日神、神産巣日神とも生産力を示す神。

3番目に生まれる。後に日本神話の中で、出雲系の神々に手助けをする。

2番目に生まれる。後に生まれる日本神話の最高神・天照大御神（32頁）と関係が深い。高木神（たかぎのかみ）とも。

次にドロドロの地上から神が誕生

海に浮かぶ油のような地上から生まれたのは、宇摩志阿斯訶備比古遅神、天之常立神の2神。

最初に生まれた神を抽象的に描き、次第に具体的な神々が現れてくるという創成神話の構成は、日本神話以外にも、ギリシア神話やエジプト神話などでも見られる。

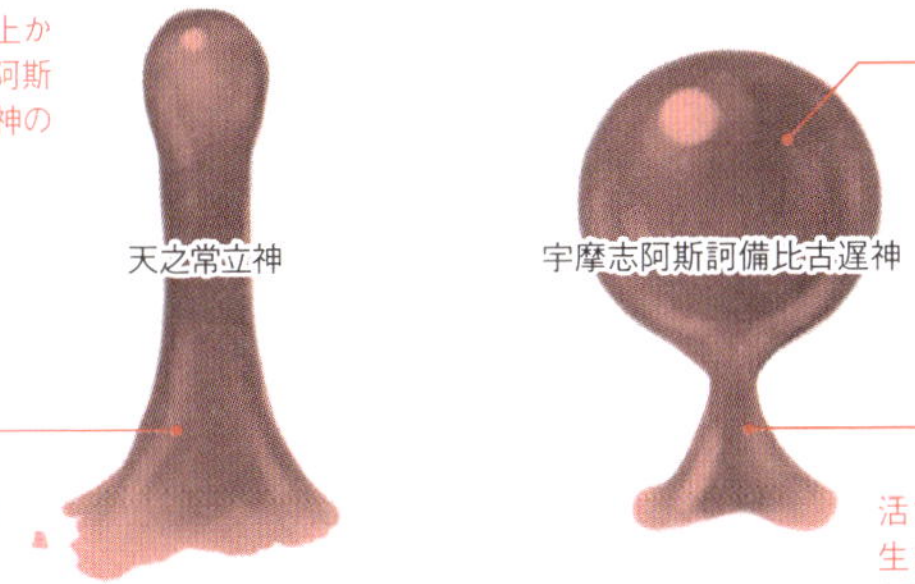

天の神、5番目に生まれる。駒形神社（岩手）に祀られる。

活力の神、4番目に生まれる。浮島神社（愛媛）に祀られる。

神の系譜　天地開闢のときに現れた別天神と神世七代

別天神

①〜⑤の順に現れた。

造化三神

①天之御中主神
②高御産巣日神
③神産巣日神

④宇摩志阿斯訶備比古遅神
⑤天之常立神

神世七代

別天神の次に①〜⑦の順に生まれた12神。三代以降は2神一対で一代と数える。

①国之常立神《くにのとこたちのかみ》
②豊雲野神《とよくもぬのかみ》
③宇比地邇神《うひぢにのかみ》／須比智邇神《すひぢにのかみ》
④角杙神《つぬぐいのかみ》／活杙神《いくぐいのかみ》
⑤意富斗能地神《おほとのぢのかみ》／大斗乃弁神《おほとのべのかみ》
⑥淤母陀琉神《おもだるのかみ》／阿夜訶志古泥神《あやかしこねのかみ》
⑦伊邪那岐命《いざなぎのみこと》／伊邪那美命《いざなみのみこと》

※1：神々が暮らす天上の世界。神々が生まれるよりも前から存在しており、緑豊かな山もあり、川も流れる。シカなどの動物もいる。※2：北極星や北斗七星は、天の中央にいる神霊とされており、これが「宇宙の根源」である天之御中主神との習合につながったとする説も。

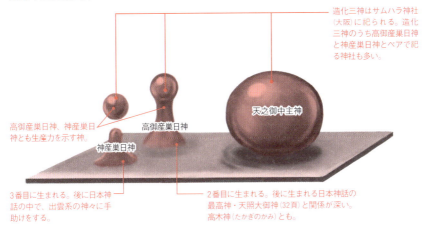

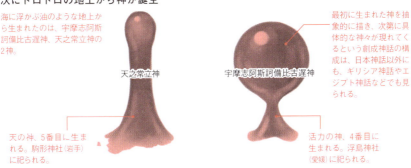

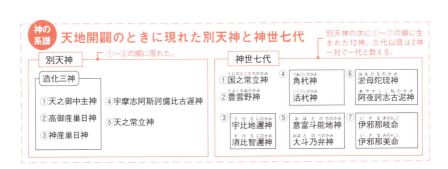

国土をつくった 伊邪那岐命《いざなぎのみこと》・伊邪那美命《いざなみのみこと》

自然と現れ出た神々の七代目に**伊邪那岐命**と**伊邪那美命**がいる。「いざなう男」「いざなう女」という意味の名を持つ2神に、先に現れた天の神々は、水の上に油のように漂う国をしっかりとつくるようにと命じた。

そこで2神は天《あめ》の浮橋《うきはし》に立ち、矛を海の中に差し入れ、引き上げた。するとその先端から塩がぽたぽたと落ち、固まって、島となった。自然と凝り固まってできたため、淤能碁呂島《おのごろしま》という。2神はその島で、結婚をして、子どもとして島々を生み出していった。

2神がつくり、降り立った淤能碁呂島はどこにあるのか。沼島や友ヶ島、淡路島の自凝島《おのごろじま》神社のあるあたりや、同じく淡路島の絵島などが候補となってきた。もちろん神話の舞台なので確証は得られないが、国がつくられた舞台を探して、候補地を巡るのも面白そうだ。

大地をつくった夫婦神

伊邪那岐命と伊邪那美命は、日本を創造した最初の男女神。
高天原の神々から海を固めて国をつくるように命じられた。

国生みの際、伊邪那岐命に向かって自分から「イイ男」と声をかけるなど、積極的な一面も。

伊邪那美命の名はいざなう女神を意味するとされる。

「国生み」「神生み」により多くの神々を生んだが火の神・火之迦具土神（ひのかぐつちのかみ、30頁）を生んだ際に負ったやけどが原因で亡くなり、死者のいる黄泉国（よみのくに）へ。

先に亡くなった伊邪那美命が忘れられず、黄泉国まで訪ねていくが、変わり果てた姿を見て逃げ出してしまう。その後、息子・須佐之男命（すさのおのみこと、34頁）を追放すると隠居した（多賀の幽宮［かくりのみや］、現在の伊弉諾神宮）。

伊邪那岐命はいざなう男神の意。

伊邪那岐命、伊邪那美命の大地創造は修理固成（しゅうりこせい）と呼ばれる。

伊邪那岐命・伊邪那美命を祀る主な神社は、伊弉諾神宮（兵庫）、自凝島神社（兵庫）、多賀大社（滋賀）、熊野速玉大社（和歌山）、熊野那智大社（和歌山）など。

御神徳 いずれも延命長寿、縁結び、出世開運など

始まりは淤能碁呂島から

伊邪那岐命・伊邪那美命は淤能碁呂島をつくり、その地に降り立ち国生みを行う。淤能碁呂島とされる地は幾つかあるが、自凝島神社（兵庫）の社地がある小高い丘はその候補の1つだ。

伊邪那岐命と伊邪那美命が最初につくった淤能碁呂島

2神が淤能碁呂島をつくるときに使用した天沼矛（あめのぬぼこ）は、天神から与えられたもの。海を掻き回したとされる天浮橋は、高天原（天上界）と葦原中国（あしはらのなかつくに、地上界）の間に浮かぶ。

一神教のように1人の神が世界のすべてを創造するのではなく、伊邪那岐命・伊邪那美命によって国が生まれ、大国主神が国づくりを行うというように、日本神話の場合は、創造神が変遷していく。

最初にできた大地・自凝島神社

自凝島神社のコンクリート製鳥居は高さ21.7m、柱間口12.7mで、平安神宮（京都）、厳島（いつくしま）神社（広島）と並び日本三大大鳥居の1つに数えられる。

笠木の長さは31.2mもある。

絵馬に注目

淤能碁呂島に降り立った伊邪那岐命、伊邪那美命は「国生み」で淡路島、四国、そして隠岐（おき）、九州、壱岐（いき）、対馬（つしま）、佐渡（さど）、本州の順に8つの島を生み、日本列島が誕生した。

自凝島神社の絵馬には淤能碁呂島誕生の様子が描かれている。

神の系譜 「国生み」で生まれた島々と最初に生まれた2柱

伊邪那岐命 ＝ 伊邪那美命

蛭子神《ひるこのかみ》（28頁）
淡島《あわしま》

第1・2子は未熟だったので海に流した（28頁）。

①淡道之穂之狭別嶋《あわじのほのさわけのしま》（淡路島）
②伊予之二名嶋《いよのふたなのしま》（四国）
③隠伎之三子嶋《おきのみつごのしま》（隠岐諸島）
④筑紫嶋《ちくしのしま》（九州）
⑤伊伎嶋《いきのしま》（壱岐島）
⑥津嶋《つしま》（対馬）
⑦佐渡嶋《さどのしま》（佐渡島）
⑧大倭豊秋津嶋《おおやまととよあきづしま》（本州）

①〜⑧の島々は「大八嶋国（おおやしまくに）」と呼ばれる。後に吉備児島（児島半島［岡山］）、知訶嶋（五島列島［長崎］）ほか6つの島が誕生、計14の島が誕生した。

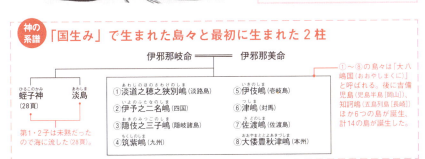

初めての御子神は……蛭子神《ひるこのかみ》（水蛭子《ひるこ》）

淤《お》能碁呂島《のごろじま》に降り立った**伊邪那岐命**《いざなぎのみこと》と**伊邪那**《いざな》**美命**《みのみこと》（26頁）は、柱の周りを回って夫婦の交わりをすることにした。妻は右から、夫は左から回り、出会ったところで最初に妻が「まあなんて素敵な男性でしょう」、次に夫が「なんと素敵な女性だろう」という。伊邪那岐命は「女性から先に声をかけたのは良くなかったかも」と口にしたが、そのまま2神は結ばれた。しかし生まれた子は**水蛭子**、ヒルのように骨のない子である。2神はこの水蛭子を葦の船に入れて流してしまった。天にいる神に相談したところ、やはり女性が先に声をかけたのが悪かったというので、あらためて夫から声をかけて交わると、無事に島々が生まれたという。

海に流された水蛭子は、神話にはもう出てこない。しかし民間信仰のなかに蘇る。漁業の神で福の神、七福神にも加わる**恵比寿**《えびす》（108頁）が、この水蛭子と同一視されるようになったのだ。

不完全な水蛭子が恵比寿に変身

伊邪那岐命と伊邪那美命が国生みで最初につくった水蛭子は骨がなく、神として不完全だったので海へと流された。この水蛭子を神として祀ったのが恵比寿とされる。

釣り竿を持った姿は、えびす神＝事代主神（ことしろぬしのかみ）の説による[※1]。「国譲り」の場面で建御雷神（たけみかづちのかみ）が交渉に訪れた際（44頁）、事代主神が釣りをしていたことに由来する（45頁）。

近親結婚のため、最初の子どもが未熟な状態で生まれるという神話は、台湾などにも伝わる。これは洪水型の兄妹始祖神話のなかで語られるもので、洪水で生き残った兄妹が結婚し、最初の子どもに失敗し、その後に地域の始祖となる話だ。

蛭子神＝恵比寿説が誕生した時期は諸説あるが、平安末期に編纂された『色葉字類抄（いろはじるいしょう）』で西宮神社（兵庫）の祭神・蛭子神が「えびす神」として登場する。その西宮神社には、摂津国・西の浦に流れ着き、戎三郎（えびすさぶろう）として育てられたとの伝承も残る。

天照大御神（32頁）は「日の女神」を意味する日女（ひるめ）ともいわれる。一方、水蛭子は「日る子」つまり太陽の子とも解釈される。1つの世界で太陽神である日女と日る子が並び立たないために、海に流されたという説もある。

蛭子神を祀る主な神社は西宮神社のほか、石津太（いわつた）神社（大阪）、柳原蛭子神社（兵庫）、胡子（えびす）神社（広島）、蛭子社（八坂神社摂社、京都）など。

御神徳 豊漁守護、海上安全、商売繁盛など

葦の船で流された御子神たち

国生みによって誕生した伊邪那岐命と伊邪那美命の第1子・水蛭子と第2子・淡島《あわしま》は未熟な子だったため、葦の船に乗せて海に流された[※2]。水蛭子は海へと流されたことで、のち、外来の神を意味する「夷《えびす》＝恵比寿」としてよみがえったといえる。

柱の周りを回り、夫婦の交わりを行った

伊邪那岐命、伊邪那美命が淤能碁呂島に建てた巨大な柱(天之御柱)。2人はこの柱を周り、再び出会った後で契りを交わした。

柱の周りを回る前に、伊邪那岐命は「私の余分なところで、お前の足りないところを塞ぎ、国を生もう」と伊邪那美命に語りかけたとされる。

八尋殿(やひろどの)は伊邪那岐命、伊邪那美命が建てた巨大な殿舎。「八尋」は具体的な広さを示すものではなく「広い建物」というような意味だ。

八坂神社にいる「えべっさん」

八坂神社(京都)の境内社・蛭子社(えびすしゃ)。神社には珍しく北向きに社を構えている[※3]ことから北向蛭子社(きたむきえびすしゃ)とも呼ばれる。

七福神が街をゆく蛭子社祭《えびすしゃさい》

海に流された水蛭子は、海からやって来た来訪神・恵比寿とされ、七福神にも加えられた。

七福神が乗る「蛭子船」は、水蛭子が海に流されたときに乗せられた葦の船が原形ともいわれる。

毎年1月9日、蛭子社祭が行われ、蛭子船の山車(だし)が巡業。八坂神社から四条通を東へ向かい、誓文払い(商売の神)の社である四条寺町の冠者殿社(かじゃどのしゃ)でお参りし、烏丸(からすま)通までを往復する。

神の系譜　伊邪那岐命・伊邪那美命の「神生み」で誕生した神々

伊邪那岐命 ＝＝ 伊邪那美命

2神は国土創成(国生み)のあと、多くの神を生んだ。

- 大戸日別神《おおとびわけのかみ》(門の神)
- 天之吹男神《あめのふきをのかみ》(屋根の神)
- 大屋毘古神《おおやびこのかみ》(建物の神)
- 大綿津見神《おおわたつみのかみ》(海の神)
- 速秋津日子神《はやあきづひこのかみ》(川の神)
- 大山津見神《おおやまつみのかみ》(山の神、50頁)
- 鳥之石楠船神《とりのいわくすぶねのかみ》(船の神)
- 大宜都比売神《おおげつひめのかみ》(穀物の神)
- 火之迦具土神《ひのかぐつちのかみ》(火の神、30頁)

など

※1：この項では「蛭子神＝恵比寿神」と説明するが、「事代主神(ことしろぬしのかみ、45頁)＝恵比寿神」とする神社もある。※2：蛭子の次に「淡島」という神も生まれたが、こちらも未熟な子で、海に流されたと伝わる。※3：同社が北向きに建つ理由は未詳。

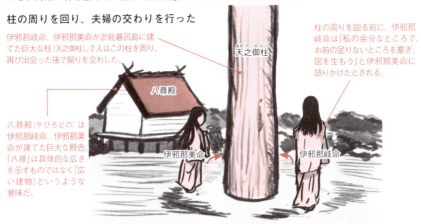

火之迦具土神《ひのかぐつちのかみ》

母の死を招いた火の神

伊邪那岐命《いざなぎのみこと》と**伊邪那美命**《いざなみのみこと》は、私たちが暮らす島々を子どもとして生み出した後（国生み）、山や川、草木など自然も世に送り出した（神生み）。自然あふれる豊かな国は、2神の子どもたちである。

そして2神の間に**火之迦具土神**という火の神が生まれる。女神はこの出産で大やけどを負い、命を落としてしまった。

愛する妻を失った伊邪那岐命は、悲しみのあまり火之迦具土神を剣で切り殺す。すると、剣についた火の神の血が岩に飛び、そこから剣神・**建御雷神**《たけみかづちのかみ》（44頁）らが生まれた。火の誕生が優れた剣を生みだしたのだ。

火は文明の象徴ともいわれ、その恩恵は数知れない。しかし神話は、その恩恵が初めての「死」をもたらしたことも語っている。そしてこの後、死者の世界が描かれ、人間の死の始まりも語られる。火の誕生は神話の大きな転換点だ。

火を司る神・火之迦具土神

「神生み」の最後に生まれた火の神。母・伊邪那美命の死の原因となったことから、生まれてすぐに伊邪那岐命に切り殺されたため「記紀」での登場シーンはわずか。

火を司る神から転じて火伏の神として祀る神社は多い。主祭神とする代表的な神社に全国に広がる愛宕（あたご）神社や秋葉（あきは）神社がある。

縄文土器に妊婦の形をしたと解釈できるようなランプが出土しており、火之迦具土神の神話との類似が見られる（長野県伊那市御殿場遺跡）。

神名は『日本書紀』では火産霊（ほむすび）、『古事記』では火之迦具土神のほか火之夜藝速男神（ひのやぎはやおのかみ）などとも記載されている。別名にある「夜藝」の字が焼くを意味し、「速」の字は速度を意味するという説がある。炎がすばやく辺りのものを焼き尽くす様子を示しているというわけだ。

プロメテウスの火の神話（天界の火を盗んで人間に与える）をはじめ、火を盗むという話は世界中にあるが、火を生むという神話は太平洋沿岸部や南米に伝わる。真っ赤な血の中で子どもが生まれてくるということと、炎の誕生のイメージが結びついた可能性もある。

火の力は産業にも欠かせないことから、鍛冶の神としての神徳も伝わる。

御神徳 火難除けなど

炎を生んでしまった伊邪那美命

火の神の誕生により陰部に大やけどを負い、命を落として黄泉の国へ旅立った伊邪那美命。このシーンが意味することについてもさまざまな説が伝わるが、地上に火がもたらされたこと、ひいては人が火を使う産業を取得したことを示すという説が有力だ。

母・伊邪那美命に大きなダメージを与え、死に至らしめた火之迦具土神は父・伊邪那岐命に切り殺された。伊邪那岐命が火の神である火之迦具土神を切ったという記述は人が火を制し、利用するようになったことを意味するという説が伝わる。

火之迦具土神を生み落とした伊邪那美命は、やけどにより次第に衰弱。しかし、すぐに死んでしまうことはなく、衰弱するなかで排出した吐瀉物や糞、尿からも神を生み出した。

伊邪那岐命、伊邪那美命の訣別

伊邪那美命を取り戻すべく黄泉国に向かった伊邪那岐命だが、妻との約束を違えてしまい永遠の訣別という結末を迎える。

伊邪那美命から「黄泉国の神に許しをもらうまで私の姿を見ないでください」といわれたが、伊邪那岐命は覗いてしまう。これが2柱の神の別離へとつながった。

伊邪那岐命は黄泉平良坂（よもつひらさか）の入口を千引の岩で塞ぐ。このあと、追ってきた伊邪那美命に永遠の別れを告げた。

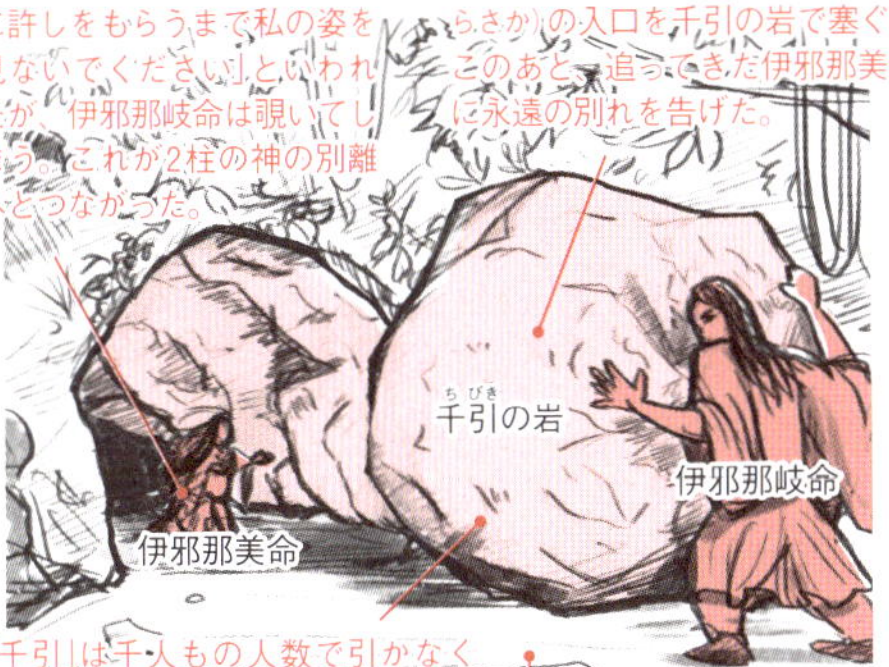

「千引」は千人もの人数で引かなくてはならないほどの重さを示す。

黄泉国への入口「黄泉平良坂」

『古事記』では、黄泉平良坂を出雲国の伊賦夜坂（いぶやさか）としている。

島根県松江市東出雲町には黄泉平良坂の伝承が残り、千引の岩とされる巨石や、1940（昭和15）年建立の「黄泉平良坂伊賦夜伝説地」という石碑がある。近隣には伊邪那美命を祀る揖夜（いや）神社が鎮座している。

神の系譜　大やけどを負った伊邪那美命が衰弱の中で生んだ神々

伊邪那岐命 ＝ 伊邪那美命

火之迦具土神
伊邪那岐命により剣で切られる。

伊邪那美命 ― やけどにより衰弱。

- 尿
  - 和久産巣日神《わくむすびのかみ》（男）
  - 弥都波能売神《みつはのめのかみ》（女）
- 糞
  - 波邇夜須毘古神《はにやすびこのかみ》（男）
  - 波邇夜須毘売神《はにやすびめのかみ》（女）
- 嘔吐物
  - 金山毘古神《かなやまびこのかみ》（男）
  - 金山毘売神《かなやまびめのかみ》（女）

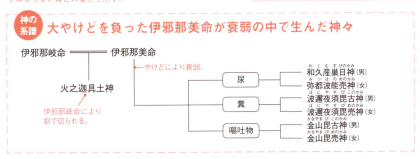

太陽神は女神

天照大御神は伊邪那岐命から高天原の統治を任された太陽神で、天皇家の祖先神でもある。

弟の須佐之男命の乱暴により天の石屋に隠れたため、世界が真っ暗になった「天の石屋神話」（38頁）からも光輝く太陽神であることがわかる。

皇室の祖神とともに、日本国民の総氏神とされる。

最高神といわれているが、「天孫降臨（46頁）」の際の命令には先に天に誕生した高御産巣神（24頁）の影響下にあったこともうかがわれる。

地上に降る孫・迩迩芸命（ににぎのみこと、46頁）に稲を授けたことから農耕神としての性格も伝わる。

三種の神器（八咫鏡［やたのかがみ］、八尺瓊勾玉［やさかにのまがたま］、草薙剣［くさなぎのつるぎ］）を迩迩芸命に授けた。特に八咫鏡は、天照大御神そのものとして祀るようにと命じた。代々宮中に祀られてきた八咫鏡は後に伊勢神宮に祀られることになった。

天照大御神を祭神とする神明（しんめい）神社は全国に5千社ほどあるとされる。天照大御神は大日霊（おおひるめ）、大日女（おおひめ）、大日孁貴神（おおひるめのかみ）などさまざまな神名で祀られている。

天照大御神を祀る主な神社は皇大神宮（伊勢神宮内宮、三重）、伊雑宮（いざわのみや、三重）、天岩戸神社（宮崎）、廣田神社（兵庫）、山口大神宮（山口）。

御神徳 国家安泰、子孫繁栄など

最高神は太陽の神
天《あま》照《てらす》大《おお》御《み》神《かみ》

死んだ妻を連れ戻しに黄泉国《よみのくに》へ出かけた**伊邪那《いざな》岐命《ぎのみこと》**は、死の穢れを清めようと、九州の日向《ひむか》の地（現在の宮崎県）で禊祓《みそぎはらい》※をする。全身水に入り、すっかり体を清めたところで、左目を洗うと**天照大御神**が、右目を洗うと**月読命《つくよみのみこと》**が、そして鼻を洗うと**須佐之男命《すさのおのみこと》**が生まれた。伊邪那岐命はたくさんの子をもうけた最後にもっとも貴い子たちが生まれたと喜び、天照大御神には天の高天原を、月読命には夜の世界を、須佐之男命には海原を治めるようにと命じた。

　左目から生まれた天照大御神は、天を照らすという名からも太陽神であることは明らかだろう。一方右目から生まれた月読命は、夜の世界を司る月の神である。目から太陽と月を生み出した伊邪那岐命については、死後に左右の目がそれぞれ太陽と月になった中国の巨人盤古《ばんこ》の神話と関係があるのではないかと指摘されている。

禊から生まれた数多くの神

黄泉国から戻った伊邪那岐命は、体についた穢れを落とそうと、日向の小門にある阿波岐《あわぎ》原《はら》で身を清めた。この禊によって生まれたのは、もっとも貴い神とされる三貴子《みはしらのうずみこ》（天照大御神、月読命、須佐之男命）だけではない。なお、現在、各地で行われる禊の儀礼のほか、神社の手《ちょう》水舎《ずしゃ》で手を清める慣わしも、伊邪那岐命が行った禊祓がルーツとされる。

水に潜ったときに生まれた神

阿波岐原で伊邪那岐命は「上の瀬は流れが速過ぎるし、下の瀬は流れが遅過ぎる」といい、中の瀬に潜ったとされる。

穢れをすすいでいると災いと清めに関する5神が誕生。さらに水中から海の神が6神（綿津見［わたつみ］三神と住吉三神）が生まれた。

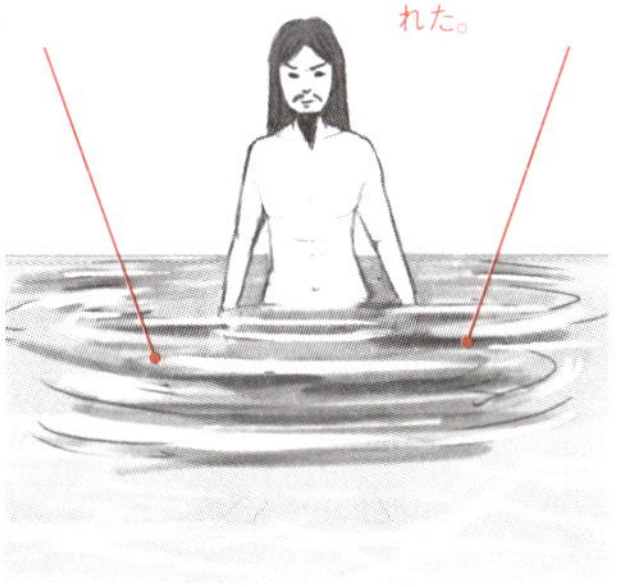

身につけていたものから生まれた神

身を清める前に投げ捨てた衣や帯、杖、冠、袋から神が生まれた。この6神は陸路を司る神だ。

左右の腕飾りからはそれぞれ3柱ずつ。計6柱の海路を司る神が生まれた。

顔を洗ったときに生まれた三貴子

禊で洗った右の目からは月読命が生まれた。

禊で洗った左の目からは天照大御神が生まれた。

禊で洗った鼻からは須佐之男命が生まれた。

禊の場所は宮崎・阿波岐原

伊邪那岐命が禊を行ったと伝わる「みそぎ池」は宮崎市の阿波岐原・森林公園にある。

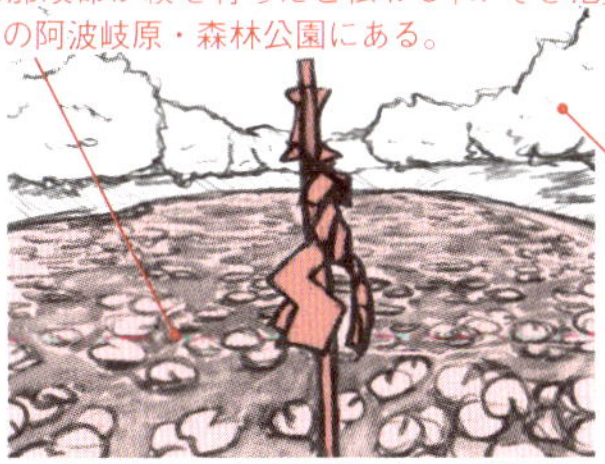

また、みそぎ池の南には伊邪那岐命と伊邪那美命を祀った江田神社が隣接する。

神の系譜　黄泉国から帰った伊邪那岐命の禊で生まれた神々

伊邪那岐命

三貴子	【陸路を司る神】	【海路を司る神】	【災いと清めの神】	【海の神】	
天照大御神	衝立船戸神《つきたつふなどのかみ》	奥疎神《おきざかるのかみ》	八十禍津日神《やそまがつひのかみ》	底津綿津見神《そこつわたつみのかみ》	綿津見三神
月読命	道之長乳歯神《みちのながちはのかみ》	奥津那芸佐毘古神《おきつなぎさびこのかみ》	大禍津日神《おおまがつひのかみ》	中津綿津見神《なかつわたつみのかみ》	綿津見三神
須佐之男命	時置師神《ときおかしのかみ》	奥津甲斐弁羅神《おきつかいべらのかみ》	神直毘神《かむなおびのかみ》	上津綿津見神《うわつわたつみのかみ》	綿津見三神
	和豆良比能宇斯能神《わづらいのうしのかみ》	辺疎神《へざかるのかみ》	大直毘神《おおなおびのかみ》	底筒之男命《そこづつのおのみこと》	住吉三神
	道俣神《ちまたのかみ》	辺津那芸佐毘古神《へつなぎさびこのかみ》	伊豆能売神《いづのめのかみ》	中筒之男命《なかづつのおのみこと》	住吉三神
	飽咋之宇斯能神《あきくいのうしのかみ》	辺津甲斐弁羅神《へつかいべらのかみ》		上筒之男命《うわづつのをのみこと》	住吉三神

※：人々の罪や穢れを、祓い清めて取り去る儀式のこと。

須《す》佐《さ》之《の》男《おの》命《みこと》

天上界の暴君が地上の英雄に

海原を治めるはずの**須佐之男命**は従わずに泣いてばかりいる。どうして泣くのかと聞くと、根の国にいる母・**伊邪那美命**《いざなみのみこと》に会いたいという。

怒った父・**伊邪那岐命**《いざなぎのみこと》に追い出された須佐之男命は高天原《たかまのはら》へ。**天照大御神**《あまてらすおおみかみ》は弟が高天原を奪いに来たと思うが、須佐之男命は否定する。そこで2神は占い（誓約《うけい》※）でどちらが正しいかを決めることにした。その結果、須佐之男命は自分の正しさが証明されたと大暴れし、田を壊したり大事な儀式をする場に糞をしたりする。とうとう彼の乱暴で機織《はたお》りの女性が亡くなると、天照大御神は恐れをなして天《あめ》の石《いわ》屋《や》のなかにこもってしまう（天の石屋隠れ、39頁）。すると世界は暗闇に包まれた。太陽神が隠れる事件を起こした暴れん坊の須佐之男命は、嵐の神と解釈される。なお後に、高天原を追放された須佐之男命は、地上界・葦原中国の出雲（島根）へ向かい、そこで暴君から一転し英雄となる。

英雄の一面ももつ乱暴者

乱暴な振る舞いをするという記述がある一方で、日本初の和歌の詠み手とされるなど、文化的な部分も持ち合わせている。謎の多い神だ。

黄泉の国から帰還した伊邪那岐命が禊を行った際に、鼻から生まれた須佐之男命。高天原を追放された後は、地上で八岐大蛇（やまたのおろち、64頁）を退治し人々を救った。天上では暴君、地上ではヒーローという二面性を持つ神である。

須佐之男命の携える剣では、天照大御神との誓約で宗像三女神（36頁）を生んだ十拳剣（とつかのつるぎ）や、退治した八岐大蛇の尾から出た草薙剣（くさなぎのつるぎ）が知られる。草薙剣は後に天照大御神に献上され、天孫降臨の際には迩迩芸命（ににぎのみこと、46頁）に託された。

母に会いたいと願った須佐之男命は高天原から出雲を経て根之堅州国（ねのかたすくに）で暮らし、そこで子孫の大国主神（当時の神名は大穴牟遅神［おおなむちのかみ、42頁］）と出会う。

須佐之男命はともに地上へと降った自分の息子（五十猛命［いそたけるのみこと］）と娘（大屋津姫命［おおやつひめのみこと］、枛津姫命［つまつひめのみこと］）に命じて国土を緑で埋めつくした。また、自分の体毛を抜いて木に変え、樹種ごとの木の使い方を教えるなど、木の神としての側面を持つ。

ミャンマーやカンボジアなど東南アジア地域に、太陽と月と出来の悪い弟の関係を描いた神話が伝わる。出来の悪い弟が乱暴を働くことで日食や月食が起こるという内容だ。

須佐之男命を祀る主な神社は、八坂神社（京都）、広峯神社（兵庫）、津島神社（愛知）、須佐神社（島根）、素盞嗚神社（広島）、武蔵一宮 氷川神社（埼玉）。

御神徳 五穀豊穣、厄除開運など

仏教の神と習合し広がった暴君の系統

天照大御神の弟・須佐之男命は神仏習合のなかで祇園精舎の守護神、牛頭天王《ごずてんのう》と同一視された。習合した理由はどちらも荒神《あらがみ》だからという説など、諸説が存在する。主祭神として祀る神社にはさまざまな系統が誕生し、信仰は全国に広まった。

勝ったと思った須佐之男命は高天原で暴れる

誓約で正義を証明した須佐之男命は、田の畔を壊したり、神殿に汚物をまき散らしたりするなど、高天原で暴虐の限りを尽くす。

須佐之男命

須佐之男命はまだら模様の馬の皮をはぎ、機織り場に投げ込む。そのため機織り女が死んでしまう。

須佐之男命を祀る神社の系統

祇園信仰 総本社：八坂神社・広峯神社	津島信仰 総本社：津島神社	氷川信仰 総本社：氷川神社
平安時代の成立か。疫病除けの御利益で庶民に広まった。総本社の1つ・京都・八坂神社では神仏分離まで牛頭天王を祀っていた。	成立年代は未詳で、東海地方を中心とした祇園信仰の1つ。屋根（軒）の上に牛頭天王を祀る「屋根神さま」という独特の信仰で知られる。	関東近辺を中心に信仰が広がる。現在では須佐之男命を主祭神の1柱とする。出雲の系統とする説や、水神を祀る信仰をルーツとする説もある。

牛頭天王

神仏習合思想では須佐之男命と牛頭天王は同一神で、須佐之男命の正体が牛頭天王だとする。

須佐之男命

出雲の神としても知られる。

神の系譜　須佐之男命が残した子孫たち

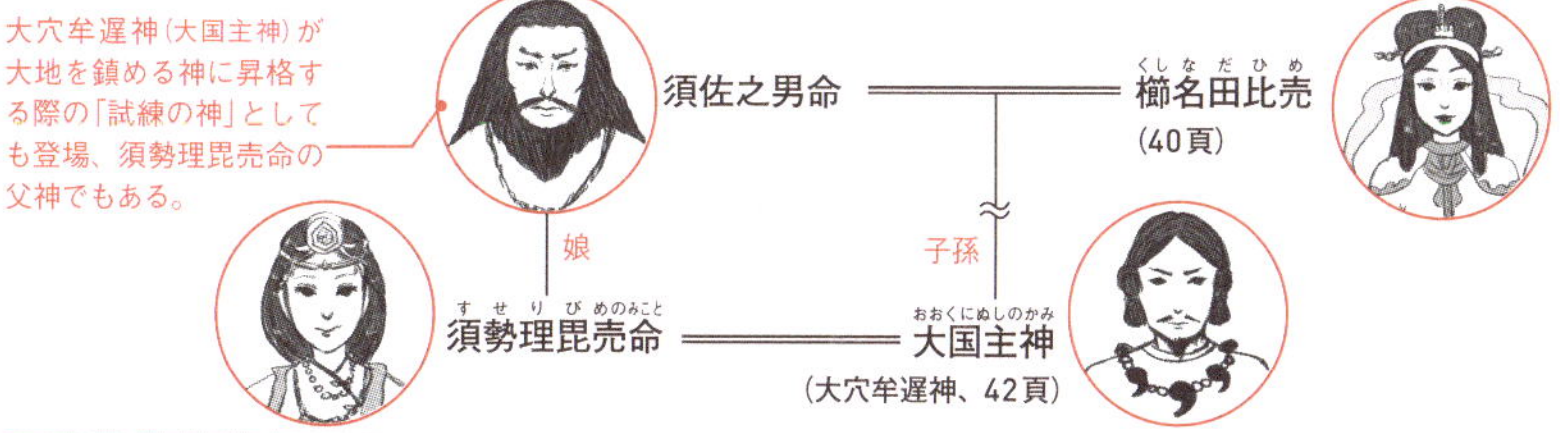
大穴牟遅神（大国主神）が大地を鎮める神に昇格する際の「試練の神」としても登場、須勢理毘売命の父神でもある。
須佐之男命
櫛名田比売《くしなだひめ》
（40頁）
娘
子孫
須勢理毘売命《すせりびめのみこと》
大国主神《おおくにぬしのかみ》
（大穴牟遅神、42頁）

※：誓約は正義・潔白を占う儀式で『古事記』に何度か記述が見られる。天照大御神、須佐之男命の姉弟によるもの（36頁）のほか、木花之佐久夜毘売が迩迩芸命の子を身ごもっていると証明した場面にも誓約の様子が記されている（51頁）。

誓約《うけい》で生まれた神々

宗像三女神《むなかたさんじょしん》

須《す》**佐之男命《さのおのみこと》**が高天原《たかまのはら》を奪いに来たと思う**天照《あまてらす》大御神《おおみかみ》**。違うという須佐之男命。2神はどちらが正しいか占いに問う。誓約というこの占いは、互いの持ち物を交換し、口に含んで噛み、吹き出してそこから神を生じさせるというもの。まず天照大御神が須佐之男命の剣から3柱の女神※1を生み出し、次に須佐之男命が天照大御神の頭を飾る勾玉《まがたま》から5柱の男神※2を生み出した。女神たちは須佐之男命、男神たちは天照大御神の子とされ、須佐之男命は心が清らかで戦う気持ちがないから、女神が生まれたと解釈する。

地上に降った女神たちは**宗像三女神**と呼ばれる海の女神となり、宗像大社（福岡）をはじめ海上交通の要所に祀られる。5柱の男神のうち**天之忍穂耳命《あめのおしほみみのみこと》**（46頁）は天皇家の祖先となる。この誓約で天照大御神は男女の交わりを持たずに皇祖神となったのである。

航海安全の守護神・宗像三女神は海の女神

天照大御神が須佐之男命の十拳剣（とつかのつるぎ）を噛み砕くと、多紀理毘売命、市寸島比売命、多岐都比売命の三女神が生まれた。この三女神は宗像三女神と呼ばれ、宗像大社（福岡）の沖津宮（おきつみや）に多紀理毘売命が、中津宮（なかつみや）に多岐都比売命が、辺津宮（へつみや）に市寸島比売命が祀られている。

宗像三女神を祀る宗像大社の神木は楢（なら）。楢は同社の宮司家の家紋にも使用されている。

天照大御神の命により、天孫降臨（46頁）に先立ち天皇家を守護すべく、大陸や朝鮮半島の門戸にあたる宗像の地に高天原から降ることになった。

3姉妹とも大変な美人と伝わるが、どの神が姉か妹かははっきりしない。

市寸島比売命は広島・厳島神社の主祭神でもあり、同社の社名「いつくしま」は「いちきしま」の変化したものと伝わる。

多紀理毘売命の神名の由来は「海にかかる霧」や急流の様子を示した「滾（たぎ）り」など諸説ある。また『日本書紀』には、市寸島比売命の別名とする記述も。

古事記では大国主神と結ばれ子をもうける。

宗像三女神を祀る主な神社は宗像大社や厳島神社、江島（えのしま）神社（神奈川）、阿智神社（岡山）、淵神社（長崎）。2017（平成29）年に「神宿る島」宗像・沖ノ島と関連遺産群が世界遺産に登録された。沖ノ島（宗像大社沖津宮）は現在でも女人禁制の伝統を守っているが、それ以外の関連遺産は女人禁制ではない。

御神徳 交通（航海）安全、豊漁、商売繁盛、芸能上達

もとは地方神だった？ 宗像三女神

『古事記』では誓約により、5柱の男神と3柱の女神が生まれたとしている。このうちの宗像三女神は、筑紫《ちくし》（九州北部）にいた氏族・宗像氏ら海人族《あまぞく》が崇拝していた神ともされている。

天安河原（あまのやすのかわら）は誓約の場となったほか、天の石屋（あめのいわや）に隠れた天照大御神を外へ出すために、神々が相談した場所でもある。

須佐之男命が携えていたとされる十拳剣は固有の剣ではなく、長剣の一般名詞と考えられる。

8は神道における聖なる数字で、立派なという意味を示す。

天安河原が地上にある？

宮崎県高千穂町・天岩戸（あまのいわと）神社の近くにある仰慕ケ巌（ぎょうぼがいわや）と呼ばれる洞窟は、天安河原と伝わる。

「石を積んで願い事をすると叶う」とされ、仰慕ケ巌には無数の積み石がある。

仰慕ケ巌の中には、天岩戸に集まったとされる八百万（やおよろず）の神を祀った鳥居がつくられている。

福岡に残る三女神降臨の地

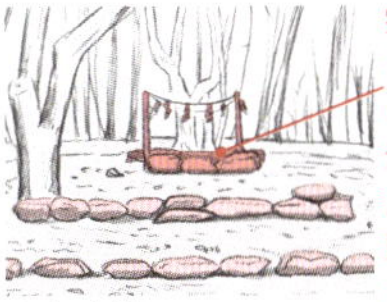
高宮斎場

宗像三女神の降臨地とされる高宮斎場（たかみやさいじょう）は宗像大社・辺津宮の境内にある。沖ノ島の沖津宮と並び、わが国の祈りの原形を今に伝える数少ない古代祭場だ。

六嶽神社

六嶽（むつがたけ）神社（福岡町）も、宗像三女神が降臨したとされる。創始は137（成務天皇7）年で、社地のある「室木の里」の里長[※3]・長田彦（おさだひこ）に神託が下ったという。

神の系譜 誓約で生まれた神々

- 須佐之男命の剣
  - 多岐都比売命
  - 市寸島比売命
  - 多紀理毘売命
  （以上、宗像三女神）
    - ＝ 大穴牟遅神《おおなむちのかみ》（大国主神、42頁）
- 天照大御神の勾玉
  - 天忍穂耳命《あめのおしほみみのみこと》
    - 迩迩芸命（46頁）（父と子）
  - 天穂日命《あめのほひのみこと》
  - 天津彦根命《あまつひこねのみこと》
  - 活津彦根命《いくつひこねのみこと》
  - 熊野櫲樟日命《くまのくすひのみこと》

※1：多紀理毘売命、市寸島比売命、多岐都比売命の3柱の女神。※2：天忍穂耳命、天穂日命、天津彦根命、活津彦根命、熊野櫲樟日命の5柱。※3：郷長とも。古代日本の行政区画の最小単位「里（郷）」の長。

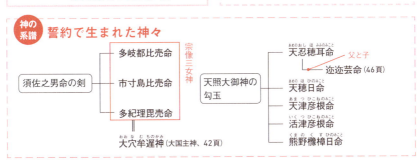

光をよみがえらせた踊りの神

天宇受売命《あめのうずめのみこと》

天《あめ》の石屋《いわや》に閉じこもった**天照大御神**《あまてらすおおみかみ》。太陽神の不在は世界に暗闇をもたらし、さまざまな災いを引き起こした。そこで高天原の神々は、知恵の神である**思金神**《おもいかねのかみ》を中心に相談をし、天の石屋の前で祭りを行うことにした。

これに先立ち、ニワトリを集めてきて鳴かせ、鏡、勾玉をつくり、鹿の骨で占いをして祭りのやり方を決めた。鏡や勾玉で木を飾り立て、祝詞《のりと》を奏上すると、祭りの始まりだ。**天宇受売命**は笹の葉を手に持ち、桶を踏みならしながら踊る。盛り上がってくると、胸もあらわになりほとんど裸になった。その様子に神々は大笑い。天照大御神は不審に思い、戸を開く。このことをきっかけに世界に光が戻った。

天宇受売命による天照大御神のための踊りは、芸能の起源とされる。そのため今も多くの芸能関係者が天宇受売命を信仰し、彼女を祀る神社に詣でている。

大地に光を取り戻した神がかりの舞踊

天の石屋での舞踊の際、頭にはマサキノカズラを冠っていたという。マサキノカズラとはテイカカズラかツルマサキと考えられる。

天の石屋から天照大御神をさそい出す際、笹の葉を手に踊ったとされる。古代から笹は神聖なものとされ、現在でも地鎮祭の際に忌竹が用いられる。

体にはヒカゲノカズラをたすきにかけていた。京都伏見稲荷大社の大山祭で御神酒とともに授与されるなど、いくつかの神社で神聖視されている。

天の石屋に隠れた天照大御神を外へさそう役を担った天宇受売命は、一心不乱に踊って神々を魅了したことから、芸能の女神、縁結びの女神として知られる。神楽・技芸の祖神として各地に祀られている。

天照大御神の「天の石屋隠れ」の場面のほか、「天孫降臨」のシーンでも登場（47頁）。大地へ神々を先導した猿田毘古神（48頁）の伴侶となった。

天宇受売命を祀る主な神社は、佐瑠女（さるめ）神社（猿田彦神社境内社、三重）、鈿女（うずめ）神社（長野）、芸能神社（車折神社境内社、京都）、宮比（みやび）神社（筑土八幡神社境内社、東京）、荒立神社（宮崎）など。

御神徳 芸能上達、夫婦和合

天照大御神をさそい出した天宇受売命と仲間たち

天児屋命《あめのこやねのみこと》が祝詞を奏上し、天宇受売命の踊りで天照大御神が岩戸の外へ引き出されたのち、布刀玉命《ふとだまのみこと》が岩戸にしめ縄をかけて二度と中にこもることができないようにした。なおここには、のちに「天孫降臨《てんそんこうりん》」の場面に見られる神々も多く登場する。

天の石屋に集まった神々

勾玉と鏡で飾り付けた榊。岩から覗いた天照大御神を映し出した八咫鏡（やたのかがみ）は、鋳物や金属加工の神・伊斯許理度売命（いしこりどめのみこと）が、勾玉は玉祖命（たまのおやのみこと）がつくった。

天手力男神が放り投げた岩戸は戸隠山（長野）になったという説もある。

ニワトリ（常世長鳴鳥）が集められたのは、朝一番に鳴いて日の光を呼び、これを嫌う悪神や悪霊をはらうため。

天児屋命が祝詞の後、天宇受売命の踊りが始まる。桶の上で一心不乱に踊っているうちに着物ははだけ、胸や陰部まで丸見えに。それによって神々は大笑いした。

天の石屋がご神体！ 天岩戸《あめのいわと》神社

岩戸を放り投げた天手力男神

天岩戸神社の境内には、天岩戸を放り投げたと伝わる天手力男神の像が立つ。

高千穂神楽で知られる天岩戸神社（宮崎）。西本宮と東本宮があり、西本宮では「天岩戸」を御神体とする。

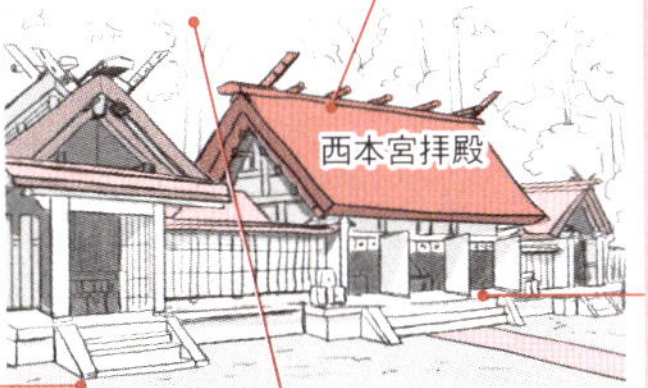

天岩戸の洞窟は西本宮拝殿の裏を流れる川の向こうにある。

神楽で伝わる天宇受売命の舞

高千穂神楽は天宇受売命が天岩屋の前で舞った踊りがルーツとされ、国の重要無形民俗文化財に指定されている。

各集落で行われている夜神楽。11月3日は天岩戸神社でも行われる。

神の系譜 天の石屋神話で活躍した神々

天孫降臨の際、迩迩芸命に従った重要な神「五伴緒神（いつとものおのかみ）」とされる。

玉祖命	伊斯許理度売命	天児屋命	天宇受売命	布刀玉命	思金神	天手力男神
祭具用に勾玉を制作	祭具用に鏡を制作	祝詞を奏上し祭りを始める	祭りで舞踏を担当	岩戸にしめ縄をかける	高御産巣日神（造化三神［24ページ］）の御子神	高天原随一の怪力の神

須佐之男命が妻とした稲作の女神

足名椎命（あしなづちのみこと）、手名椎命（てなづちのみこと）がもうけた8人の娘の1人とされる。他の7人は八岐大蛇に食われてしまったとされるが、櫛名田比売が何番目の娘かという記述はとくにない。足名椎命・手名椎命は伊邪那岐命・伊邪那美命が生んだ山の神・大山津見神（50頁）の子にあたる。

美女を悪い者たちから取り戻すという典型的なペルセウス・アンドロメダ型の神話。人気ゲームのマリオとピーチ姫などもその一例で、世界中で好まれるモチーフといえる。

須佐之男命が妻に迎えた櫛名田比売は、須賀の地で建てた宮殿で子を生む。その子孫には大国主神（42頁）がいる。櫛名田比売の名は「クシ（霊妙な）＋ナダ（稲田）」を表し、稲作に豊穣をもたらす神として知られる。

櫛名田比売は八岐大蛇と戦った須佐之男命と結ばれた。そのことから良縁成就の神徳が伝えられている。なお櫛は古くより霊力があるとされる。

櫛名田比売が記紀に登場するのは八岐大蛇神話のみ。神話中では童女との記述があり、非常に若い娘であることがうかがえる。

櫛名田比売と須佐之男命が祀られている八重垣神社（島根）は、鏡池の縁占い（紙の上にお金を置き、その沈み方で吉兆を占う。その紙にも吉兆の文字が浮かび上がる）が人気。その神社には平安時代に描かれたと伝わる須佐之男命と櫛名田比売の絵がある。

櫛名田比売を祀る主な神社は、稲田神社（茨城）、氷川神社（埼玉）、八重垣神社（島根）、櫛田神社（富山、福岡）など。

御神徳 五穀豊穣、夫婦和合、縁結び

須佐之男命に救われたヒロイン
櫛名田比売《くしなだひめ》

高天原で乱暴を働いた**須佐之男命**《すさのおのみこと》は、追い払われ出雲へとやって来た。そこで老夫婦と娘の**櫛名田比売**が泣いているところに出くわす。八岐大蛇《やまたのおろち》（64頁）という怪物に娘が食べられるというのだ。八岐大蛇とは、体は1つで頭と尾が8つ。体は谷8つ、峰8つを渡るほど巨大で、檜や杉が生えている。須佐之男命は櫛名田比売との結婚を条件に、その大蛇の退治を約束した。

何度も繰り返し発酵させた強い酒を8つの瓶に入れておくと、やって来た大蛇は8つの頭で飲み、酔っ払って寝てしまった。そこを剣でさんざんに切り倒した。こうして救われた櫛名田比売と須佐之男命は結ばれ、出雲に新しい宮を建てて暮らした。

英雄が怪物と戦い、いけにえにされた乙女（姫）を救って結ばれるという話は、英雄神話に多く見られる。須佐之男命も世界の英雄と共通する特徴を持っているのだ。

須佐之男命を助けて伝わる良縁成就の神徳

須佐之男命と櫛名田比売がともに暮らした宮殿（須賀宮）と伝わる須我神社は島根県雲南《うんなん》市に鎮まる。

地上に降りた須佐之男命の妻となった櫛名田比売

神の宮殿（須賀宮）を建てると、宮殿を取り囲むように雲がわき、須佐之男命は「八雲立つ　出雲八重垣　妻籠みに　八重垣作る　その八重垣を」※と歌を詠んだ。

須佐之男命
櫛名田比売

夫婦神が暮らした須我神社

須我神社は、「日本初之宮」と呼ばれることも。背後の八雲山（やくもやま）にはこの夫婦神のほか、御子神を祀った磐座（いわくら）・夫婦岩がある。

創祀の際、須佐之男命が詠んだ歌は日本最初の和歌とされ、境内にはこれを記念した碑が建つ。

関東にもある櫛名田比売を祀る社

神奈川県中郡大磯町にある六所（ろくしょ）神社は、出雲の氏族・柳田氏（詳細は未詳）が櫛名田比売を祀ったことに始まるとされ、もとは柳田大明神という神社名だった。

六所神社は、神奈川県内を始め全国各地に鎮まり、いずれも祭神に櫛名田比売を含む。

六所神社

櫛は女神の化身

御神縁の良縁
女性災禍除
湯津爪櫛
六所神社

社務所で授与される櫛名田比売のシンボル櫛型のお守り。

神の系譜　櫛名田比売と関係をもつ神々

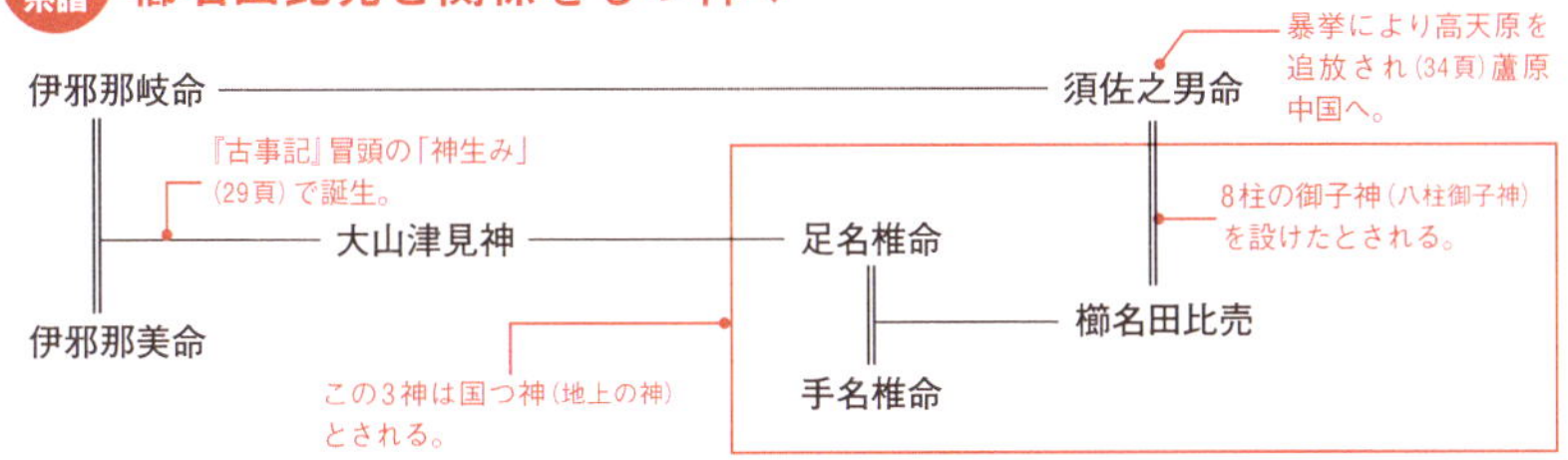
伊邪那岐命
須佐之男命
暴挙により高天原を追放され（34頁）葦原中国へ。
『古事記』冒頭の「神生み」（29頁）で誕生。
大山津見神
足名椎命
8柱の御子神（八柱御子神）を設けたとされる。
櫛名田比売
伊邪那美命
手名椎命
この3神は国つ神（地上の神）とされる。

※：（現代語訳）雲が幾重にも立ち上る。雲の湧き出るとされる出雲国に、八重垣を巡らせ、妻のこもる場所としよう。そんな八重垣をつくろう。そんな八重垣を。

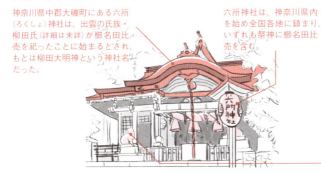

大国主神《おおくにぬしのかみ》

大地を拓いたダイハード

須《す》佐《さ》之《の》男命《おのみこと》の子孫に**大国主神**がいる。大穴牟遅《おおなむちの》神《かみ》、葦原《あしはらの》色《し》許《こ》男神《おのかみ》、八《や》千《ち》矛神《ほこのかみ》など多くの名を持つが、国の主、つまり葦原中国《あしはらのなかつくに》の支配者という意味の大国主神がもっとも有名な呼び名だろう。

大国主神の話としては「因幡《いなば》の白《しろ》ウサギ」がある。ワニ(サメのこと)をだまし、皮を剥がされ泣いていたウサギに、大国主神の兄弟たちが間違った治療法を教え、さらに悪くする。そこに大国主神が正しい治療法を教え、もとどおりに治す話である。医療の神・大国主神の姿を伝える。そのほか**少彦名神**《すくなひこなのかみ》とともに農業を広めるなどして国作りをしたとも伝えられる。また、さまざまな土地の女神との婚姻譚《こんいんたん》もあることから、結婚を通しても支配領域を広げていったと解釈できる。このように多様な活躍をしたことが、大国主神が多くの名を持つ理由だろう。女神たちに求婚するときの名、八千矛神とは、たくさんの矛＝男根を持つ神の意味である。

国土を譲り出雲大社《いづもおおやしろ》に鎮まった大地の神

地上の神、すなわち国つ神(くにつかみ)として最も良く知られる。出雲の地で国作りをするが、高天原からやってきた迩迩芸命(ににぎのみこと、46頁)に国を譲る。その代償として、高天原の神から約束されたのが出雲大社だ。

大国主神は須佐之男命によって課された数々の試練を乗り越え、その娘・須勢理毘売命(すせりびめのみこと)を妻に迎える。

艶福家で須勢理毘売命も含め6人の妻、180人の子ども(『古事記』より)がいたとされる。これは広い地域で信仰され、土着の神々と統合されたことを示しているとの説もある。

大国主神がたくさんの兄弟たちのなかから国の支配者となったことは末子相続(末っ子がすべての財産・家督を継ぐ)のエピソードと解釈される。山幸彦や神武天皇も末子である。古代の相続形式との関連も想定されるが、確定はできない。

『日本書紀』では須佐之男命の息子、『古事記』では須佐之男命の六代後の孫だとしている。

二度死んで二度とも生きかえる経験をしている。一度目は焼かれ、二度目は木の間にはさまれた。また須佐之男命のいる根之堅州国を訪れている。

初めは神産巣日神(かみむすびのかみ、24頁)の子である少彦名神と国作りを行う。少彦名神が常世(とこよ)に去った後は三輪山に鎮座する大物主神(おおものぬしのかみ、78頁)と国作りを行った。

大国主神を祀る主な神社は、出雲大社(島根)、出雲大神宮(京都)、大國魂神社(東京)、気多(けた)大社(石川)、飛瀧(ひろう)神社(和歌山)。

御神徳 夫婦和合、病気平癒、縁結び

若かりし頃から苦難の連続だった

美しい女神・八上比売《やがみひめ》を妻とする権利を得た大穴牟遅神だが、自分の兄たちによって二度も命を落とす。母らの力でよみがえった後、大穴牟遅神は兄から逃れるべく黄泉国(根之堅州国)へ。そこで須勢理毘売命と恋に落ちるも、今度は須勢理毘売命の父・須佐之男命の試練が待っていた※1。

試練を乗り越え、嫁を連れ逃げる

須佐之男命は娘と神宝を奪って逃げ出した大穴牟遅神を黄泉比良(よもつひら)坂まで追いかける。そこで大穴牟遅神に、大地の神を意味する「大国主神」と名乗るよう命じた。

射ると、死者さえよみがえるとされる生弓矢(いくゆみや)。

須佐之男命の神宝で唯一今に残るといわれる天詔琴(あめののりごと)※2。

須佐之男命の神宝3つを奪い、須勢理毘売命と共に根の国を逃げ出す。

切ると病や傷が治るとされる生太刀(いくたち)。弓矢・琴・刀はともに出雲の三種の神器と呼ばれることもある。

国譲りの条件となった出雲大社

大国主神は、国を譲るにあたり、自分の住むところを天の神の宮殿のように立派なものとし、屋根には天に届くほど高く千木《ちぎ》を置いてほしいといった。それが出雲大社の起源とされる。

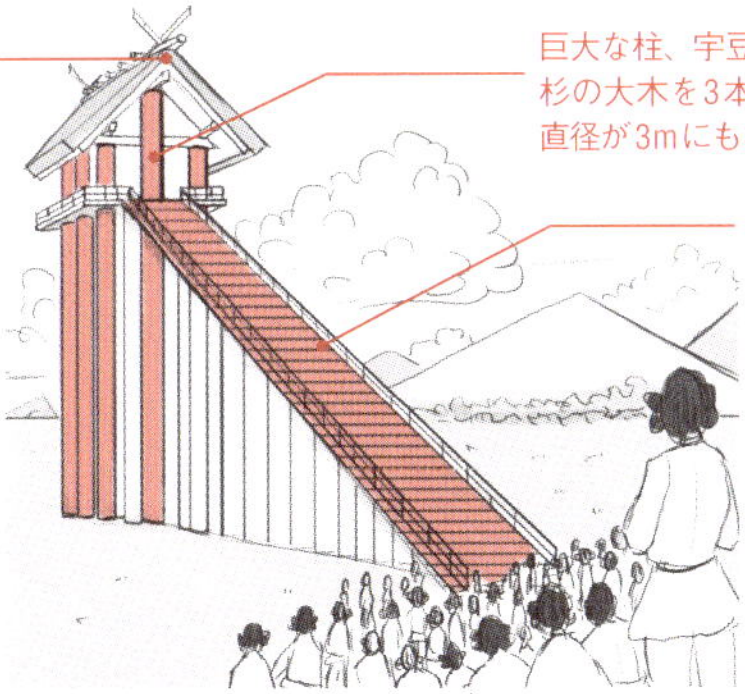

出雲大社の社伝によると、創建当初は高さ約96mと伝わる本殿。切妻造、妻入。平安時代は48m。現在も24mと巨大な本殿をもつ。

巨大な柱、宇豆柱(うづばしら)。杉の大木を3本一組にした柱で直径が3mにもなる。

本殿から伸びる引橋(ひきばし、階段)。

神の系譜　多数の妻をめとった大国主神

須佐之男命 ―(父と娘)― 須勢理毘売命
須佐之男命 ―(誓約(36頁))― 多紀理毘売命
須佐之男命 ―//― 大国主神

大国主神の妻たち

- 須勢理毘売命
- 多紀理毘売命《たぎりびめのみこと》(「宗像三女神」[36頁]の1神)
- 神屋楯比売命《かむやたてひめのみこと》(事代主神[44頁]の母)
- 沼河比売《ぬなかわひめ》(越国[福井〜山形]の神)
- 鳥取神《ととりのかみ》(「鳥取」という地名の元になった神)
- 八上比売《やがみひめ》(かつて鳥取にあった区画名「八上郡」の元になった神)

※1:ヘビの部屋やムカデとハチの部屋に寝させられたり、焼き殺されそうになったりした。※2:琴弾山(ことびきやま)神社(島根)に奉納されている。

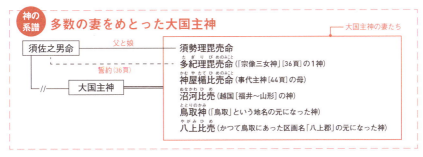

建《たけ》御《み》雷《かづちの》神《かみ》

国譲りを成功に導いた武神

あるとき**天照大御神《あまてらすおおみかみ》**は、葦原中国《あしはらのなかつくに》は自分の子が治めるべきだと考えた。そこで葦原中国の神々に国を譲るよう説得する使者を送る。ところが二度も使者が寝返ってしまった※1。

天の神々は相談し、**建御雷神**を送った。剣の刃の上にあぐらをかくという姿で**大国主神**の前に現れた建御雷神は、国を譲るかと問うた。大国主神が息子の**事代主神《ことしろぬしのかみ》**に聞くようにいうので呼んでくると、事代主神はすぐに天の神に従うという。そこに大きな岩を片手に持ったもう1人の息子・**建御名方神《たけみなかたのかみ》**が現れ、戦いを挑んできた。建御名方神が建御雷神の手を取ると、その手はたちまち氷となり剣の刃となる。次に建御雷神が建御名方神の手を取ると、若い葦を引っこ抜くように建御名方神を投げ飛ばした。2人の息子が降参し、大国主神も国を譲ることに同意する。戦いの神としての建御雷神の圧倒的な力が、「国譲り」を成功に導いたといえよう。

地上世界の統治権譲渡交渉を担う神

香取神宮（千葉）の祭神・経津主神（ふつぬしのかみ）と同じく刀剣を神格化した神とされる。どちらも武道の神として祀られている。

後の「神武東征」（54頁）では、建御雷神の十拳剣（とつかのつるぎ）が熊野で毒気にやられた神武天皇らを助けた。

建御雷神は伊邪那岐命の剣についた火之迦具土神（ひのかぐつちのかみ）の血から生まれた（30頁）。

茨城・鹿島神宮の祭神として、全国に勧請された。もともと常陸国（茨城県）の土着神で、海上保全の神として信仰されていたとされる。

天皇家を補佐した藤原（中臣）氏は、建御雷之男神を天照大御神の守護者＝天皇家の守護者としての自らを重ね、祖神として祀るようになった（春日大社・奈良）。

「国譲り」の交渉は最初、父である天之尾羽張（あめのおはばり）に依頼されたが、天之尾羽張は息子を推薦。建御雷神が葦原中国へ降ることになった。

その神名から賀茂別雷神（かもわけいかづちのかみ）、菅原道真とともに雷神として知られる。

建御雷神を祀る主な神社は、鹿島神宮のほか春日大社（奈良）のほか、鹽竈（しおがま）神社（宮城）、枚岡（ひらおか）神社（大阪）、吉田神社（京都）など。

御神徳　武道守護、国家鎮護、病気平癒

※1：一度目は天穂日命（あめのほひのみこと）を葦原中国に送るも、大国主神に取り込まれ失敗（3年が経過しても戻らなかった）。二度目の失敗は天若日子（あめのわかひこ）の派遣で、大国主神の娘・下照姫（したてるひめ）と結婚し、8年経過しても戻らなかった。

1 北方の鎮圧をも担った建御雷神

大国主神との国譲り交渉をやってのけた建御雷神は、後に常陸国の鹿島神宮に祀られ、中央の権力が行き届かない北方を鎮める役割を任された。これが鹿島神宮の社殿が北向きに建つ由縁とされる。

稲佐《いなさ》の浜で国譲り交渉

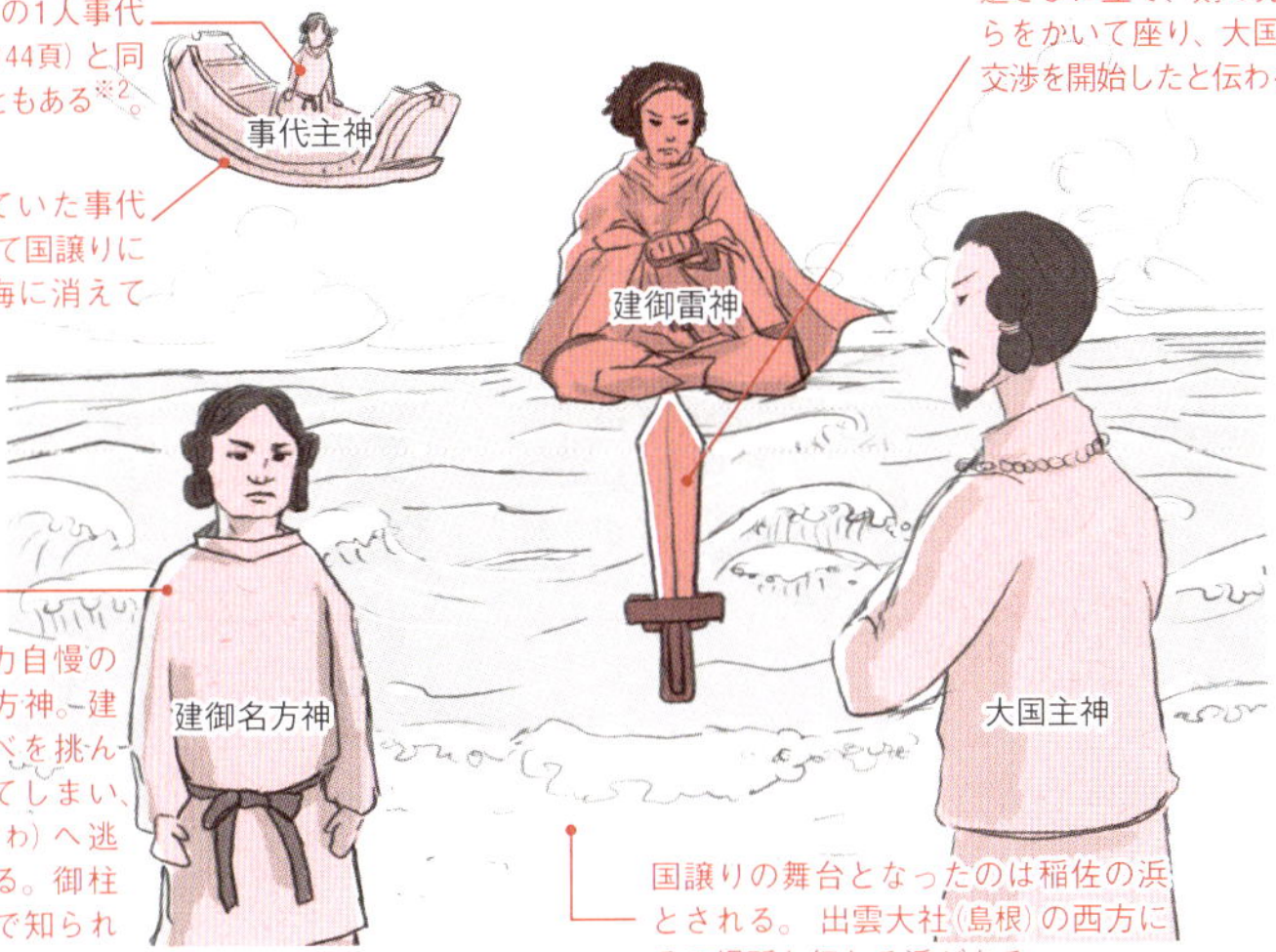
事代主神
建御雷神
建御名方神
大国主神

大国主神の息子の1人事代主神。恵比寿(144頁)と同一神とされることもある※2。

釣りに出かけていた事代主神は戻ってきて国譲りに同意。その後海に消えていった。

建御雷神は、十拳剣を抜いて逆さまに立て、剣の先にあぐらをかいて座り、大国主神と交渉を開始したと伝わる。

大国主神の剛力自慢の息子、建御名方神。建御雷神に力比べを挑んだものの負けてしまい、長野・諏訪(すわ)へ逃亡したとされる。御柱(おんばしら)祭で知られる諏訪大社に祀られる。

国譲りの舞台となったのは稲佐の浜とされる。出雲大社(島根)の西方にその場所と伝わる浜がある。

北方にも霊力届く・鹿島神宮

建御雷神をご祭神とする鹿島神宮(茨城)、布都御魂(ふつのみたま)をご祭神とする香取神宮(千葉)にはそれぞれ要石(かなめいし)がある。それらが地震を起こす原因となるナマズを押さえ付けていることから、2神は地震を鎮める神にもなった。

社殿は北向きに建てられている(通常は南もしくは東向き)。これは建御雷神の霊力を東北地方(蝦夷[えぞ])まで及ぼそうとしたためとされる。

「太刀」と「鹿」の幸運守

建御雷神を祀る鹿島神宮のお守りには、国譲りに登場する十拳剣に加え、同社の神使である鹿の角が描かれている。

幸運守

神の系譜 火之迦具土神を切った剣についた血から生まれた神々

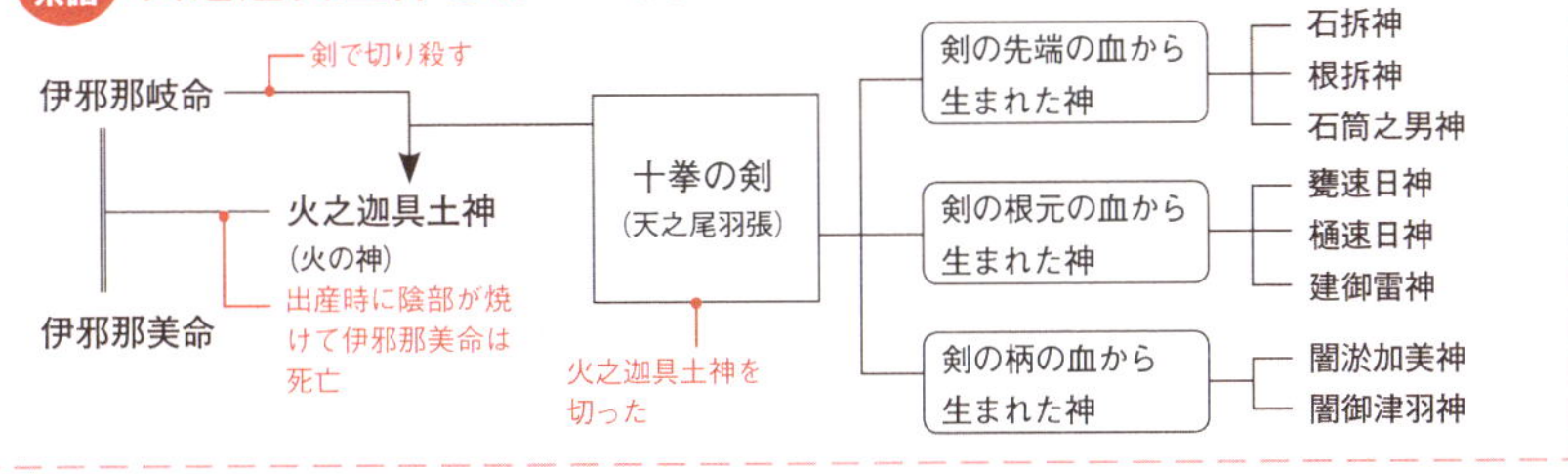
伊邪那岐命
剣で切り殺す
伊邪那美命
火之迦具土神
(火の神)
出産時に陰部が焼けて伊邪那美命は死亡
十拳の剣
(天之尾羽張)
火之迦具土神を切った
剣の先端の血から生まれた神
石拆神
根拆神
石筒之男神
剣の根元の血から生まれた神
甕速日神
樋速日神
建御雷神
剣の柄の血から生まれた神
闇淤加美神
闇御津羽神

※2:恵比寿が事代主神と同一神とされたのは江戸期。国譲りの場面で事代主神が釣りをしていたことから、海神の恵比寿と結びついたとされる。

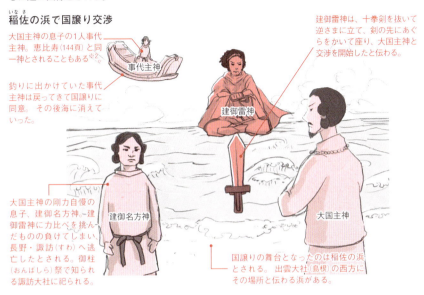

地上に降りた天孫

迩迩芸命《ににぎのみこと》

天照大御神《あまてらすおおみかみ》は、葦原中国《あしはらのなかつくに》を息子の**天忍穂耳命**《あめのおしほみみのみこと》に治めさせようとするが、「国譲り」の交渉の間に生まれた**番能迩迩芸命**《ほのににぎのみこと》（以降、迩迩芸命という）を推薦した。天照大御神の孫、すなわち天孫が降るということで「天孫降臨」という。

迩迩芸命の供として、**思金神**《おもいかねのかみ》や**天宇受売命**《あめのうずめのみこと》など天の石屋の祭りで活躍した神々も一緒に降ることになった。天照大御神は、自分を支えた神々が引き続き地上で孫を支えてくれるようにと願ったのだろう。このとき、のちに三種《さんしゅ》の神器《じんぎ》と呼ばれる鏡、勾玉、剣も授けられ、天照大御神の子孫の象徴となった。

『日本書紀』によれば、天照大御神は高天原で育てていた稲穂を持たせたという。迩迩芸命の名は、稲穂がにぎにぎしく実るという意味を持つ。迩迩芸命の降臨は、地上に稲穂がもたらされるということも意味するのだろう。

三種の神器を携え葦原中国へ

迩迩芸命は山の神の娘（自身も山の女神）である木花之佐久夜毘売（このはなのさくやびめ、50頁）を伴侶とする。これは地上だけでなく、地上にそびえる山をも支配するということを意味する。

妻・木花之佐久夜毘売との間に生まれた彦火火出見尊（ひこほほでみのみこと）の孫が初代天皇・神武天皇（54頁）とされる。

海外でも穀物の神が子どもとして描かれることが多い。ギリシア神話ではデメテル（豊穣神）が人間の子どもであるトリプトレモスに麦を託すなど、穀物神と子どもの関係は深い。これは成長し、生命力にあふれる状態を子どもに重ね合わせたものといえる

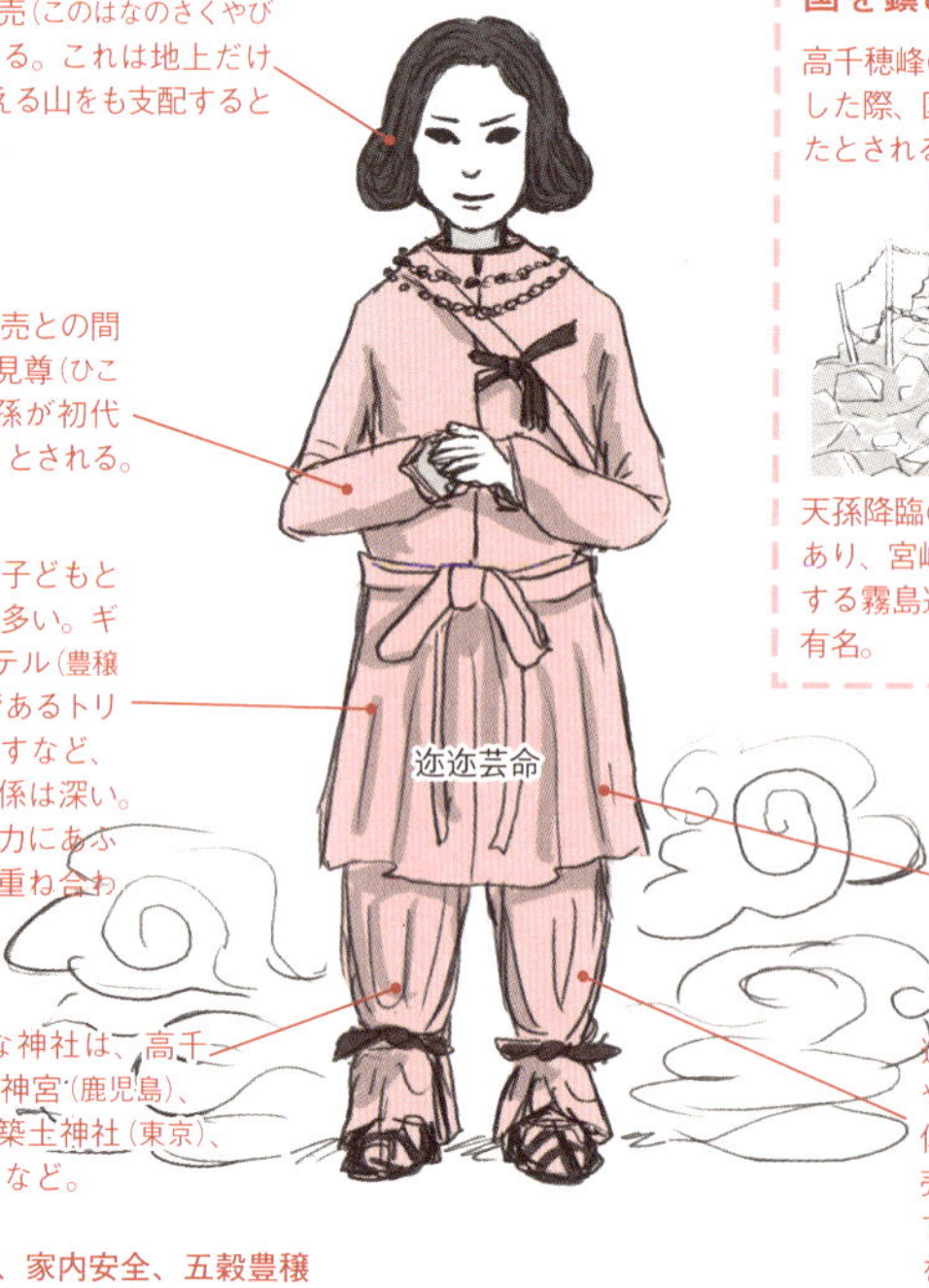

迩迩芸命を祀る主な神社は、高千穂神社（宮崎）、霧島神宮（鹿児島）、霧島岑神社（宮崎）、築土神社（東京）、常陸國總社宮（茨城）など。

御神徳 国家安泰、家内安全、五穀豊穣

国を鎮める天逆鉾《あまのさかほこ》

高千穂峰の山頂には迩迩芸命が降臨した際、国家平定のために突き立てたとされる天逆鉾が復元されている。

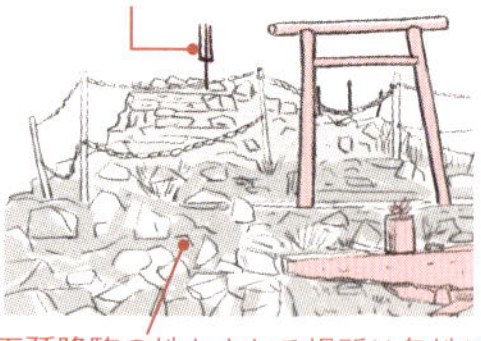

天孫降臨の地とされる場所は各地にあり、宮崎県と鹿児島県の境に位置する霧島連山の高千穂峰とする説も有名。

迩迩芸命は誕生して間もなく地上に送られた。『日本書紀』では布に包まれて天孫降臨したとの記述がある。それほど幼かったのだ。

迩迩芸命には大山津見神（おおやまつみのかみ）の娘、木花之佐久夜毘売とその姉の石長比売（いわながひめ）が一緒に嫁いできたが、迩迩芸命は醜い姉を送り返してしまう（50頁）。

1 地上の平定を任された迩迩芸命の天孫降臨

父・天忍穂耳命に代わり、地上へ遣わされた迩迩芸命。その道行には神々が同行し、三種の神器と呼ばれる神宝(草薙剣《くさなぎ》、八咫鏡《やたのかがみ》、八尺瓊勾玉《やさかにのまがたま》)が地上へと運ばれた。

神々を引き連れ、地上へ降る

迩迩芸命に従い地上へと降りた神のうち、重要な神である
①天児屋命
②布刀玉命
③天宇受売命
④伊斯許理度売命
⑤玉祖命
の5神は「五伴緒(いつとものお)」と呼ばれる。五伴緒と同様に、天の石屋で活躍した思金神や天手力男神もともに地上へと降った。

登由宇気神《とゆうけのかみ》
④伊斯許理度売命《いしこりどめのみこと》
鏡作りの祖
③天宇受売命《あめのうずめのみこと》
思金神
天手力男神
①天児屋命《あめのこやねのみこと》
中臣氏の祖
迩迩芸命
玉づくりの祖
天石門別神《あめのいわとわけのかみ》
⑤玉祖命《たまのおやのみこと》
剣と鏡をもつ。
猿田毘古神《さるたびこのかみ》
②布刀玉命《ふとだまのみこと》
天忍日命《あめのおしひのみこと》
天津久米命《あまつくめのみこと》
忌部氏の祖
八坂瓊勾玉の名は「大きな勾玉」、または「非常に長い勾玉」を意味する。現在は皇居の敷地内にある「剣璽(けんじ)の間」に安置されているという。
いずれも天孫降臨の先導役となった武神。天忍日命は古墳時代に栄えた氏族の大伴氏、天津久米命は九州・熊本を本拠とした氏族・久米氏の祖神とされる。
迩迩芸命は天照大御神から「この鏡を我が魂だと思って祀れ」と八咫鏡を手渡された。伊勢神宮内宮にご神体として祀られている。

天孫夫婦が鎮まる古代の墓

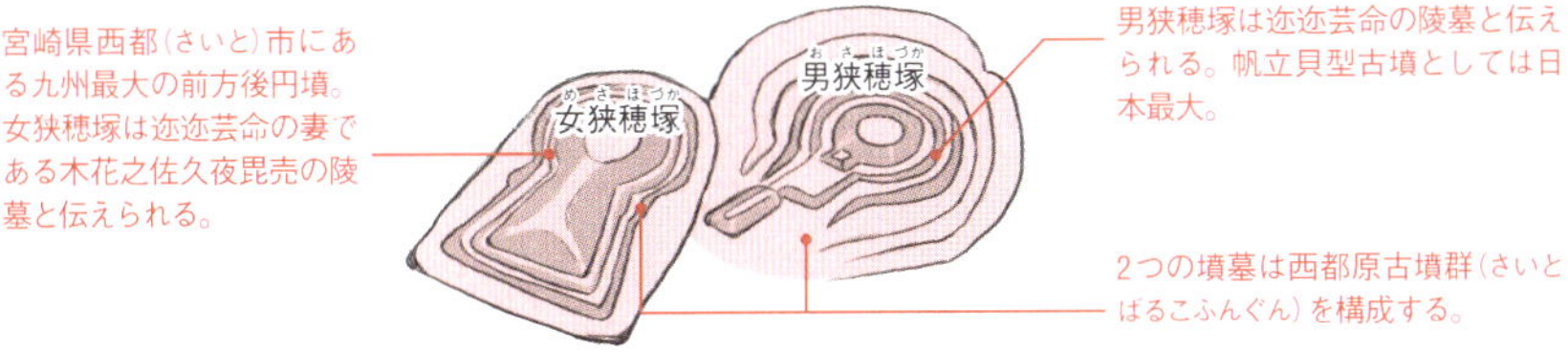
宮崎県西都(さいと)市にある九州最大の前方後円墳。女狭穂塚は迩迩芸命の妻である木花之佐久夜毘売の陵墓と伝えられる。
女狭穂塚《めさほづか》
男狭穂塚《おさほづか》
男狭穂塚は迩迩芸命の陵墓と伝えられる。帆立貝型古墳としては日本最大。
2つの墳墓は西都原古墳群(さいとばるこふんぐん)を構成する。

神の系譜 迩迩芸命と関係をもつ神々

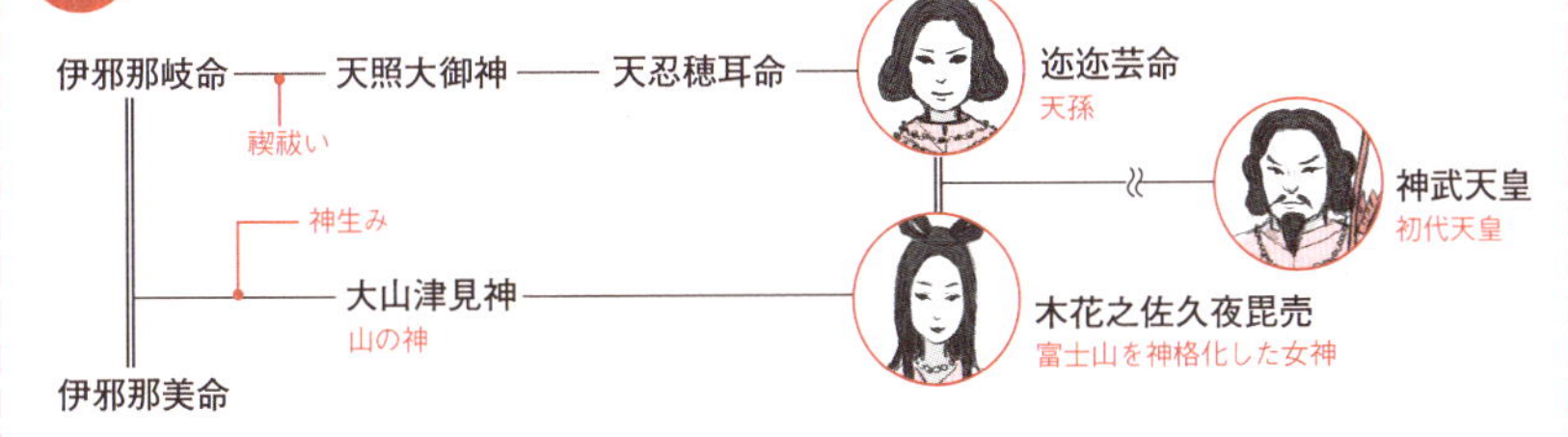
伊邪那岐命
禊祓い
天照大御神
天忍穂耳命
迩迩芸命
天孫
神武天皇
初代天皇
神生み
大山津見神
山の神
木花之佐久夜毘売
富士山を神格化した女神
伊邪那美命

神々の先導役
猿《さる》田《た》毘《び》古《この》神《かみ》

天孫・**迩迩芸命《ににぎのみこと》**たち一行が降ろうとすると、途中に天と葦原中国《あしはらのなかつくに》の両方を照らしている神がいる。同行していた**天宇受売命《あめのうずめのみこと》**が何者かと問うと、国《くに》つ神《かみ》※1の**猿田毘古神**と名乗った。天孫の道案内をすべく出てきたのだという。

この猿田毘古神は、『日本書紀』によると鼻がきわめて長く、背も高く、目は鏡のように輝いていたとある。この姿から天狗《てんぐ》のイメージのもとになったともされる。神々の道案内をするという役割は、のちに方角の神、旅の神、道の神という信仰を生みだした。そのため集落の境や道の分かれ目などに**道祖神《どうそじん》**(110頁)として祀る例も多い。今も神社の祭礼で神輿《みこし》巡行の先頭を探すと、天狗のような面をつけ、先導をする猿田毘古神の姿を見つけることができる。

天孫の道案内をした猿田毘古神は、伊勢の海で溺れてしまう。二見興玉神社《ふたみおきたま》(三重)は、その猿田毘古神の化身とされる海中の石をご神体とする。

天狗の原形といわれるインパクトある風貌

身長は7尺(約2.1m)、鼻の長さは7咫(約1.3m)と伝わる。

天孫降臨の際、神々の先導役を務めた国つ神。天つ神(あまつかみ)を出迎えるため、天之八衢(あめのやちまた)※2と呼ばれる多くの道が分かれる場所に立っていた。

迩迩芸命らを大地へ送り届け、天宇受売命を伴侶としたのちは故郷の伊勢で開拓に取り組んだ。最後は同地の海で比良夫貝(ひらふがい)に手を挟まれて溺れ、亡くなったとされる。

猿田毘古神
その風貌から天狗の伝承の原形ともいわれる。また鼻が高いことからか、俳優の神ともいわれる。

猿田毘古神は主祭神として三重県の椿大神社をはじめ、全国の猿田彦神社で祀られている。

中世には庚申の日に祀られ、道祖神とも結びつけられている。

御神徳 厄除開運、交通安全、殖産興業

1 故郷は伊勢国 国つ神・猿田毘古神

『古事記』では、天から降った神々を迎えた猿田毘古神は伴侶となった天宇受売命とともに伊勢国（現在の三重県）へ帰ったとある。故郷とされるこの伊勢国には、猿田毘古神を祀る神社の総本社とされる椿大神社が鎮まる。

天つ神を高千穂へと導く猿田毘古神

迩迩芸命は天宇受売命に猿田毘古神へ仕えるよう伝えた。
迩迩芸命
猿田毘古神
天つ神たち

神々を無事に地上へ送った猿田毘古神が「故郷の伊勢へ帰る」と迩迩芸命に伝えると、天宇受売命が猿田毘古神に同行し夫婦となった。

『古事記』によれば猿田毘古神に導かれ天つ神たちが地上に降った地とは「高千穂のくじふるたけ」。宮崎県高千穂町には、同地とされる槵觸峰（くしふるのみね）があり、槵觸（くしふる）神社が鎮座する。

猿田毘古神を祀る椿大神社

全国の猿田彦神社の総本宮である椿大神社。

本殿

境内には猿田毘古神の伴侶とされる天宇受売命を祀る椿岸（つばききし）神社もある。

アメリカでも猿田毘古神

ワシントン州のグラニット・フォールズにも椿大神社の分社が鎮まる。絵馬には猿田毘古神を中央に日米の地図が描かれている。

神の系譜 猿田毘古神と関係をもつ神々

猿田毘古神

天宇受売命

故郷に戻った猿田毘古神は漁にでて溺れ死ぬ。その際、水中から3柱の神が生まれた。

- 阿和佐久御魂《あわさくみたま》（泡が水面ではじけて生まれた神）
- 都夫多都御魂《つぶたつみたま》（猿田毘古神がはいた息から生まれた神）
- 底度久御魂《そこどくみたま》（猿田毘古神が底に沈んで生まれた神）

※1：国つ神は、葦原中国にいた土着の神をいう。※2：八衢は8つに分かれたという具体的な意味ではなく、「たくさんの分かれ道」ということを示している。

木花之佐久夜毘売《このはなのさくやびめ》・大山津見神《おおやまつみのかみ》

天孫の美しい妻とその父

地上に降った天孫・**迩迩芸命**《ににぎのみこと》は、桜の花のように美しい女性と出会う。山の神・**大山津見神**の娘、**木花之佐久夜毘売**だ。迩迩芸命が結婚の許しを乞うと、大山津見神は喜び、もう1人の娘・**石長**《いわなが》**比売**《ひめ》まで添えて送ってきた。

ところがこの石長比売は目を背けるほど醜い。天孫は妹の木花之佐久夜毘売とだけ結婚し、姉のほうは返してしまう。実は大山津見神が2人の娘を送ったのには理由があった。石長比売には天孫の命が石のように永遠であるようにと、木花之佐久夜毘売には天孫が花のように美しく栄えるようにと願いを込めていたのだ。石を返し花を選んだため、このの天孫たちは栄えるものの、命は人間と同じようにはかないものになってしまった。神の子孫であるはずの天皇が人間と同じ寿命であることを説明するための神話である。

山に鎮まる父神・娘神

のちに富士山の女神となる。その名の木花とは桜を指し、桜の花のように美しい女性であった。

天孫・迩迩芸命が笠沙之御前(現在の鹿児島県南さつま市笠沙町)を歩いていた際に出会った。のち、2神は結ばれ、初代神武天皇につながる子ら3神を生む。

迩迩芸命が木花之佐久夜毘売をめとる話は、中央政権が山の一族の娘と婚姻関係を結び、勢力を拡大した話ともいえる。

東南アジアにも、石とバナナを出された人間がバナナを選んだことで、寿命が定まったという類似の神話(バナナ型神話)が伝わる。

木花之佐久夜毘売を祀る神社は富士山本宮浅間大社(静岡)など。

御神徳 火難消除、安産、航海守護

父娘いずれも山の神で父は三島系、娘は浅間系の神とされる。

林業関係者が崇敬する山の神。山の神は麓に降りて豊作をもたらすとして、農業関係者などからも崇拝を集める。

鉱山や鍛冶などの産業を司る神や、酒造の神としても伝わる。さらに和多志大神(わたしのおおかみ)の別名で海神として祀る神社もある。

大山津見神は伊邪那岐命・伊邪那美命の「神生み」で誕生(29頁)。

大山津見神の子は木花之佐久夜毘売のほか八岐大蛇(やまたのおろち)神話(64頁)に登場する櫛名田比売(くしなだひめ)の父母の足名椎命(あしなづちのみこと)・手名椎命(てなづちのみこと)がいる。

大山津見神を祀る主な神社は、大山祇神社(愛媛)や三嶋大社(静岡)ほか。

御神徳 農業守護、鉱業守護、航海守護

貞淑を夫に証明してみせた木花之佐久夜毘売

妊娠した木花之佐久夜毘売は迩迩芸命から不貞を疑われる。天孫との子であることの証明に炎の中で出産すると宣言し、燃え盛る産屋の中にこもった。これは『古事記』の中で誓約《うけい》とされ、須佐之男命《すさのおのみこと》が天照大御神《あまてらすおおみかみ》へ身の潔白を証明した（37頁）ときと同じく占いの儀式だった。

決死の覚悟で子を生む

迩迩芸命は「一晩の契りで子どもができるものだろうか。自分の子ではないのでは？」と疑いを持つ。しかし木花之佐久夜毘売は産屋に火を放って無事に出産、潔白を証明した。

妻を疑った迩迩芸命。

生まれたのは火照命（ほでりのみこと）、火須勢理命（ほすせりのみこと）、火遠理命（ほおりのみこと）の3兄弟。いずれの子にも「火」がついている。火照命と火遠理命は、別名を海幸彦（うみさちひこ）、山幸彦（やまさちひこ）という。

産屋の中に入った木花之佐久夜毘売は入口を粘土で塗り固め、密室にするよう指示したという。

夫婦神を祀る木花《きはな》神社

木花神社（宮崎）の創建は不詳だが、木花之佐久夜毘売と迩迩芸命を祀る。社地のある住所はかつて木花村といったが、これも木花之佐久夜毘売に基づくものと伝わる。

境内には木花之佐久夜毘売の息子たちの産湯に使われたと伝わる霊泉桜川や、産屋跡とされる無戸室（うつむろ）の跡がある。

父神を祀る「三島系」総本社

瀬戸内に浮かぶ大三島（おおみしま）に鎮まる大山祇神社は、木花之佐久夜毘売の父・大山津見神を祀る山祇（やまつみ）神社（山神社）の総本社。また、三嶋大社（静岡）とともに三島系神社の総本社ともされる。

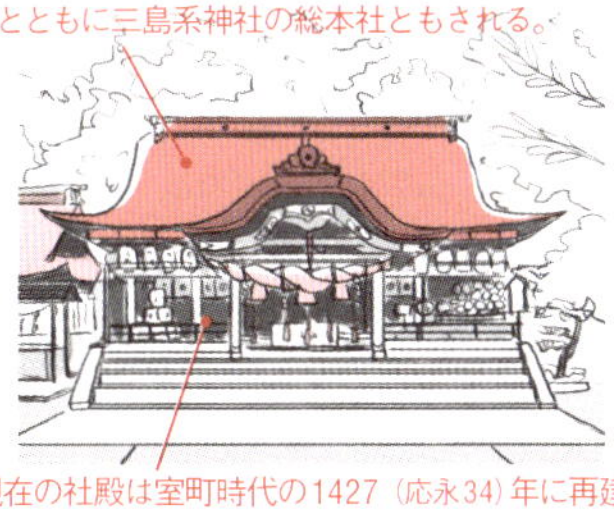

現在の社殿は室町時代の1427（応永34）年に再建されたもの。三間社流造（さんげんしゃながれづくり）、檜皮葺（ひわだぶき）で、国の重要文化財。

神の系譜　木花之佐久夜毘売、大山津見神と関係をもつ神々

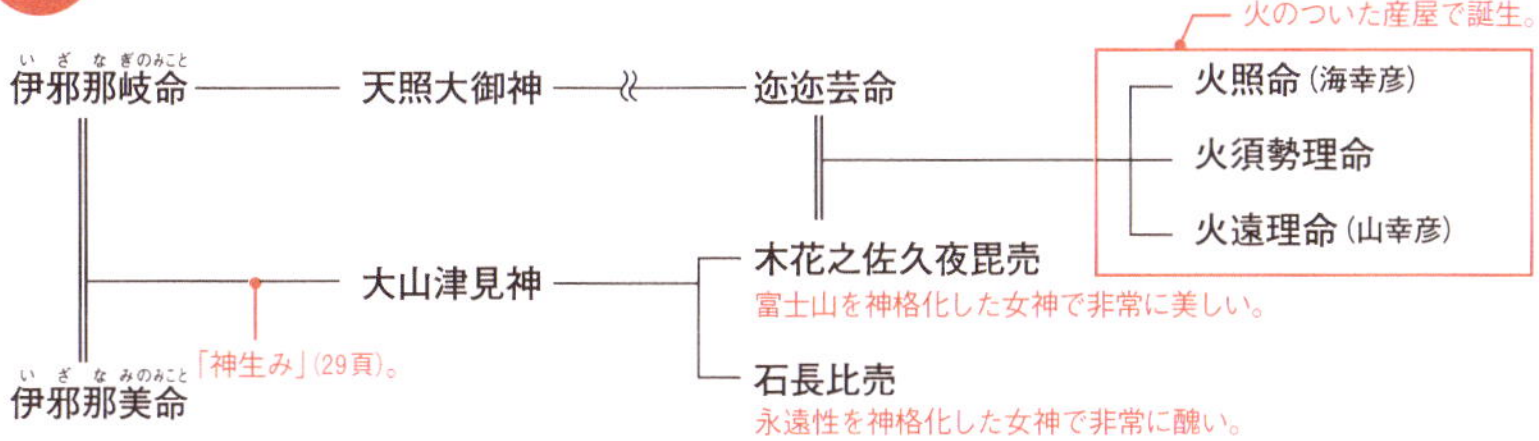

初代天皇の祖父と祖母

父は海神。火遠理命と結ばれ、初代天皇とされる神武天皇の父・鵜葺草葺不合命（うがやふきあえずのみこと）を生む。この話については中央政権が海人の一族と婚姻関係を結ぶことで勢力を拡大、東征へとつながっていくことを示すという説もある。

海神から授かった霊力をもつ潮盈珠（しおみつたま）・潮乾珠（しおひのたま）で兄を服従※2。この場面は、ヤマト王権が九州にいた隼人（はやと）の服従を示すとも。

豊玉とは勾玉のことでその産地として知られた出雲国の姫を意味する神名であるという説も伝わる。

火遠理命は母・木花之佐久夜毘売が燃え盛る産屋で生んだ3柱の神のうちの1柱で、産屋の火が衰えた際に生まれた神であると伝わる。

『古事記』では八尋和邇（やひろわに）だったと記述。和邇とはサメのこと、また、八尋は具体的な大きさではなく、大きい様子を示した言葉だ。

狩猟が得意だったので山幸彦と呼ばれた。一方、（長兄の）火照命は漁が得意で海幸彦と呼ばれた。

若狭姫神社（福井）などで豊玉毘売を祀る。

御神徳 安産、五穀豊穣、航海安全

御神徳 五穀豊穣、豊漁、勝運招来

浦島太郎伝説のモデル？とその妻
火遠理命《ほおりのみこと》・豊玉毘売《とよたまびめ》

迩《に》

迩芸命《にぎのみこと》の子に**火照命**《ほでりのみこと》と**火遠理命**がいる。火照命は海で漁をするので海幸彦《うみさちひこ》、火遠理命は山で狩りをするので山幸彦《やまさちひこ》と呼ばれていた。

あるとき山幸彦は兄から借りた釣り針をなくしてしまう。そこで海神のもとへ探しに行くと、その娘**豊玉毘売**と出会い、結ばれることに。3年が過ぎ、山幸彦は釣り針を取り戻して地上へと帰る。このあと山幸彦は海幸彦との争いに勝ち、海幸彦は山幸彦に従うことになった※1。

時が経ち、山幸彦のもとに妊娠した豊玉毘売がやってくる。出産のときに姿を見ないように頼まれていた山幸彦だったが、気になって覗くと、ワニ（サメ）がのたうち回っていた。怒った妻は生まれた子を置いて海へと帰っていく。この神話には、「見るな」の禁が破られて別れるという、民話「鶴女房」にも共通する要素が見受けられる。これら「見るな」の禁の物語は異類婚に多くみられる。

※1：海幸彦は、南九州に居住する隼人（はやと）の祖先となる。海幸彦の服従は、朝廷への隼人の帰順を語ると説明されている。
※2：潮盈珠では潮を自由に満ちさせ、潮乾珠では潮を自由に干上がらせることができるという。

火遠理命と豊玉毘売の出会い

海神（綿津見神《わたつみのかみ》とも）の宮殿のそばには井戸があり、そのそばに立つ桂の木の上で待つよう、航海の神・塩椎神《しおつちのかみ》※3に教えを授かった火遠理命。そこにやってきた侍女に豊玉毘売へ取り次いでもらったと伝わる。

釣り針が2人をつないだ

豊玉毘売と火遠理命は玉ノ井と呼ばれる井戸で出会ったとされる※4。井戸に水を汲みに来た豊玉毘売の侍女が、木の上にいた火遠理命に気づき、豊玉毘売に報告した※5。

火遠理命
侍女
豊玉毘売

兄の釣り針をなくし、悲嘆にくれていた火遠理命は、海辺で出会った塩⼟老翁から「海神の娘が見つけてくれる」と教えられた。

侍女から報告を受けた豊玉毘売は、火遠理命の姿を一目見て恋に落ちたと伝わる。

上社と下社で夫婦を祀る若狭彦《わかさひこ》神社

若狭彦神社（福井）は、上社で火遠理命を祀る。本殿は1813（文化10）年造営。三間社流造、檜皮葺（ひわだぶき）、素木造で周囲は瑞垣（みずがき）に囲われている。

かつては随身門の前に拝殿が建っていたが、1965（昭和40）年の風害で倒壊。現在は礎石の跡が残るだけとなっている。

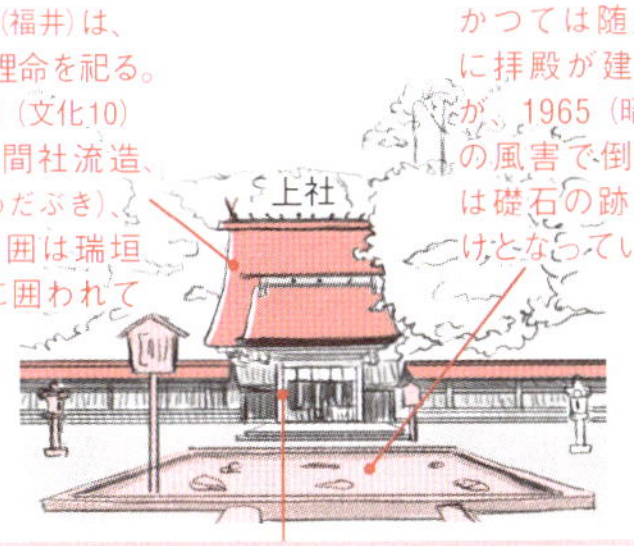
上社

上社の北にある下社は豊玉毘売を祀る。若狭姫神社（わかさひめじんじゃ）ともいわれる。

下社

若狭姫神社でも拝殿は風害、雪害で倒壊し、失われた。

若狭彦神社（上社）を分祀し、下社として721（養老5）年に創建した。

神紋は龍宮の神器がモチーフ

神紋は火遠理命が海神の宮で授かった潮盈珠と潮乾珠にちなむ宝珠（ほうじゅ）。

神の系譜 火遠理命、豊玉命と関係をもつ神々

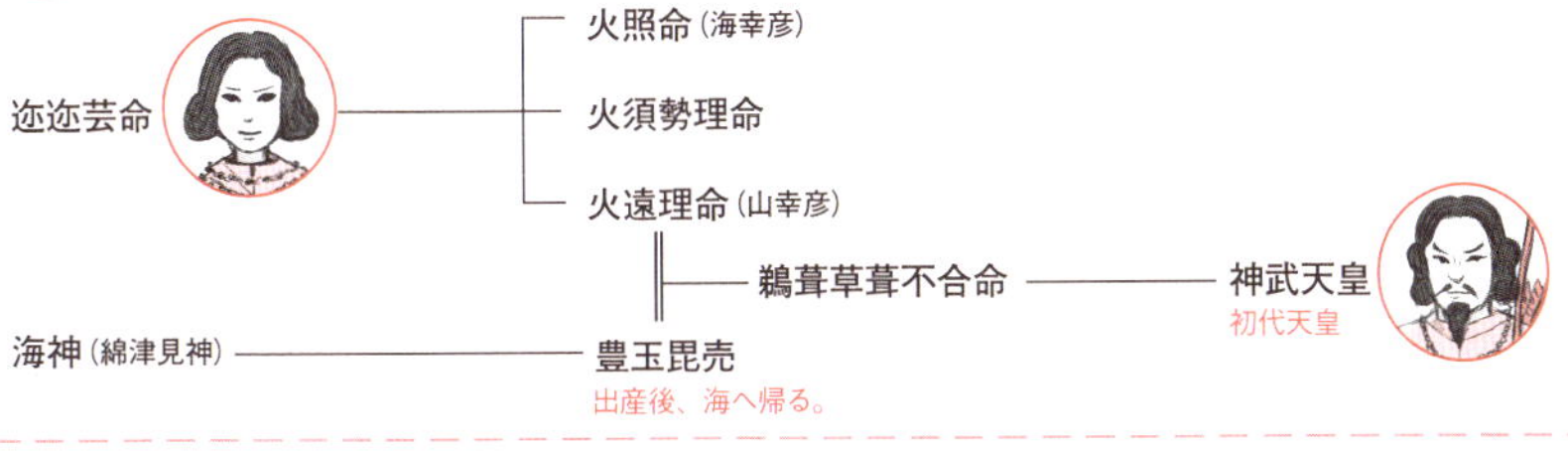
迩迩芸命
火照命（海幸彦）
火須勢理命
火遠理命（山幸彦）
鵜葺草葺不合命
神武天皇
初代天皇
海神（綿津見神）
豊玉毘売
出産後、海へ帰る。

※3：塩竃（しおがま）神社（宮城）の社伝では、人々に製塩法や漁業を伝授した神とされている。※4：長崎県対馬市にある和多都美（わたつみ）神社の境外に「玉ノ井」とされる跡があり、現在でも水が湧いている。※5：豊玉毘売自らが水を汲みに来た、という説もある。

橿原に宮を開いた初代天皇

神武《じんむ》天皇

山《やま》**幸彦**《さちひこ》（**火遠理命**《ほおりのみこと》）と**豊玉毘売**《とよたまびめ》の間に生まれた子・**鵜葺草葺不合命**《うがやふきあえずのみこと》は、叔母（母の妹）**玉依毘売**《たまよりびめ》と結婚する。その子どもの1人が初代の天皇となる**神倭伊波礼毘古**《かむやまといわれびこ》である。もともと日向※1（宮崎）にいたが、天下を治める場所を求め、東へ向かった。

その道中は決して順調なものではなかった。大阪湾のほうから大和（奈良県）へ入ろうとしたところ、那賀須泥毘古《ながすねびこ》の激しい抵抗に遭い、兄を失う。次に紀伊半島の南へと回り熊野から入ることにしたが、そこでも熊野の神が熊の姿で現れ、一行はその毒気で気を失ってしまう。このとき**天照大御神**《あまてらすおおみかみ》と**高木神**《たかぎのかみ》（**高御産巣日神**《たかみむすひのかみ》の別名）は**建御雷神**《たけみかづちのかみ》の剣を送ってその力で正気に戻した。のちに一行は高木神が遣わした八咫烏《やたがらす》の道案内によって吉野を越え、服従しない者と戦いながら大和へ入り、橿原宮《かしはらみや》で天下を治めることにした。現在の建国記念日はその即位の日とされる。

16年かけて東征し、大和を平定

初代天皇に即位した2月11日は紀元節とされ、現在も建国記念日となっている。ただし、実在の人物かなどを含め、明らかにされていない部分は多い。

『古事記』では若御毛沼命（わかみけぬのみこと）、豊御毛沼命（とよみけぬのみこと）、『日本書紀』では彦火火出見（ひこほほでみ）、始馭天下之天皇（はつくにしらすすめらみこと）などの別称が使われる。また、記紀それぞれで東征の経路が異なる。

初代天皇・神武天皇（神倭伊波礼毘古命）は、迩迩芸命のひ孫、山幸彦（火遠理命）の孫にあたる。兄の五瀬命（いつせのみこと）とともに日向を出て東征を開始、16年余りの歳月を費やし大和を平定した。

熊野で毒気に当たったときには、高倉下（たかくらじ）なる土地の者から布都御魂（ふつのみたま）という神剣を受け取った※2。布都御魂は武神・建御雷神（たけみかづちのかみ、44頁）が自分の代わりにと授けたものだ。

神武天皇は橿原神宮（奈良）、宮崎神宮（宮崎）などに祀られている。

御神徳 国家安泰、延命長寿、開運招福

苦難を乗り越え、神武東征

熊野に着いた神倭伊波礼毘古（のち神武天皇）に、高天原から「この先は荒ぶる神が大勢いる。八咫烏《やたがらす》（84頁）の後についてゆくとよい」という託宣があった。これに従った一行は、無事に大和国へ入ることができた。

八咫烏に導かれ、大和国へ

八咫烏は熊野から大和までの道案内役を務めた。「八咫」は具体的な大きさではなく、「大きく広い」の意。

この時点で同行者の中に兄の五瀬命はもういない。那賀須泥毘古の矢によって傷つき、竈山墓（かまやまのはか、和歌山）に埋葬されている。

神武天皇東征経路

神倭伊波礼毘古は、高千穂宮（宮崎）から宇佐（大分）、筑紫（つくし、福岡）、阿岐（あき、広島）、吉備（きび、岡山）を経て畿内に入り、大和平定後に神武天皇として橿原宮で即位した。

岡田宮や埃宮、高島宮は東征中の仮の宮（行宮［あんぐう］）。それぞれ1年、7年、8年もの間、滞在した。

東征のゴール・橿原神宮

神武天皇の御所・畝傍橿原宮（うねびのかしはらのみや）があったと伝わる場所に建つのが橿原神宮。1890（明治23）年、民間有志による請願を受け明治天皇により創建された。

入母屋造の外拝殿は1939（昭和14）年の造営。

外拝殿の両脇から延びる回廊は内拝殿、幣殿、本殿へと延びている。

神の系譜　海人系の神々と関係を深める天孫の子孫たち

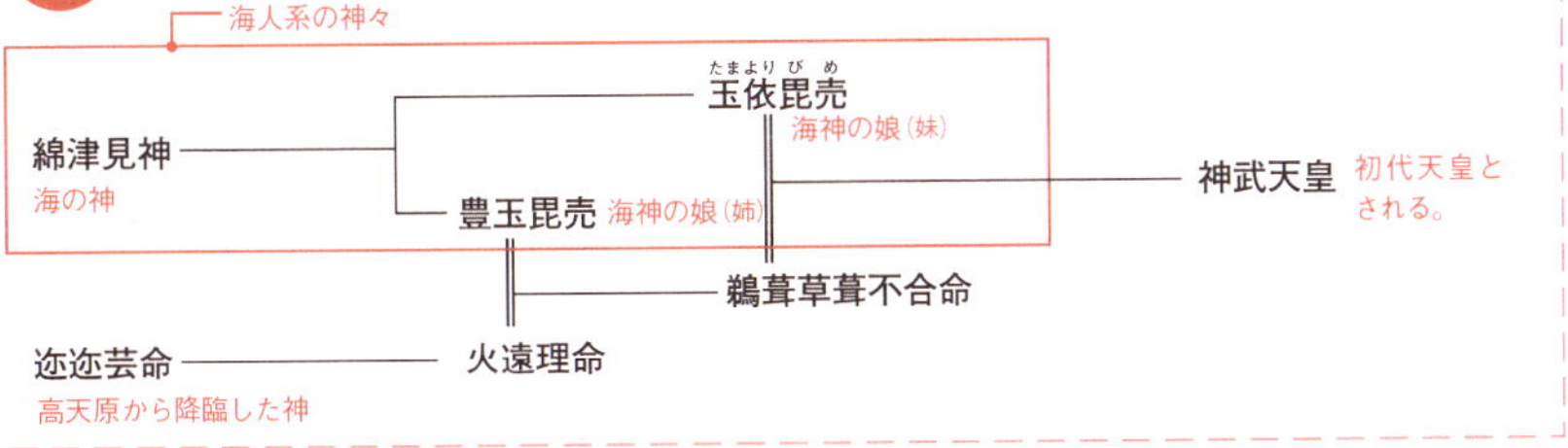

※1：日向の高千穂宮は現在の高千穂神社（宮崎）の社地にあったとされる。※2：高倉下が太刀（布都御魂）を祀ると正気が戻ったと伝わる。

倭建命《やまとたけるのみこと》

各地を平定した漂泊の皇子

第12代・**景行天皇**《けいこう》の子、**倭建命**は悲劇の英雄だ。誤って兄を殺したため父に疎まれ、西の熊曽《くまそ》建《たける》という朝廷に従わない者を征討するように命じられる。彼は伊勢にいる叔母の**倭比売**《やまとひめ》※からもらった衣装で女装して宴会に潜り込み、みごと熊曽建を討ち取った。

父は戻った倭建命にすぐに東の平定へ向かうように命じる。父の非情を嘆く倭建命に叔母は草薙剣《くさなぎのつるぎ》と小さな袋を与え、道中の無事を祈る。東へ向かう倭建命は途中で妻を失う悲劇に遭いながらも、茨城の筑波を越え、甲斐（山梨県）、信濃（長野県）と平定し、尾張（愛知県）で**美夜受比売**《みやずひめ》と結ばれる。しかし草薙剣を置いたまま伊吹山の神の征討に出かけてしまい、その神の力で瀕死の状態に。苦しみながら大和へ戻ろうと歩を進めるも、とうとう三重の能煩野《のぼの》で亡くなった。その魂は白い鳥となって西へ飛んでいったという。

悲劇のヒーロー・倭建命

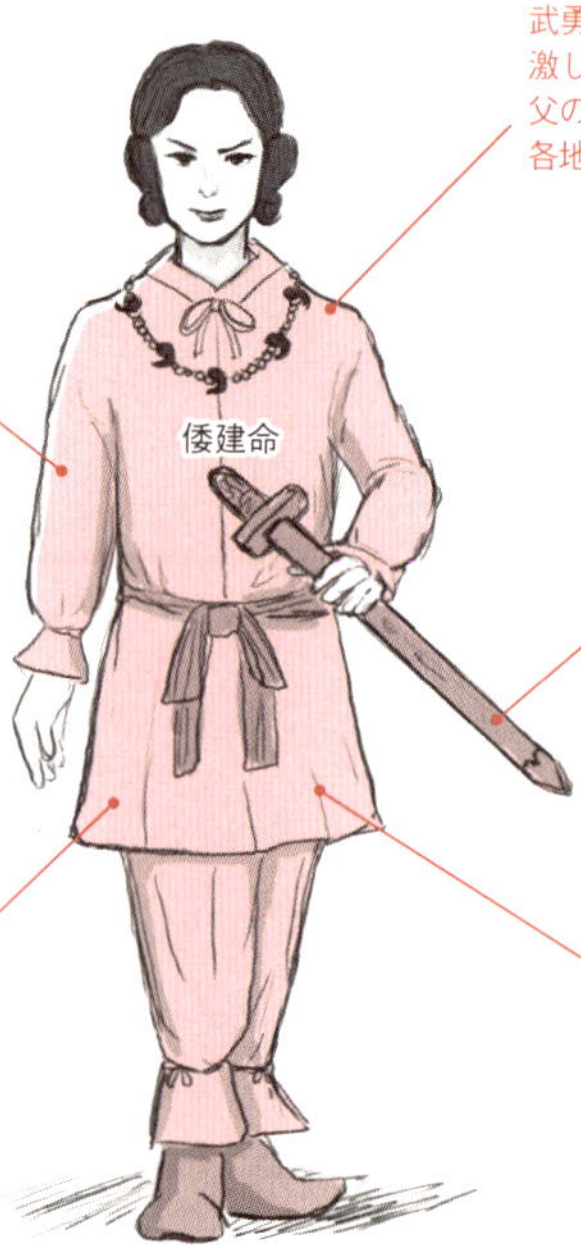
武勇に秀でていたが気性が
激しかったとされる倭建命。
父の命に従い東西に奔走、
各地を平定する。
倭建命を祀る主な神社には、
大鳥大社（大阪）、建部大社（滋
賀）、大高山神社（宮城）、走
水神社（神奈川）、酒折宮（山梨）
がある。
倭建命
伊勢神宮にいる叔母・倭比
売を頼りにし、熊曽建を討
伐する西征、東方の蛮族を
鎮める東征の際にも、叔母
を訪ねた。
もとの名は小碓尊（おうすのみこ
と）。景行天皇の御子とされるが、
他の人物と事績が似る記録など
もあり、複数のモデルがいたの
だろう。
伊吹山の神（『古事記』では白
い大猪、『日本書紀』では大蛇）
に雹（ひょう）を降らされ、失
神、衰弱して亡くなった。
30歳という若さだった。

御神徳 国土安泰、商売繁盛

叔母の力を借りる倭建命

倭建命は叔母の倭比売のおかげで何度も窮地を脱する。熊曽建討伐の際には、倭比売に借りた衣装で女装して油断のすきを突き、東征の際には剣と石で難を逃れたのである。しかし伊吹山では、その剣を携えていなかったこともあり、難を逃れることはできなかった。

女装して熊襲を討つ

倭建命に兄の熊曽建を殺された弟の熊曽建は「タケル」の名を献上。これ以降、小碓命は倭建命と名乗るように。
熊襲のリーダー熊曽建。熊襲は九州南部に住んでいた部族で飛鳥～平安初期の文献に見られる隼人（はやと）と同義とも。
熊襲の長である熊曽健という二人の兄弟を油断させるため、叔母の倭比売から授かった衣装を着用、少女に変装して宴席に紛れ込んだ。
弟の熊曽建
倭建命
兄の熊曽建

居住地の跡「熊襲の穴」

熊襲一族が住居にしていたとされる「熊襲の穴」が鹿児島県霧島市隼人町、妙見温泉の一角にある。洞窟は2つありどちらも入口は狭いが、中は約100畳敷きと約300畳敷きの広い空間になっている。

倭建命の遠征ルート

『古事記』『日本書紀』でルートは若干異なる。大きな違いは『日本書紀』では東北の奥地まで行っていること、『古事記』では出雲を経由していることだ。

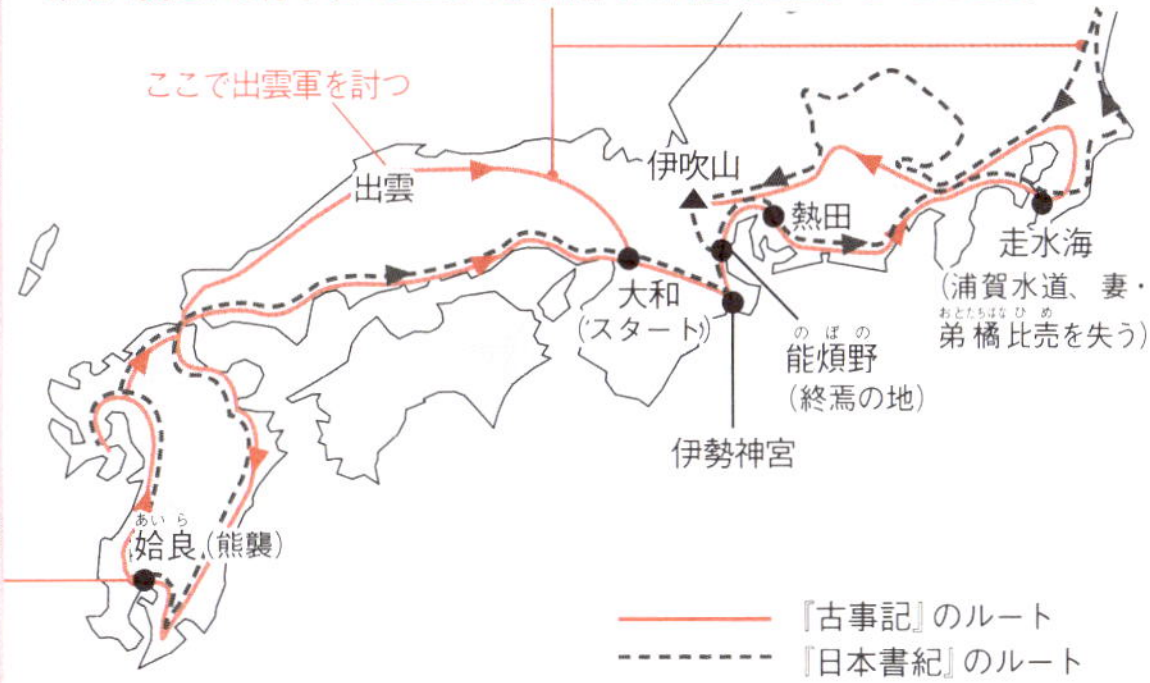
ここで出雲軍を討つ
出雲
伊吹山
熱田
走水海
（浦賀水道、妻・弟橘比売《おとたちばなひめ》を失う）
大和
（スタート）
能煩野《のぼの》
（終焉の地）
伊勢神宮
姶良《あいら》（熊襲）
『古事記』のルート
『日本書紀』のルート

神の系譜　倭建命とその親族たち

垂仁天皇《すいにん》（第11代）
『古事記』では伊久米伊理毘古伊佐知命（いくめいりびこいさちのみこと）。

- **倭比売**
  倭建命の東征の際、草薙剣を授けた。
- **景行天皇（第12代）**
  自ら熊襲の討征に出かけたという説も。
  - **成務天皇《せいむ》（第13代）**
  - **大碓命《おおうすのみこと》**
    倭建命の双子の兄弟。弟に殺されることに。
  - **倭建命**
    父・景行天皇の命で各地を平定。

※：垂仁（すいにん）天皇の后だった日葉酢媛命（ひばすひめ）の娘と伝わる。また、神託により皇大神宮（こうたいじんぐう）（伊勢神宮内宮）を創建したことでも知られる。

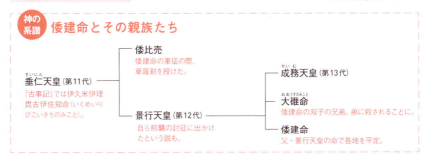

海を渡った女傑
神《じん》功《ぐう》皇后

第14代・**仲哀《ちゅうあい》天皇**の妻・**神功皇后**は、明治期に最初の紙幣に印刷された伝説の女傑である。熊襲《くまそ》※1を討つため、筑紫を訪れていた天皇は、神功皇后に神がかりをさせて神の託宣を得ることにした。ところがその託宣の内容は、熊襲ではなく海の向こうを攻めるようにというもの。信じなかった天皇は神の怒りにより命を落としてしまう※2。

そこで神功皇后は神託に従い、あらためて新羅を攻めることにした。神の助けを得た皇后の軍船は、魚たちに背負われあっという間に新羅の国へ。その圧倒的な力に新羅の王は服従を誓ったという。

このとき神功皇后のおなかには子が宿っており、戦いのときに生まれそうになってしまった。そこで皇后は石でおなかを押さえ、出産を遅らせたという。鎮懐石《ちんかいせき》といわれたその石は、福岡の鎮懐石八幡宮などに伝わり、安産が願われている。勇ましいイメージだが母神としても信仰される。

神がかりの女帝

新羅への出兵に際しては、いずれも航海の神である住吉三神（33頁）、宗像三女神（36頁）の加護を受けたとされ、これらの神とともに神功皇后を祀る神社が多い。住吉大社（大阪）では住吉三神と神功皇后を祭神として祀る。

神功皇后が三韓征伐の際に携えた弓矢は、神々が授けたものとする説もある。また、神功皇后が弓の名手だったとする伝承が各地に残る。

おなかの子どもは武神・八幡神（応神天皇、60頁）。その子どもが母を動かしたという説もある。

夫である仲哀天皇が急死し、以降70年近くにわたり国政を仕切った。九州北部に縁が深く、朝鮮半島に出兵して新羅を降伏させる（三韓征伐）など、西国を活動拠点としたが、三韓征伐の後は畿内に帰還した。

神功皇后を祀る主な神社は住吉大社のほか、宇佐神宮（大分）、城南宮（京都）、香椎宮（福岡）。各地の八幡宮では息子（八幡神）とともに祭神に列していることが多い。

御神徳 安産、子育て

おなかの子とともに三韓征伐

神功皇后が神託に従い新羅へ渡った様子は『日本書紀』に記されている。

新羅に遠征する神功皇后

神託に従わず急逝した仲哀天皇の代わりに新羅討伐に向かった神功皇后。出征前に男性の髪型に結い上げたうえ、武装したとされる。

建内宿禰は5代の天皇に仕え、享年360歳ともいわれる。

大陸を渡った新羅遠征に同行した忠臣の建内宿禰、建振熊命。凱旋後、忍熊王（おしくまのみこ）※3の反乱の制圧にも派遣されている。

新羅出征の経由地に建つ長崎・聖母宮《しょうもぐう》

三韓征伐の折、神功皇后が風待ちのために壱岐島に建て、帰路にも立ち寄ったと伝わる行宮（あんぐう、仮の宮）が起源。奈良時代初期の創建と伝わる。

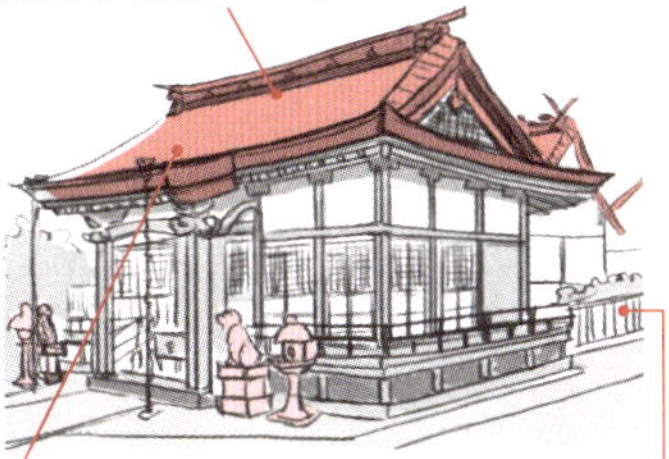

本殿は三間社流造。社殿には龍頭（りゅうず）の丸彫りや各種の木鼻など、多彩な彫刻が施されている。

表門と社地周りの石垣は文禄の役の際、加藤清正が寄進したと伝わる。

神功皇后と航海の神を祀る住吉大社

住吉大社は、神功皇后が三韓征伐後に航海の神である住吉三神を祀るためにつくらせた。第一本宮～第三本宮が東から順に西に向かって直列にならぶ。第四本宮には神功皇后が祀られる。

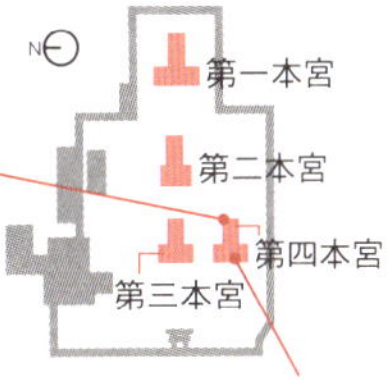

死してもなお住吉三神を祀りたいという神功皇后の願いにより、後に住吉大社代々の神主となる津守氏の祖、手搓足尼（たもみのすくね）によって祀られた。

第四本宮が、第三本宮と並列しておかれている配置はきわめて珍しい。その理由は謎だが、全体として船団の形に見えることから、航海の神にふさわしい配置といえる。

神の系譜　神功皇后とその親族たち

景行天皇（第12代）
倭建命の父。自ら熊襲の討征に出かけたとも。

- 成務天皇（第13代）
- 大碓命《おおうすのみこと》
- 倭建命　武勇に秀で、日本各地を平定した。
  - （妃）両道入姫命
  - 仲哀天皇（第14代）　神託を信じず、神の怒りを買って崩御。
    - （妃）神功皇后　新羅に遠征した女傑。
    - 応神天皇（第15代）　「八幡神」としても知られる。

※1：九州南部で、大和朝廷に服従していなかった勢力。※2：死因については未詳だが、熊襲の射った矢に倒れたとする説もある。
※3：古代日本の皇族で仲哀天皇の御子。応神天皇とは確執があったと伝わる。

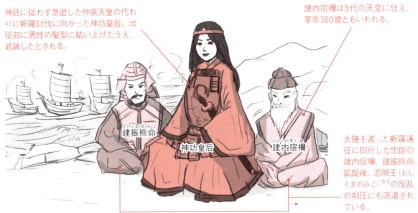

応《おう》神《じん》天皇

胎内で新羅へ遠征した武神

神《じん》**功《ぐう》皇后**が新羅《しらぎ》を攻めるとき、おなかのなかに宿っていた御子は帰国後に筑紫《ちくし》（福岡県）で誕生した。このとき大和（奈良県）には母を異にする2人の兄がいて、皇位を狙っていた。そこで皇后は、家臣の**建内宿禰**《たけうちのすくね》（59頁）などの助けを借り、わが子が亡くなったように見せかけるなど知恵を働かせて闘った。こうして無事に母子は大和へ入り、のちに御子は天皇として即位する。第15代**応神天皇**である。

応神天皇は、のちに八幡神《はちまんしん》として篤い崇敬を受けることになった。八幡神はもともと九州の宇佐の地で祀られていたが、東大寺（奈良）の大仏建立の際に、協力を申し出たと伝えられる。8世紀の半ば、神仏習合を示す古い逸話だ。

八幡神は天皇の祖先であるとともに、源氏が氏神としたため、とくに武家の間で信仰が広まり、全国に八幡神を祀った神社が創建された。現在もっとも多くの神社で祀られる神である。

生まれる前から武神

異母兄弟の麛坂皇子（かさごさかおうじ）、忍熊皇子（おしくまのみこ）が皇位を譲るまいと共謀して神功皇后を襲撃しようと目論むが、建内宿禰らがこれを鎮めた。

応神天皇には、自ら見そめた髪長媛（かみながひめ）を息子（のちの仁徳天皇）に円満に譲ったというエピソードが残る。

71歳のときに即位し、130歳で崩御（『日本書紀』では110歳）。

新羅遠征中の神功皇后をおなかの中から援護した応神天皇は、武神・八幡神として信仰された。応神天皇を八幡神として祀るようになった年代は未詳だが、884年に編纂された『宇佐八幡宮弥勒寺建立縁起』にはすでに記述がある。

父は第14代・仲哀天皇、母は神功皇后。母・神功皇后の妊娠から出産までの日にちは長かった。

応神天皇は宇佐神宮（大分）、石清水八幡宮（京都）、筥崎宮（福岡）、鶴岡八幡宮（神奈川）、大分八幡宮（福岡）などに祀られている。

即位後は氏族・秦氏をはじめ、朝鮮半島から渡来人を多く受け入れた。

御神徳 武運長久、国家鎮護、殖産興業

大陸遠征の帰路に誕生した応神天皇

身重の体で新羅へと遠征した神功皇后。その帰路に、生まれてきたのが応神天皇だと伝わる。なお、応神天皇の出生の地としては宇美《うみ》八幡宮と大分《だいぶ》八幡宮（いずれも福岡）が伝えられる。

新羅遠征時はおなかの中

新羅遠征は「三韓征伐」とも呼ばれる。このとき、天照大御神の託宣があり、天照大御神の和魂（にぎみたま）が神功皇后を守護し、荒魂（あらみたま）が一行の船を導くだろうといったと伝わる。

遠征の最中に陣痛が始まった神功皇后は石を抱いてこれを治めたという逸話が残る。

応神天皇の産湯が伝わる大分八幡宮

創建は726（神亀［じんき］3）年。神功皇后が三韓征伐の帰途、この地に立ち寄り、政治を執り行ったのが起源とされる。

拝殿奥の本殿は三間社流造（さんげんしゃながれづくり）で、1995（平成7）年に改築されたもの。

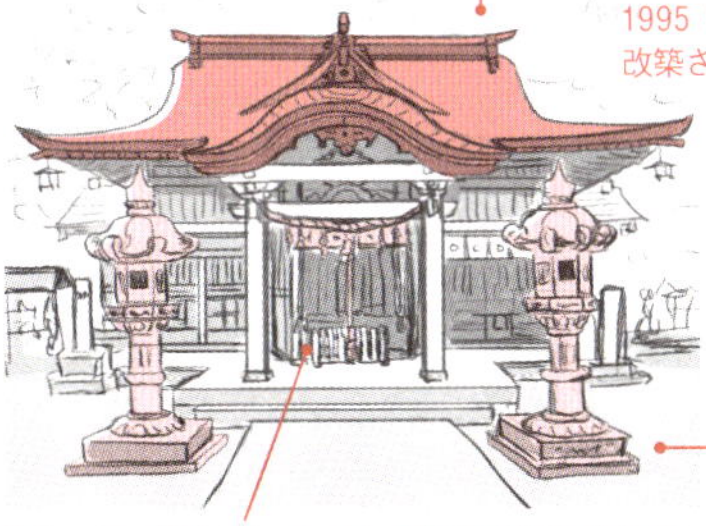

日本三大八幡宮の1つとされる筥崎宮（はこざきぐう、福岡）の元宮と伝わる。

産湯を使った井戸の跡

境内には応神天皇の産湯に使ったと伝わる「産湯の井戸」がある。なお、八幡宮の総本社・宇佐神宮にも「産湯の水」がある。

神の系譜 応神天皇とその親族たち

仲哀天皇（第14代）
神功皇后

応神天皇（第15代）

八幡神とされる。総本社は大分・宇佐神宮。

仁徳天皇（第16代）

民への慈悲深い天皇で「聖帝」の別称も。

『古事記』ではこの後、第33代推古天皇までが記されている。

推古天皇（第33代）

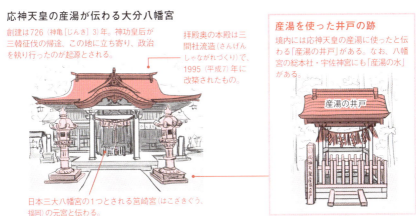

column｜古事記が伝える天皇の姿① 仁徳《にんとく》天皇

『古事記』の上巻は神々の物語、中巻は人の時代だが、神々も多く登場する神話的な話が多い。下巻となると神はあまり登場せず、人間たちの物語が繰り広げられる。その下巻の最初を飾るのが第16代仁徳天皇である。

あるとき天皇が高い山に登ってあたりを見渡すと、煙がまったくみえない。食事の支度をしている様子が見られないのである。人びとが貧しいからだと思った天皇は、3年の間、税や労役の義務を免除した。その間天皇は住まいも修復せず、雨漏りもそのままだった。時が過ぎ、また国を見渡すと、今度は煙が方々にみえる。豊かになったのだ。そこで天皇は、納税と労役の再開を命じ、人びとは喜んでそれに応じた。このため仁徳天皇は聖帝、その治世を聖の御世という。神の力に頼るのではなく、知恵や工夫で苦難を乗り切る時代になったことを示す逸話だ。

恋多き、人望篤き聖帝

幼名は大鷦鷯尊（おおさざきのみこと）。兄・大山守命、弟・菟道稚郎子の3人兄弟だったが、兄は皇位を狙って鎮圧され、弟の菟道稚郎子は大鷦鷯尊に皇位をゆずるべく自ら命を絶ったとされる。

妻は建内宿禰（たけのうちのすくね、59頁）の孫にあたる石之比売命（いわのひめのみこと）。非常に嫉妬深い妃だったと伝わる。

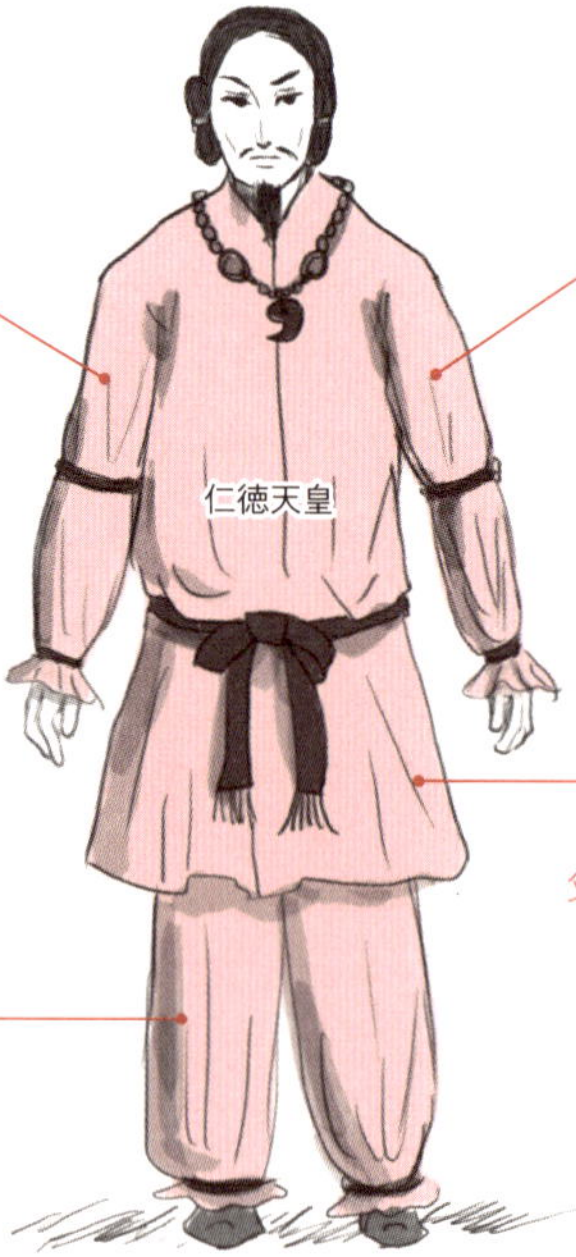

父は応神天皇（60頁）。

名の「仁徳」は民衆への徳を示すが、女官を寵愛し皇后の石之比売命に嫉妬の念を抱かせるなど、好色な人物としても伝わる。なお記紀で父・応神天皇と事績が重なるなど、応神天皇の一部を別人物として記したとする説も。

2章

ダークヒーローと異形の神様

八俣大蛇《やまたのおろち》・九頭龍《くずりゅう》

水神としても知られる怪物

蛇や龍は、水辺を好んで棲むことから、世界的にも水の神とする地域は多い。日本も例外ではないようだ。

須佐之男命《すさのおのみこと》（34頁）によって退治される**八俣大蛇**は、頭が8つ、尾が8つあり、その長さは8つの谷8つの丘を渡るほど。体からは杉や檜が生え、目は真っ赤という恐ろしい姿をした怪物だ。『日本書紀』によると八俣大蛇の上にはつねに雲があったという。このことから八俣大蛇には雨を降らせる水の神という性格があるとされる。

水の神で多頭の龍蛇といえば仏教の**九頭龍**がいる。体が1つで頭が9つ。密教の守り神となっている水神である。有名な福井県の九頭竜川は、九頭龍の出現によって名付けられたという。また箱根の芦ノ湖にも九頭龍伝説がある。芦ノ湖の龍は人を困らせる悪い龍だったが、仏法の力で龍神になったという。現在は湖畔の九頭龍神社（神奈川）に祀られる。

水神だった？　八俣大蛇

災いを起こす魔物として退治された八俣大蛇の霊を祀る神社はないが、蛇や龍を神使とする神社は多く、九頭龍を祀る神社も各地に鎮まる。水神は龍蛇の姿を取ることが多いのだ。

八俣大蛇の目はホオズキのように真っ赤で、体にはコケや檜、杉が生えていたとされる。

須佐之男命に退治された八俣大蛇の尾の中からでてきたのは太刀（たち）。これが現在、三種の神器の1つとされる草薙剣（くさなぎのつるぎ）だ※。

8つの頭と尾を持つ巨大な蛇の化け物。氾濫し、田畑を荒らした斐伊川（ひいかわ、島根・鳥取）を神格化したという説もある。

似て非なる九頭龍

9つの頭をもつ九頭龍の伝承は箱根（神奈川）や戸隠（とがくし、長野）をはじめ各地に残り、神社などで神として祀られている。

旧出雲国に残る八俣大蛇伝承の地

島根県雲南《うんなん》市をはじめ、出雲地方には八俣大蛇にまつわる伝承が残る。それらは須佐之男命と八俣大蛇の戦いの場所とされる斐伊川の流域に集中している。

八俣大蛇がいた天《あま》が淵《ふち》

八俣大蛇が潜んでいたのは、斐伊川上流にある天が淵と伝わる。川辺には蛇帯（じゃおび）と呼ばれる八俣大蛇の足跡とされる筋の入った石もある。

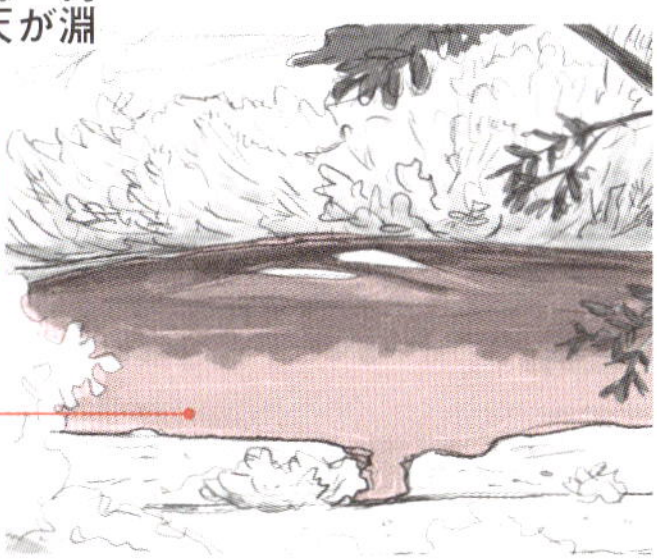

大蛇の首の上に立つ八本杉

雲南市には須佐之男命が退治した八俣大蛇の頭を埋め、その上に植えられたと伝わる「八本杉」がある。斐伊川の氾濫で何度か植えかえられ、現在の杉は1873（明治6）年に植樹されたもの。

「八塩折之酒《やしおりのさけ》」醸造の竈《かまど》・釜石

八本杉の南には、須佐之男命が八俣大蛇に飲ませた強い酒「八塩折之酒」の醸造に使った竈（かまど）の跡とされる釜石がある。付近にはかつて酒米を栽培した田、醸造の水に用いた池もあったという。

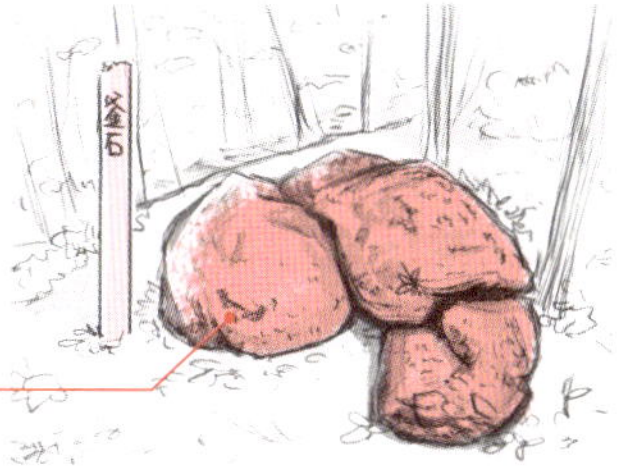

芦ノ湖にある九頭龍伝承の社

箱根神社（神奈川）の境内には、九頭龍大神を祀る九頭龍神社の新宮が建つ。芦ノ湖の龍は人を困らせる悪い龍だったが、仏法の力によって龍神になったとされ、九頭龍神社に祀られる。

恋愛運アップの龍神水

九頭龍神社新宮には龍神水舎と呼ばれる手水舎がある。手水の龍の頭は9つ。

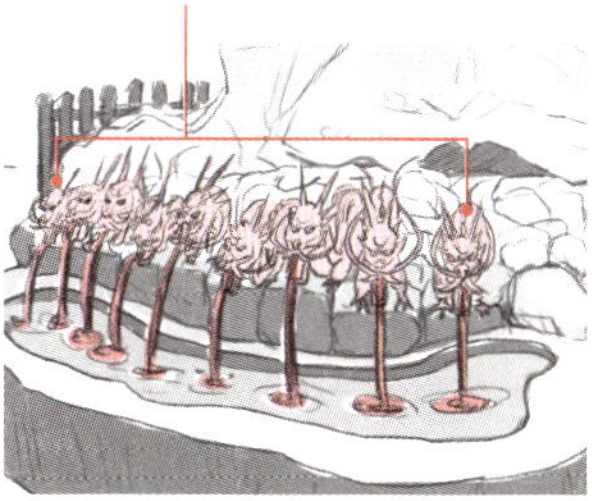

湧き水の「龍神水」は持ち帰ることもできる。恋愛運が上昇すると伝わり、人気を呼んでいる。

箱根神社中興の祖で奈良時代の僧・万巻上人（まんがんしょうにん）が芦ノ湖で暴れる龍を調伏、守護神として祀ったのが、九頭龍神社の起源とされる。

九頭龍神社の新宮は箱根神社の境内末社。本宮は箱根神社から4kmほど離れるがいずれも芦ノ湖の湖畔に鎮まる。

新宮社殿は箱根神社拝殿に隣接。

※：天叢雲剣（あめのむらくものつるぎ）とも。三種の神器はほかに八咫鏡（やたのかがみ）、八尺瓊勾玉（やさかにのまがたま）。

岡山の牛鬼は8つの頭をもつ巨大な怪物

岡山県の牛窓町（うしまどちょう）では牛鬼は頭が8つある巨大な怪物として伝わる。別名を塵輪鬼と称するのは、仲哀天皇が討った新羅国の蛮族の酋長・塵輪が化けて出たとする伝承による。

牛鬼の伝承は各地にあり、その姿もさまざまに伝わる。

牛鬼
牛鬼は仲哀天皇に倒されるが、後にその妻・神功皇后が三韓征伐から帰還する際にも再び現れた。そのときは住吉三神（底筒之男命、中筒之男命、上筒之男命）が現れ、角をとって牛鬼を投げ倒した。

熊襲（くまそ）討伐のため、西へ航海していた仲哀天皇は目の前に現れた牛鬼を討った。

見るも恐ろしい

牛鬼《ぎゅうき》（塵輪鬼《じんりんき》）

西 日本の言い伝えのなかに**牛鬼**という怪物がいる。牛の姿をした怪物である。古くは清少納言が『枕草子』で、名前よりも見るほうが恐ろしいものとして牛鬼を挙げている。当時よく知られた怪物だったのだろう。

牛鬼は海辺に現れるという。しかしその姿形は伝承によりまちまちである。かつて**仲哀天皇**《ちゅうあい》によって討たれた**塵輪鬼**という8つの頭を持つ怪物がいた。塵輪鬼はのちに、神功《じんぐう》皇后（58頁）が船で備前国（岡山県）を通るとき、大きな牛の姿をした牛鬼となって現れて転覆させようとしたという。そこに住吉の神※が現れ、角を取って投げ倒した。そこでその土地を牛転《うしまろび》と呼ぶようになり、後に牛窓というようになった。現在の岡山県の牛窓町がその伝説の地である。

ギリシャ神話にも牛頭人身のミノタウロスがいる。これも人を食う恐ろしい怪物である。

宇和島の牛鬼は顔が鬼、胴体が牛

愛媛県宇和島市にある和霊《われい》神社では毎年7月、例大祭の「うわじま牛鬼祭」が行われる。その起源は文禄《ぶんろく》の役《えき》とされる歴史ある祭礼で、鬼の顔をもつ牛鬼の山車《だし》が市内を練り歩く。

牛鬼伝説が数多く残る地に建つ大社

祭神の山家清兵衛(やんべせいべえ)は宇和島藩の功臣(こうしん)だったが暗殺された。その後、関わった人が相次いで亡くなったため、清兵衛の霊を和らげるべく建立されたのが和霊神社だとされる。

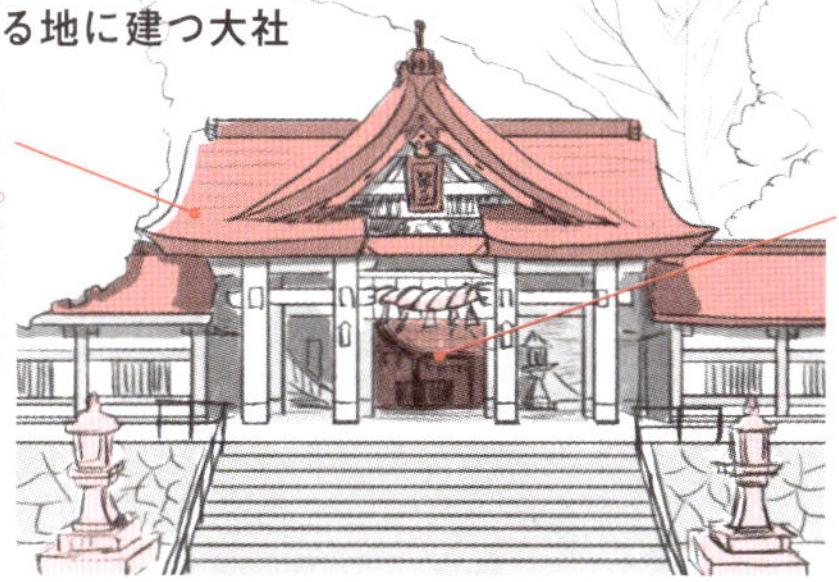

地元では「和霊(われい)さま」の名で親しまれる。金刀比羅宮(香川)、大山祇神社(愛媛)など、四国各地に大社が鎮まるが、社殿の大きさでは和霊神社も負けていない。

圧巻! 全長5mを超す山車のぶつかり合い

祭りの主役は牛鬼。全長は5〜6mもある。巨大な牛鬼をかたどった山車(だし)が、激しくぶつかり合い、頭を軸に回転して町を練り歩く姿は迫力満点だ。

胴体は牛、顔は鬼で剣をイメージした尻尾がついている。胴体はシュロの毛か赤色の布で覆われる。

ブーヤレ(竹製の楽器)を吹きながら、大勢の子どもたちが牛鬼の後に続いて練り歩く。

牛鬼の山車につく牛鬼面

牛鬼の顔は鬼そのもの。シュロの毛などで覆われた胴体の先に付けられる。

もはや牛ではない、妖怪の牛鬼

牛の要素をまったくもたない妖怪の牛鬼もいる。

江戸中期に描かれた妖怪の絵巻『百怪図巻(ひゃっかいずかん)』(佐脇嵩之[さわきすうし])に描かれた牛鬼は牛とは似ても似つかない姿。

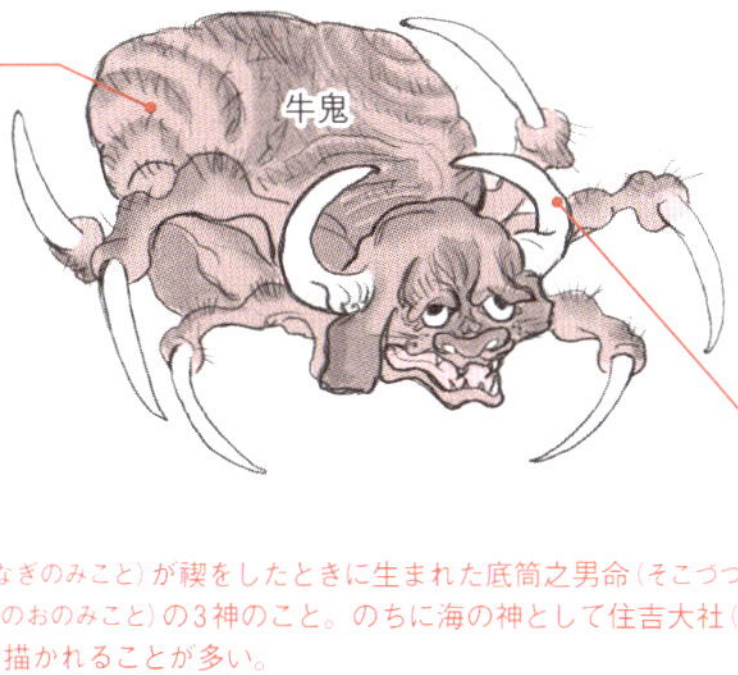

妖怪として描かれた牛鬼の身体は剛毛に覆われ、頭には2本の角、口には鋭い牙、6本の足は槍のように鋭く尖っている。

※:住吉三神とも。伊邪那岐命(いざなぎのみこと)が禊をしたときに生まれた底筒之男命(そこづつのおのみこと)、中筒之男命(なかづつのおのみこと)、上筒之男命(うわづつのおのみこと)の3神のこと。のちに海の神として住吉大社(大阪)に祀られる。もともとは3神であるが、後世では1神の老人の姿で描かれることが多い。

和製キメラ

鵺《ぬえ》

鵺といえば、夜現れて人々を怖がらせる怪鳥である。本来はトラツグミという虎のような黄と褐色のまだら模様をした鳥のこと。夜や薄暗い曇りの日にか細い声で鳴くため、夜の鳥と書く「鵺」と呼ぶようになった。この鳥の姿や声が怪鳥・鵺の物語を生み出していく。

『平家物語』によると、毎夜黒い雲が御殿を覆い、天皇がひどくおびえやつれるという事態になった。ある夜、怪物退治の命を受けた源頼政《みなもとのよりまさ》の頭上に、黒い雲が現れる。そのなかに怪しいものが見えたので、弓をつがえて矢を射た。落ちてきた怪物を見たところ、頭は猿、胴体は狸《たぬき》、尾は蛇、手足は虎で、鳴く声はトラツグミのようであった。いまでは鵺といえばこの姿がイメージされるようになった。この退治された鵺は、のちに伝承の地で鵺大明神として祀られる。二条城の北、二条公園内にある鵺神社（京都）である。

源頼政に退治された鵺

鵺とは猿、狸、蛇、虎という4種の動物からパーツをかき集めてできた怪物で、その様子はギリシア神話に登場する怪物キメラ※1を思わせる。実在の鳥であるトラツグミが鵺にたとえられるが、その理由はその鳴き声にあるとされている。

今日、「ぬえ」という言葉は得体の知れない人物をさすときにも使われる。

鵺は平安時代末期の武将で弓の名手といわれる源頼政に退治される。

か細く鳴く声はトラツグミのようだといわれた。

2 京・大阪に残る「鵺退治」の遺構

神明《しんめい》神社（京都）で祈願した頼政は、無事に鵺退治を成功させた。近衛天皇の内裏があったとされる二条公園（京都）には鵺を祀った鵺神社がある。また、その遺骸を鎮めたとされる鵺塚は大阪・都島《みやこじま》区につくられている。源頼政による鵺退治の様子は室町期に完成した能「鵺」にも登場する。

怪物退治の神徳を授けた神明神社

平安時代の公卿・藤原忠通（ふじわらのただみち）の屋敷跡に建つ神明神社。鵺退治にあたり源頼政が祈願をし、みごとに成就したと伝わる。

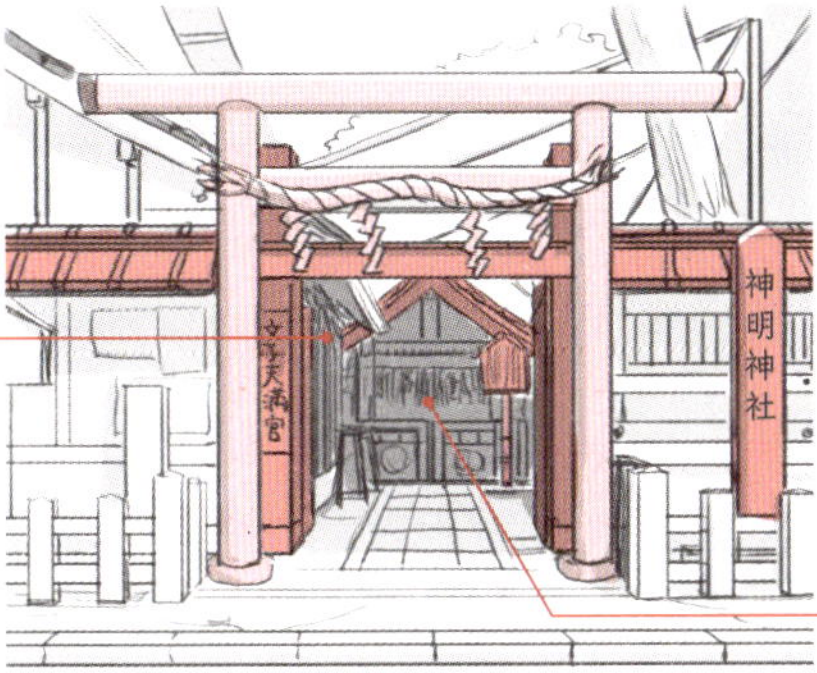

鵺はこの矢で倒された

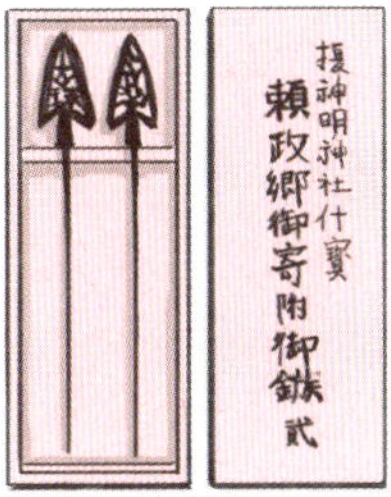

神明神社には源頼政が鵺を射落とした弓矢の矢尻が奉納されている。毎年9月の例祭日には一般公開される。

鵺を祀る鵺神社

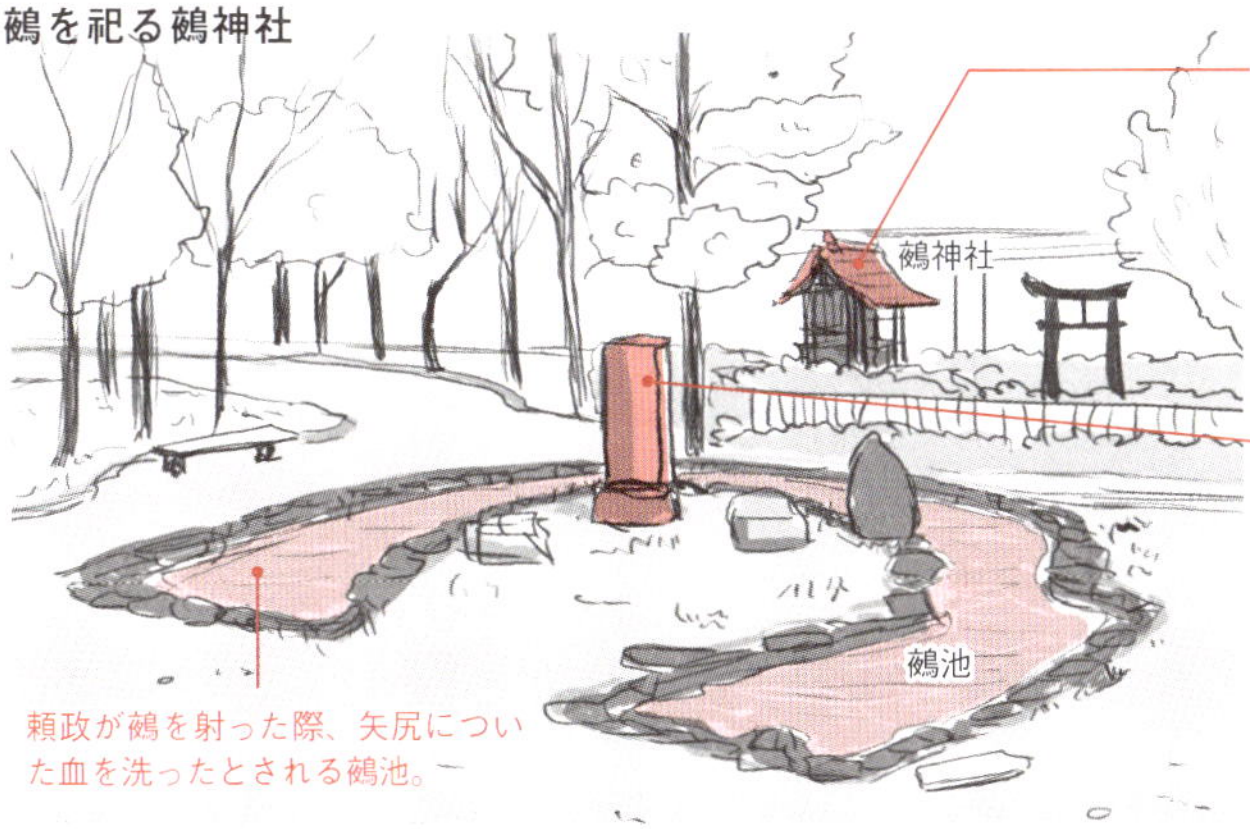

源頼政が退治した鵺を鵺大明神として祀ったとされる鵺神社は、二条城の西北、二条公園の敷地内にある。

鵺池の中央に建つ石碑は、元禄時代に建てられたとされる。文字が摩耗したことから、1936（昭和11）年に鵺神社の近くに復元された※2。

頼政が鵺を射った際、矢尻についた血を洗ったとされる鵺池。

怪物はここに眠る・鵺塚

源頼政が退治した鵺を丸木舟に乗せて淀川に流したところ、大阪・都島に漂着。祟りを恐れた村人が祠を建てたのが起源とされる。

淀川が流れ込む大阪港とフランスのル・アーブル港が姉妹港提携を結ぶにあたり鵺がデザイン化され、大阪港の紋章として使用されている。

悪霊などの穢れたものも祀ることでプラスになるという発想が日本に古くからあった。

※1：キメラはライオンの頭、ヤギの体、ヘビの尾をもち、口から火を吐く怪物。※2：それ以前にあった元の碑は1700（元禄13）年に建てられたという。

両面宿儺《りょうめんすくな》

飛騨国《ひだのくに》が誇る善悪両面の鬼神

飛騨地方（岐阜県北部）に**両面宿儺**という怪人がいた。『日本書紀』によると、仁徳《にんとく》天皇の頃のこと。胴体は1で、頭が2つ。それぞれに手足があるので、手は4本、足も4本ある。膝はあるが、踵《かかと》はない。力が強く敏捷で、左右に剣をもち、4本の手で弓矢を使い、人々から略奪をしていた。そのため建振熊命《たてのふるくまのみこと》（59頁）に討たれたと伝えられる。

このように悪事を働く異形の怪人・両面宿儺だが、飛騨地方を中心に仏教寺院を開いたという伝承も見られる。たとえば仏師・円空《えんくう》※の仏像で知られる千光寺（岐阜）は、両面宿儺の開山という。また京都・清水寺のような舞台造（懸造《かけづくり》）の本堂をもつ日龍《にちりゅう》峰寺《ぶじ》（岐阜）では、両面宿儺が龍退治をしたと伝えられ、その像も祀られている。まさに表と裏の顔をもつのだ。中央に従わなかった飛騨の勢力の首領であったとも伝えられる。異形の姿は中央側の反逆者を見るまなざしが生み出したのかもしれない。

「善」と「悪」 2つの顔をもつ両面宿儺

胴体は1つで、別の方向を向く頭が2つ。それぞれに手足があるので手も足も4本ある。両面宿儺の姿からは悪事を働く負の側面と、人々を救う正の側面が読み取れる。

『日本書紀』に「身の丈が七尺（約2.1m）余り」と記される巨大な怪人。地元では崇敬を集めていた。

中央政権に敵対する飛騨の先住民族の首領だったともされている。

両面宿儺
両面宿儺は建振熊命に討伐された。建振熊命は仁徳天皇の祖母・神功皇后の御代、建内宿禰（たけのうちのすくね、59頁）とともに、皇位を狙う忍熊王（おしくまのみこ）の反乱を鎮めたと伝わる。

両面宿儺は美濃・高沢山で建振熊命の率いる官軍に殺されたとされる。

両面宿儺が開いた飛騨千光寺

岐阜・高山の千光寺は両面宿儺が開いたとされる仏教寺院だ。境内にある円空仏寺宝館では、江戸時代の仏師・円空による両面宿儺像ほか、63体もの影像が展示されている。

およそ1600年前に両面宿儺が開山、1200年前に弘法大師の弟子である真如親王（しんにょしんのう）が建立したと伝わる千光寺。

岐阜県高山市にある高野山真言宗の寺院で、北アルプスを展望する山上にある。

円空の代名詞「鉈《なた》ばつり」の両面宿儺像

境内の円空仏寺宝館では円空の手による両面宿儺像を見ることができる。

鉈を上から下に振り下ろす「鉈ばつり」により彫られている。この技法は円空仏の特徴だ。

両面宿儺は鬼退治も行っていた

飛騨国一宮である水無《みなし》神社（岐阜）には、両面宿儺が退治したとされる位山《くらいやま》の鬼・七儺《しちな》の頭髪が奉納されている。この神宝は、英雄としての両面宿儺の象徴といえるだろう。

創建は未詳だが、古来より飛騨国の鎮守として朝廷から崇敬された。主祭神は御歳大神（みとしのおおかみ）。

神武天皇に皇位を授けた両面宿儺

位山は水無神社の神体山。神武天皇（54頁）が登拝した際、両面宿儺が天から降臨し、天皇の位を授けたと伝わる。

位山の巨石群の1つ「天の岩戸」が水無神社の奥宮とされている。

※：円空仏とも呼ばれる鉈1本で掘り出した仏像を数多く残したことで知られる江戸時代の僧。

大江山に乗り込んだ6人の猛者たち

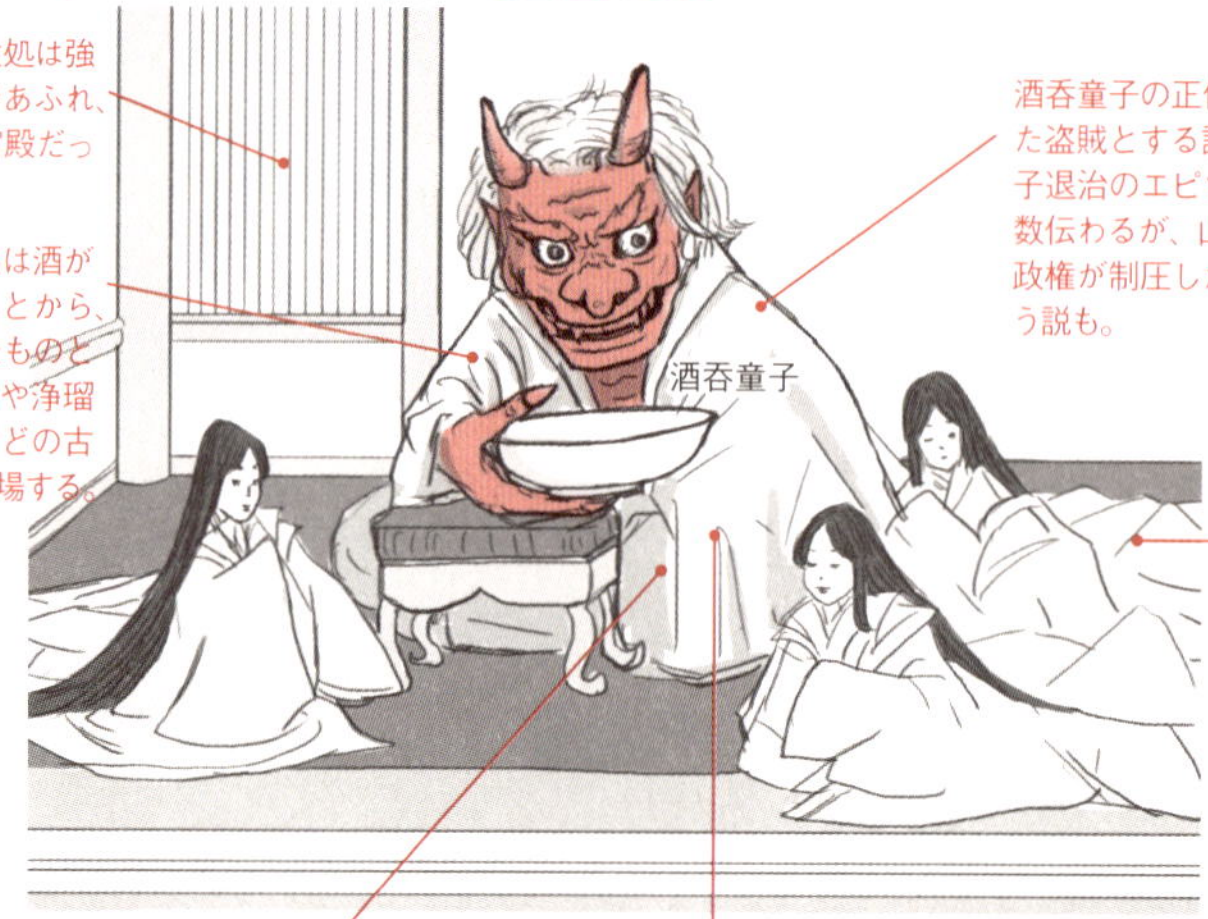

酒呑童子の住処は強奪した品物であふれ、絢爛豪華な宮殿だったとされる。

酒呑童子の名は酒が好きだったことから、手下がつけたものとされる。謡曲や浄瑠璃、歌舞伎などの古典芸能にも登場する。

酒呑童子の正体を鬼の扮装をした盗賊とする説もある。酒呑童子退治のエピソードの意味は複数伝わるが、山奥の蛮族を中央政権が制圧したことを示すという説も。

酒呑童子は京の美女をつぎつぎにさらっていった。

伊吹山に生まれた童子は比叡山(滋賀)に捨てられて鬼神となり、大江山に移り住んだとされる。酒呑童子の伝承は伊吹山や大江山のほか、越後国(新潟県)、大和国(奈良県)にも残る。

最後は大江山で殺される

歌人としても知られる源頼光は、酒呑童子を退治、首を切り落とした。

都の北に住む鬼神
酒呑童子《しゅてんどうじ》

かつて平安京の北に**酒呑童子**という鬼神が住んでいた。その住処は大江山《おおえやま》(京都)とも伊吹山《いぶきやま》(滋賀)とも伝えられ、都から人をさらうという。あるとき天皇の信頼も篤い貴族の姫がさらわれ、大騒ぎとなる。陰陽師の安倍晴明《あべのせいめい》が占ったところ鬼のしわざとわかり、天皇は源頼光《みなもとのよりみつ》や渡辺綱《わたなべのつな》、金太郎として知られる坂田金時《さかたのきんとき》ら6人※1に鬼退治を命じた。山伏の姿に変装し、八幡《はちまん》、住吉、熊野の神※2の道案内で山へと向かう。酒呑童子は人の血肉でもてなすも、頼光らが持参した毒酒を飲んで、動けなくなり、首を切り落とされた。頼光たちはその首を持ち帰ろうとしたが、都のなかに入れるわけにはいかず、大江山近くの老ノ坂峠《おいのさかとうげ》に葬った。その地に首塚《くびづか》大明神《だいみょうじん》(京都)が鎮座する。恐ろしい鬼もいまでは首より上の病にご利益をもたらす神となっている。

酒呑童子を切った刀は鬼切《おにきり》と呼ばれ、現在北野天満宮(京都)が所蔵する鬼切丸《おにきりまる》がそれと伝わる。

酒呑童子の首が眠る首塚大明神

人をさらい、悪事を尽くした鬼・酒呑童子はその死後、首から上の病に苦しむ人を守護する神として祀られるようになった。

都への帰途、酒呑童子の首が急に重くなり、動かなくなったことから首塚として埋めたと伝わる。

首塚大明神は、京都市と亀岡市を結ぶ国道9号線・老ノ坂トンネルの近くにひっそりと佇む。

本殿裏手に鎮まる「首塚」

首を祀ったのは酒呑童子がいまわの際に「死後、首から上に病気をもつ人々を助けたい」といったからとも伝わる。

首塚は首塚大明神の本殿裏手にある。

酒呑童子の懐・大江山の鬼嶽《おにたけ》稲荷神社

酒呑童子の住処があったとされる大江山に鎮まる鬼嶽稲荷神社。社名はかつて大江山が鬼嶽山と呼ばれていたことに由来する。なお大江山には酒呑童子のほか、いくつかの鬼退治伝説が残る。

大江山の8合目に鎮まる。かつては山頂付近にあり、社名も御嶽(みたけ)神社といったが、19世紀半ばに現在地へ遷座、稲荷神を祀り現社名となった。

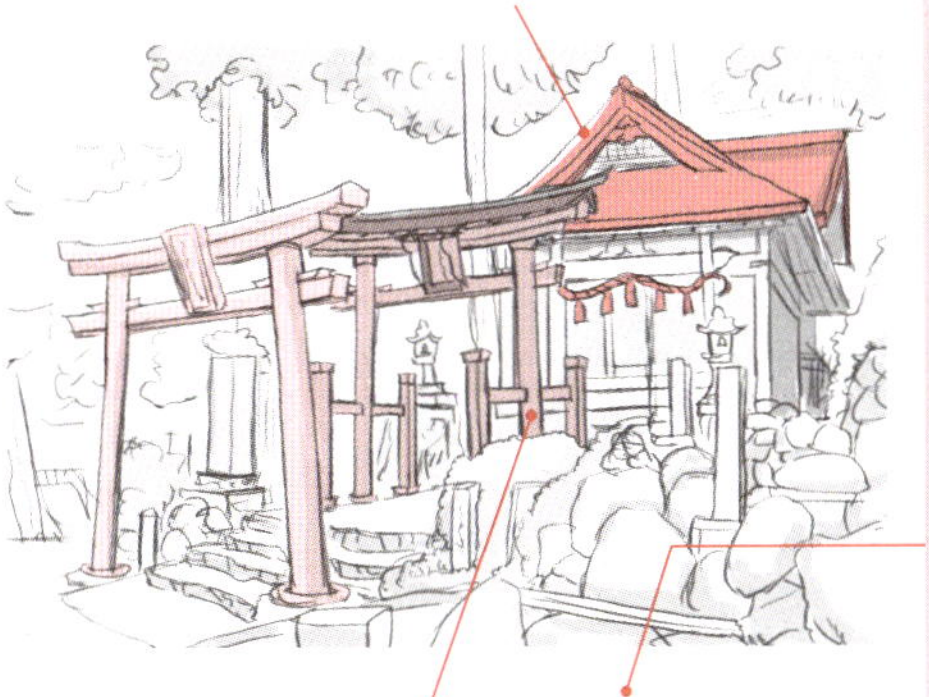

稲荷神を祀る神社としては珍しい両部(りょうぶ)鳥居。柱の前後に控え柱をもつ両部鳥居は神仏習合の神社で用いられることが多く、修験道の要素が強い御嶽神社の頃の名残を示すと思われる。

鬼の像3体が見下ろす酒呑童子の里

大江山の中腹にあるレクリエーション施設「酒呑童子の里」付近に、酒呑童子とその手下・茨木童子、星熊童子のモニュメントがある。ウルトラマンのデザインを担当した成田亨氏による。

※1：源頼光のほか、廷臣・藤原保昌(ふじわらのやすまさ)と四天王と呼ばれた頼光の配下4人(渡辺綱、坂田金時、卜部季武、碓井貞光)の計6人。※2：熊野三山(熊野本宮大社[くまのほんぐうたいしゃ]、熊野速玉大社[くまのはやたまたいしゃ]、熊野那智大社[くまのなちたいしゃ])に祀られる神のこと。複数の神が祀られているが、熊野の神として一体で扱われることも多い。

玉藻前《たまものまえ》

妖狐《ようこ》が化けた美女

栃木県の那須温泉近くに、殺生石《せっしょうせき》と呼ばれる岩がある。この岩は、もともとは**妖狐**が変化したものだとされる。

白面金毛九尾《はくめんこんもうきゅうび》の妖狐がインドから中国を経て、日本にやって来たのは平安末期のこと。**玉藻前**と呼ばれる美女に姿を変え、鳥羽院《とばいん》の寵姫《ちょうき》となった。その後、鳥羽院が病に伏せるようになったため、陰陽師安倍泰成《あべのやすなり》が占いをしたところ、寵姫の正体が妖狐とわかった。泰成の力で玉藻前は本性を現し、狐となって逃げていくが、那須の地で射殺される。しかし狐は巨大な殺生石に変化し、人々に害を加え続けた。しばらく経ち、高僧・玄翁和尚《げんのうおしょう》※の法力により石は砕かれ、ようやく霊が成仏した。

この九尾の狐は中国では殷王朝を滅亡に導いた妃、妲己《だっき》だったという。日本では鳥羽院に寵愛されて勢力を誇った美福門院得子《びふくもんいんなりこ》がモデルであるといわれている。

絶世の美女の正体は9つの尾をもつ狐

玉藻前が絶世の美女だったことから、美人の象徴とされる白面の狐と伝わった。

体毛の色は輝く金毛だったとされる。

9本の尾。妖狐は霊力の上昇とともに1～9本と、尻尾の数が増えていくと考えられている。

玉藻前
玉藻前は幼少期には藻女(みくずめ)といい、見目麗しい女性の姿で鳥羽院を惑わせた。

逃亡先の下野国(しもつけのくに、栃木県)の那須野が原で一度は追手を返り討ちするも、最後は三浦義明(みうらよしあき)、千葉常胤(ちばつねたね、いずれも平安期の武将)らにより倒された。

江戸後期の読本作家・高井蘭山の『絵本三国妖婦伝』では、妖狐はインドで華陽夫人に、中国で妲己と褒姒(ほうじ)に、日本で玉藻前に化け、国を混乱させた。これらはいずれも絶世の美女と伝わる。

2 実在した？ 玉藻前のモデルとされる美福門院

美福門院得子（藤原得子）は、鳥羽院の中宮ながら国政にも大きな影響力を発揮。これを疎んじた勢力により、玉藻前のモデルにされたという説もある。京都市左京区には得子が建立した歓喜光院（廃寺）の鎮守社・須賀神社が鎮まる。

今も残る須賀神社

1142（康治元）年、創建当時は今の平安神宮（京都市左京区）付近にあったというが、鎌倉時代に度重なる戦火を避け、吉田神楽岡に遷座。現在地に移ったのは1924（大正13）年と伝わる。

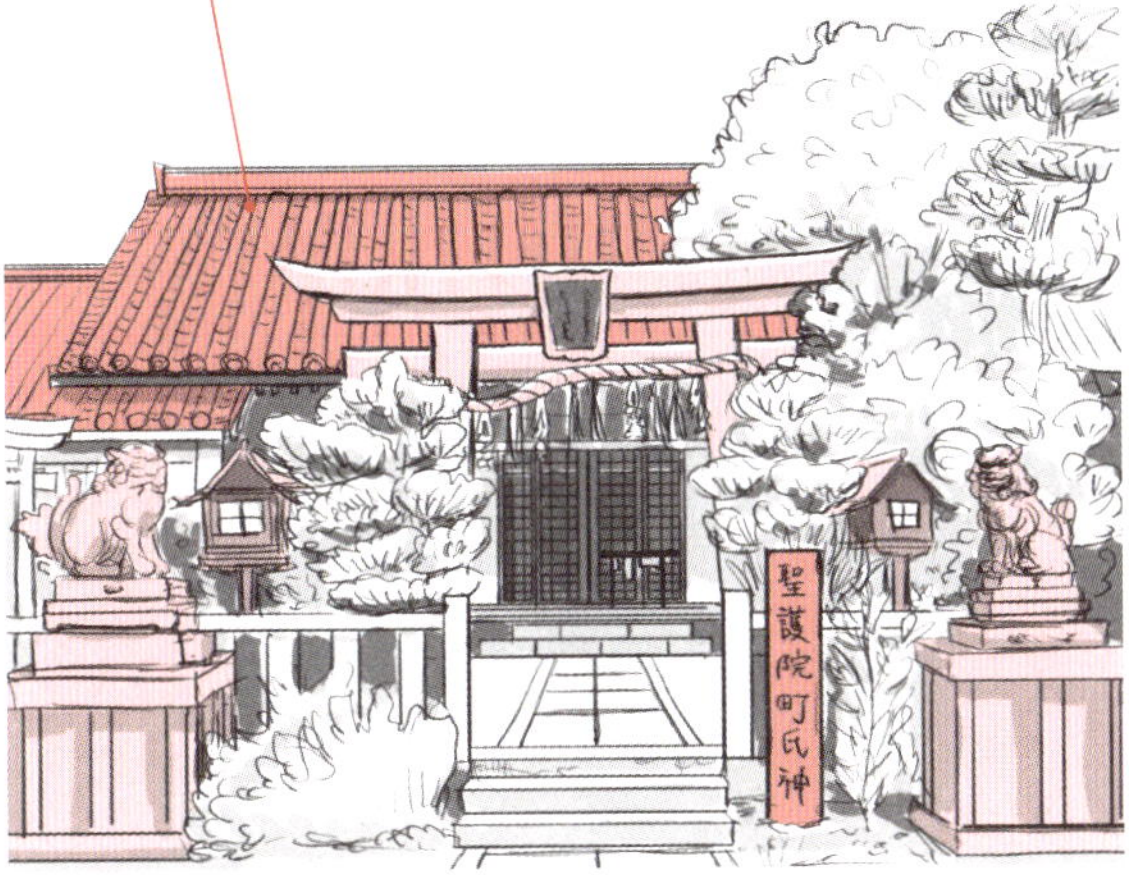

得子の肖像画なら安楽寿院

安楽寿院（京都市伏見区）には美福門院の肖像画が伝わる。作者は未詳だが、桃山時代から江戸時代初期の作とされる。

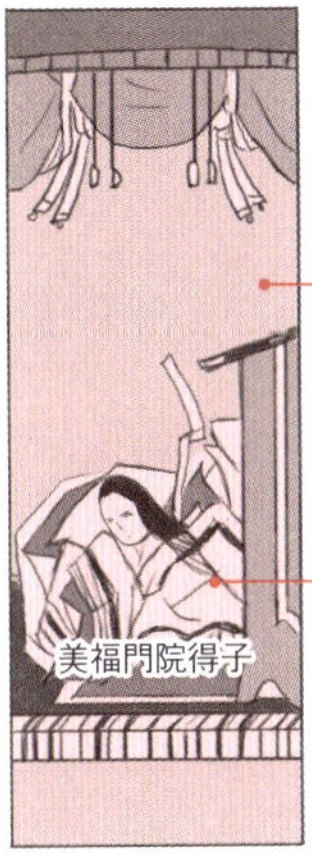

安楽寿院に陵墓のある近衛天皇の母は得子だとされる。

石になっても怨念の残った殺生石

那須野が原に追いつめられ、討たれた玉藻前だったが、死後は殺生石として人々を苦しめた。その後、高僧に鎮められ人への害悪はなくなったが、現在も那須温泉のそばに殺生石が残る。

1781（安永10）年に刊行された鳥山石燕（とりやませきえん）の妖怪画『今昔百鬼拾遺』に描かれた殺生石。

『今昔百鬼拾遺』では、殺生石に触れた鳥や獣は死に至ったが、その石は後に玄翁和尚によって打ち砕かれたとしている。

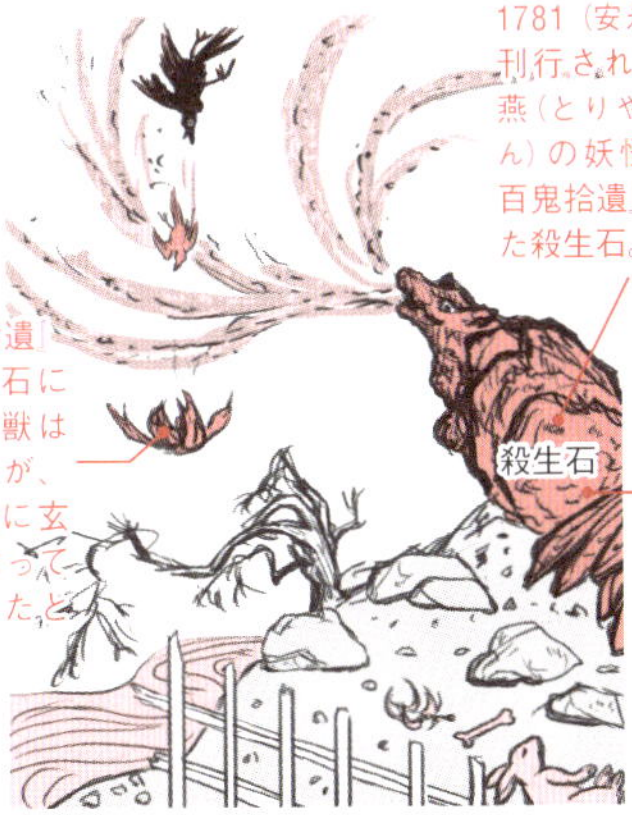

毒気を抜かれたいまの殺生石

巨石となった後も妖狐の怨念は残り、毒気を出して近づく人や家畜、鳥獣をも殺し続けたとされる。

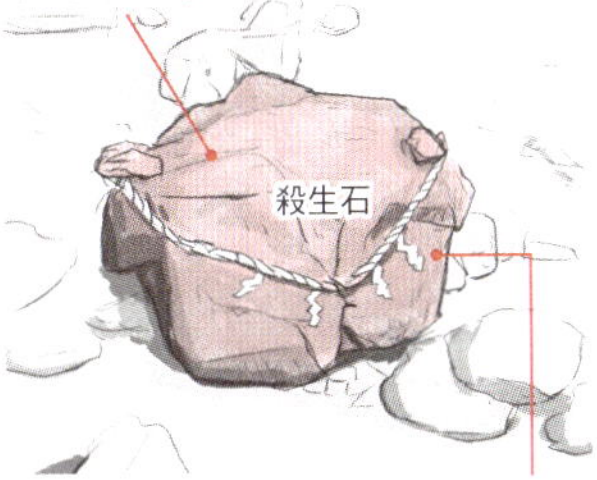

大きさは3mほど、周りにも同じような石があるので見つけづらいが、しめ縄が目印だ。

※：南北朝時代に生きた曹洞宗の僧正。殺生石を破壊した伝承から、大きな金槌「玄翁」の語源となったとされる。

蛇神

蛇は自然の象徴

日光の戦場ケ原は、男体山《なんたいさん》の神（栃木）と赤城山《あかぎさん》（群馬）の神が中禅寺湖の支配を争った「戦場」であったことに由来する。このとき**男体山の神**は大蛇に、**赤城山の神**はオオムカデの姿で戦ったと伝わる※1。結果は男体山の神の勝ち。この伝説の背景には古代氏族の領地争いがあるともいわれるが、詳しいことは不明である。

一方、『常陸国風土記《ひたちのくにのふどき》』に登場する**夜刀神《やとのかみ》**は角のある蛇神である。その姿を見ると、一族は破滅させられ、子孫が絶えるとされた。行方《なめがた》市（茨城）には、この夜刀神を追い払って開拓に成功する伝承が残る。蛇は野生や自然の象徴でもあることから、蛇神を駆逐して開拓する話は、人間が自然を文明化していくことを意味する話でもある。また天皇の命でやってきた壬生連麿《みぶのむらじまろ》が夜刀神を追い払うという話も、自然界が天皇によって治められることを表していると考えられる。

中禅寺湖をめぐる蛇×ムカデの戦い

栃木県に残る伝説では、弓の名手・小野猿丸（おののさるまる）※2が赤城山の神（ムカデ）の左目を射抜き、男体山の神（蛇）が勝利した。

2柱の神が戦った場所は今に残る日光の戦場ケ原で、赤城山の神（ムカデ）の流した血がたまったところは赤沼※3になったとされる。

大蛇に化身したのは栃木県にある男体山の神。

ムカデに化身したのは群馬県にある赤城山の神。

群馬・老神《おいがみ》温泉では蛇とムカデが逆に

老神温泉（群馬）の開湯伝説では赤城山の神を蛇、男体山の神をムカデとしている※4。蛇がムカデを追い返した伝説にちなみ「老神温泉 大蛇祭り」が毎年5月に老神温泉で行われる。

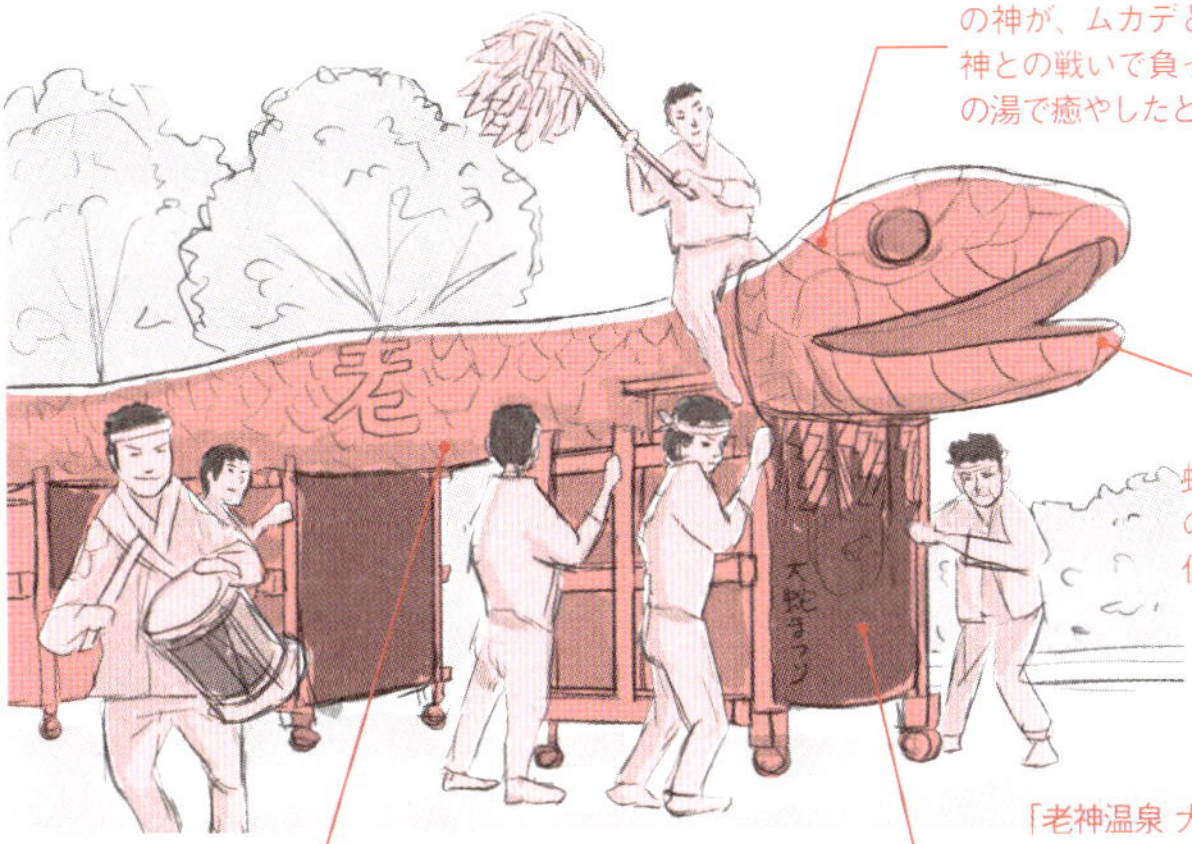

開湯伝説では、蛇となった赤城山の神が、ムカデとなった男体山の神との戦いで負った傷を老神温泉の湯で癒やしたとしている。

蛇となった赤城山の神が勝利したと伝わる。

この地で回復した蛇神がムカデ神を追い返したことから、追神（老神）といわれるようになったと伝わる。

「老神温泉 大蛇祭り」では長さ108mもある大蛇神輿が温泉街を練り歩く。

常陸国（茨城県）の蛇神は夜刀神

『常陸国風土記』には、蛇の体をもち、頭に角を生やしたとされる神・夜刀神が登場、土地開発を邪魔したとう。「夜刀」は谷あいの湿地を示す「谷頭」が語源とされ、夜刀神は谷の神とも。茨城県東部の行方市には夜刀神を追い払った際に祀った神社が実在する。

夜刀神の社の創建年代は未詳だが、古代の豪族・箭括氏麻多智（やはずのまたち）が開墾を妨害した夜刀神を追い払い祀ったのが起源とされる。1974（昭和49）年、愛宕神社（茨城）の境内に合祀された。

夜刀神退治の跡につくられた椎井《しいい》の池《いけ》

開墾を邪魔しようとした夜刀神は椎の木に居座ったとされる。その木のあった地に椎井の池がある。

愛宕神社境内の入口にある椎井の池の端には壬生連麿の像が立つ。7世紀末頃の豪族（箭括氏麻多智とは別人物）で茨城国造と伝わる。蛇神の夜刀神を退治し、溜池を築いて耕地を開拓した。

※1：赤城山の神が蛇、男体山の神がムカデという説もある。※2：形勢不利と見た男体山の神は鹿島大明神（建御雷神）に相談、奥州・阿津加志山（あつかしやま）（福島）にいた弓の名手・小野猿丸を紹介したという。※3：赤沼という沼は現在なく、戦場ケ原入口にある赤沼自然センター付近にあったとされる。※4：蛇が勝つという点は栃木県の伝承と同じ。

大物主神《おおものぬしのかみ》

三輪山に棲む蛇神

山に囲まれた奈良盆地。なかでもきれいな円錐形をしているのが神の山・三輪《みわ》山である。三輪山を祀る大神《おおみわ》神社では、古来より山そのものを拝するので、拝殿はあるが本殿はない。その大神神社を訪れると、お酒と生卵が供えられているのを見かける。なぜ酒と卵か。それはこの三輪山の神の正体と関わる。

『日本書紀』によると、孝霊《こうれい》天皇の娘・倭《やまと》迹《と》迹《と》日《ひ》百《もも》襲《そ》姫命《ひめのみこと》は、三輪山の神・**大物主神**の妻となった。しかし夜しか訪れないため、夫の顔姿がわからない。見せてほしいと願うと、夫は朝起きたら櫛箱に入っているので見るように、ただし決して驚くなという。朝になって妻が箱を開けると、そこにいたのは美しい蛇。思わず驚いて声を上げた妻を尻目に、蛇は怒って山へ帰ってしまった。三輪山の神は蛇神。そのため蛇の好物とされる酒、卵がいまも供えられるのだ。

大物主神は美しい蛇神

蛇神とされる大物主神だが、ほかに水神や雷神などとする伝承も各地で見られる。共通するのは、不作・豊作を左右する農業にまつわる神という点だ。

倭迹迹日百襲姫命は第7代・孝霊天皇の娘とされる。第10代・崇神（すじん）天皇に頼まれ、災害が続く理由を占うなど巫女的な一面ももつ。

大物主神は蛇の姿をもつ。そのほか、丹塗矢（にぬりや、魔除けの色である朱に塗った矢）や、雷などとしても現れることがある。

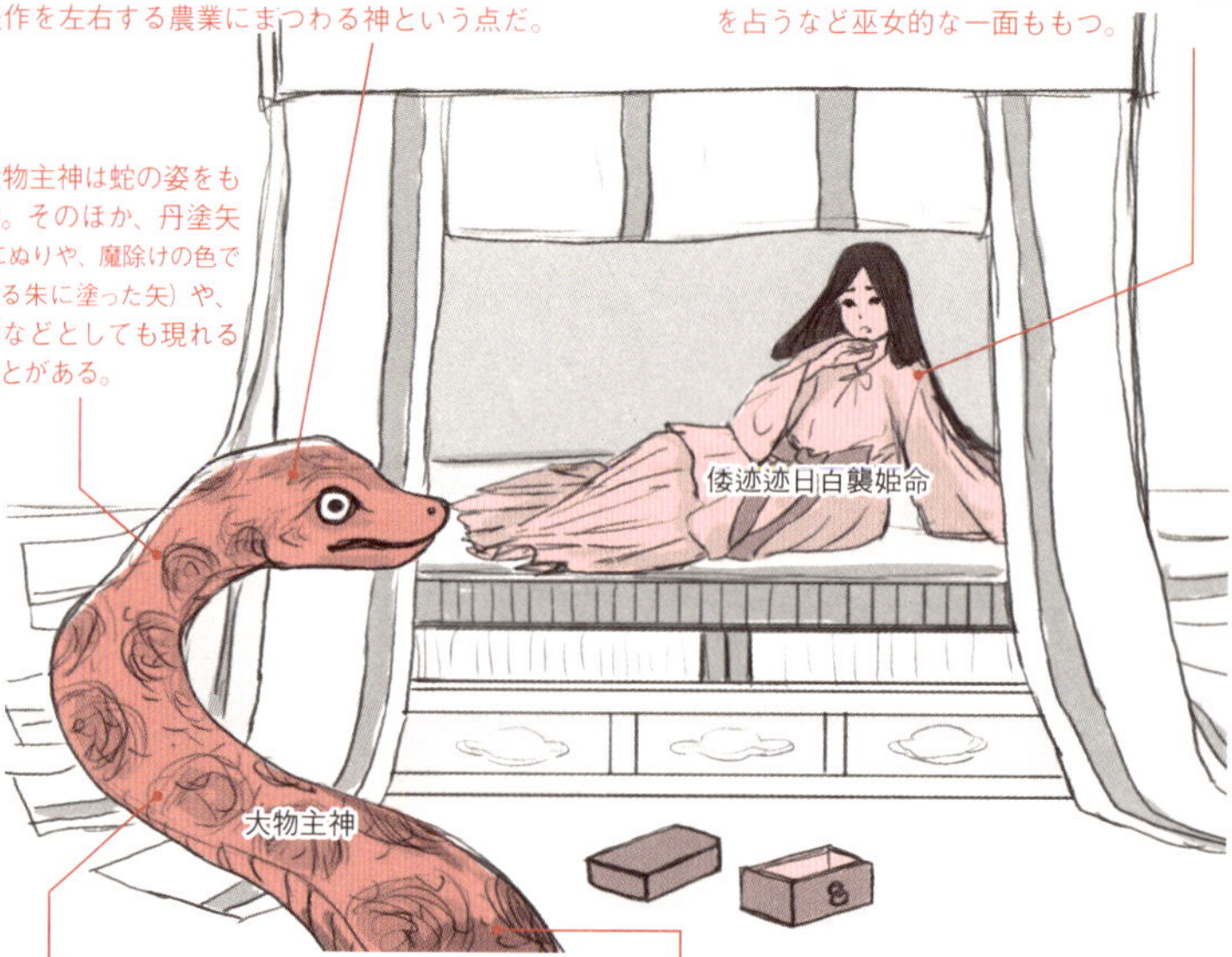

三輪山をご神体とする大神神社の祭神は大物主神。

『古事記』では大物主神の妻を活玉依姫（いくたまよりひめ）としている。また、大物主神と活玉依姫の子は三輪氏の祖になったとも。

蛇神に卵、酒を供えて神体山を拝む・大神神社

本殿をもたない大神神社では、神体山の麓に造営された拝殿から神の山・三輪山を拝む。祭神である大物主神の正体が蛇と伝わる。『古事記』によれば大物主神は大国主神《おおくにぬしのかみ》（42頁）の「国作り」に協力した神とされる。

拝殿の背後に立つ神体山・三輪山は、一木一草に至るまで神宿るものとして尊ばれている。

現在の拝殿は徳川家綱によって再建されたもの。切妻造、檜皮葺で国の重要文化財に指定されている。

拝殿の奥には明神型の鳥居を3つ横につなげた特徴的な形状の「三ツ鳥居」が立つ。その先は禁足地とされている。

根に神が棲む御神木・巳《み》の神杉《かみすぎ》

拝殿前に立つ神木は「巳の神杉」で、神の化身である蛇が根に棲んでいるとされる。

江戸時代には、「雨降杉」と呼ばれ、雨乞いの際、里の人々が集まりこの杉にお参りをしていたという。

卵と酒を使える

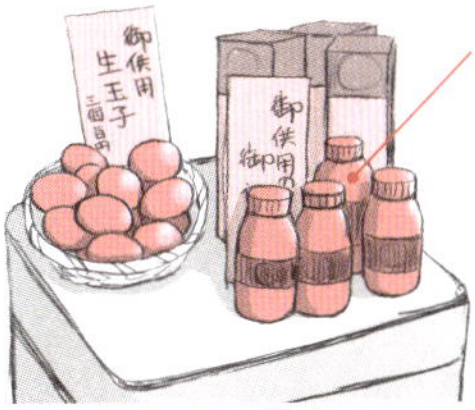

お供え用の生卵は境内の社務所のほか、近隣の酒屋でも用意している。拝殿のほか、根元に神の化身の蛇が棲むと伝わる神木の「巳の神杉」に供えてもよい。

コラム 蛇神の妻が鎮まる箸墓《はしはか》古墳《こふん》

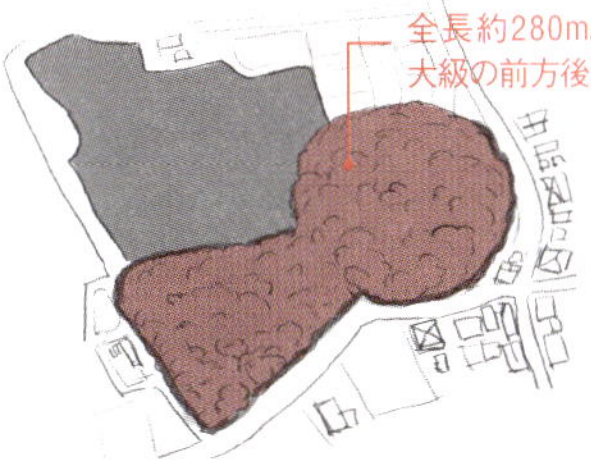

全長約280m。最大級の前方後円墳。

倭迹迹日百襲姫命は夫が蛇神であることにひどく驚いた。そのことを後悔し、しりもちをつくと、箸で陰部をついて死んでしまった。奈良県桜井市にある箸墓古墳には倭迹迹日百襲姫命が埋葬されているという。

自分と瓜二つの人がいたら……

一言主神《ひとことぬしのかみ》

自分と同じ姿形の人と出会う。自分がいったことと同じことを相手がいう。そんな不思議な体験をしたのが第21代・雄略《ゆうりゃく》天皇だ。

あるとき天皇が葛城山に出かけると、向かいの山の尾根からやってくる一行と出会った。なんと天皇の行列と同じ人数、同じ装いである。天皇が「自分以外に王はいないはずだ。だれがそのような姿で行くのだ」というと、相手もまた同じ言葉を返す。連れの者に矢を構えさせると、向こうも同じようにする。まるで鏡だ。天皇が名を尋ねると「悪事《まがごと》も一言、善事《よごと》も一言、言い放つ神、葛城の**一言主大神だ**」と答えた。天皇は恐れ入って、皆に衣服を脱がせ、神に献上させた。この神は奈良の葛城《かつらぎ》一言主《ひとことぬし》神社をはじめ各地の神社に祀られ、一言の願いであれば聞き届けるといわれている。言葉が現実を動かす力をもつという言霊《ことだま》信仰に基づく。わたしたちの願いの言葉を現実にしてくれる神ということだろう。

葛城山に現れた一言主神

『日本書紀』には雄略天皇と共に狩りをした神として登場している。
葛城山に住む。
一行が一言主神とわかった雄略天皇は、弓や矢のほか官吏たちの着ている衣服を脱がせて一言主神に献上した。
一言主神
雄略天皇
一言主神の一言は、吉凶を決める恐ろしいものとされる。これは一言主神の言霊が、運命を変えるほどの力をもつことを示していると考えられる。
雄略天皇が葛城山（奈良）へ鹿狩りに出かけた際、自分たちと同じ姿で同じ言葉を話す不思議な一行に会う。それが一言主神だった。

2 一言主神が降臨した葛城一言主神社

奈良県御所《ごせ》市にある葛城一言主神社は、雄略天皇の元に一言主神が降臨した場所と伝わる。

創建は不詳。葛城山の麓にあり、雄略天皇が葛城山で狩りを行ったとき、一言主神が降臨したと伝えられている。

一言主神（一言主大神）と幼武尊（わかたけるのみこと、雄略天皇）を祭神として祀る。地元では「いちごんさん」として親しまれている。

一言主神への祈願は一言で

絵馬には願い事を一言にまとめて書くのが慣わしとなっている。

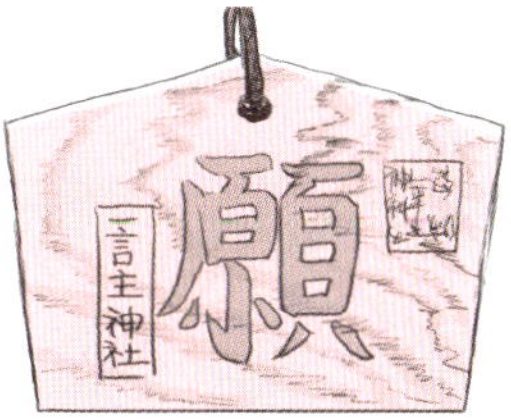

かつては神職と山伏が集まった秋の大祭

「秋の大祭」（御神火祭）は毎年9月に開催。社伝には室町時代に藤原遠厚が、各地から神職や山伏らを集め「火焚祈祷祭」を斎行したのが大祭の起源とある。

宮司が切り紙を散らして※2凶事を祓い、祭神の一言主神のほか、天狗（猿田毘古神、さるたびこのかみ、48頁）やお多福のお面をかぶった神さま役の者たちが参詣者に福をもたらす。

この日だけは願い事を記した祈祷串（護摩木）を参詣者自ら火にくべることができる※1。

奈良の氏族が一言主神を移した・土佐神社

土佐国一宮として古来より、篤い崇敬を集める土佐神社（高知）。同社の祭神として一言主神の名が記された最古のものは『土佐国風土記』逸文だ。大和（現在の奈良県）を中心に活動していた古代氏族・賀茂氏が土佐国の国造《くにのみやつこ》となったことで、一言主神が祭神に加わったのだろう。

社殿は本殿と十字形をなす弊殿（へいでん）、拝殿、左右の翼殿からなり、「入蜻蛉（いりとんぼ）式」という全国でも珍しい建築様式。

祭神として一言主神のほか、味鋤高彦根神（あじすきたかひこねのかみ）が祀られている。味鋤高彦根神は国土の開拓、農工商あらゆる産業の繁栄という神徳が伝わる。

※1：現在、護摩壇でお焚き上げをする神社は少なくなっているが、近世頃まではよく見られた。※2：陰陽道では米や稲などを魔除けの祓具としてまく習慣があり、これらの代用として切り紙が用いられることがある。

目《ま》一《ひと》つ鬼

鬼神の祖は出雲国風土記

桃太郎に退治されたり、「鬼は外、福は内」と追い払われたりする鬼は、角が生え、虎のパンツをはいた姿でイメージされることが多い。鬼が入ってくるといわれる鬼門《きもん》の方角が北東、すなわち艮《うしとら》（丑寅）の方角であるため、牛と虎に結びついた鬼の姿が生まれたのだという。しかしかつての姿は違ったようだ。

鬼が登場するもっとも古い記事は、8世紀にまとめられた『出雲国風土記』にある。その姿は一つ目で**目一つ鬼**と呼ばれている。あるところに目一つ鬼がやって来て、男を食べた。男の両親が竹やぶに隠れ震えていると、食べられながらも男は、竹の動きで親が鬼に見つかるのを心配し「あよ、あよ（「竹が動く、動く」）」といった。そのためこの土地を「あよ」というようになった。大原郡阿用郷《あよのさと》、現在の島根県雲南市大東町のあたりに伝えられた地名起源の物語である。

親思いの青年を描いた日本で最初の鬼の物語

阿用郷の鬼は、目が1つだけの人食い鬼で、片足が不自由だともいわれる。

阿用郷は、現在の阿用川流域から赤川南岸（いずれも島根県雲南市）にかけての一帯とされる。

鬼はもともと、神と同じく目に見えないものとされていたが、中国・道教の影響などを受け、少しずつ現在の鬼のイメージができあがってきたと考えられる。

鬼に見つからぬよう竹やぶに隠れる2人。両親を救うべく青年は「あよ、あよ」といった。

鍛冶職人が信仰する「一つ目」

目一つ鬼を、目が1つしかない鍛冶の神「天目一箇神《あめのまひとつのかみ》」と同一とする説がある。鍛冶職人は、鍛冶・製鉄の過程で火を見続けることにより失明することも多く、一つ目の神や鬼を信仰するに至ったと考えられる※1。

目一つ神を祀る天目一《あめのまひとつ》神社

兵庫県西脇市にあり、創祀年代は未詳。天目一箇神を祭神とする。社地周辺からは鉄や銅を溶かした塊や、祭器などの破片が出土している。

拝殿の奥には幣殿があり、その先に神明造の本殿が建つ。現在の本殿は1923（大正12）年の造営。毎年12月には、鍛冶職人の商売繁盛と安全を祈願する「ふいご祭り」が行われる。

天目一箇神が祭神

祭神の父は天津彦根命（あまつひこねのみこと）。須佐之男命（すさのおにみこと）、天照大御神の間で交わされた「誓約（うけい、36頁）」で誕生した。

目一つ鬼の類似したもので、ギリシャ神話のキュクロプスがある。ゼウスには雷霆（らいてい）を、ポセイドンには三叉の銛（もり）を、ハデスには隠れ兜をつくったといわれる。

鍛冶の神を祀る鏡作《かがみつくり》麻《ま》氣《け》神社

奈良にある鏡作麻氣神社。天目一箇神と天津麻羅（あまつまら）※2を同一神とした天麻比止都禰命（あまのひとつねのみこと）を祭神としている。

神社名の「麻氣」は、鏡を磨くという意味だとされるが、鍛冶の神との関係については未詳。

※1：ほかに鍛造の際、目をつぶって鉄の色を見るために一つ目とする説も。※2：天目一箇神と同じく、鍛冶の神として『古事記』に登場。天目一箇神と同一神とする説と、別神とする説が伝わる。

八咫烏《やたがらす》

三本足の巨大な霊鳥

八咫烏といえば天の神の使いで、後に初代の天皇となる神倭《かむやまと》伊《い》波《わ》礼《れ》毘《び》古《こ》を熊野から吉野へと導いた霊鳥である（55頁）。ゴールへ導くということで、いまでは日本サッカー協会のシンボルとしても有名だ。

八咫烏の「咫《あた》」とは、親指と中指を広げたくらいの長さのこと。8咫の大きさの鳥、つまりとても大きな鳥という意味になる。神話で記されている特徴はそれだけである。しかしサッカー日本代表のエンブレムや熊野三山《さんざん》（熊野本宮《ほんぐう》大社・熊野速玉《はやたま》大社・熊野那《な》智《ち》大社、いずれも和歌山）のお守りに描かれる八咫烏といえば三本足。三本足の烏は、そもそも中国の伝承で太陽の中に棲むと伝えられる鳥である。おそらく黒点のことではないかともいわれる。八咫烏は太陽神である天照大御神《あまてらすおおみかみ》の使い。そのため後世になって太陽に棲む三本足の烏のイメージが重ね合わされたのだろう。

天照大御神が遣わした神の鳥・八咫烏

八咫烏に道案内役を命じた神は、『日本書紀』では天照大御神（32頁）、『古事記』では高御産巣日神（別名、高木神［25頁］）とされている。
とても大きな鳥。神武天皇の東征の際、道案内をした。
天照大御神
八咫烏
『古事記』や『日本書紀』に三本足とする記述はなく、中国神話の霊鳥がルーツだと考えられる。なお、3本の足はそれぞれ「天」「地」「人」を示すとも。

2

八咫烏

シンボルの八咫烏は祭神の使い・熊野本宮大社

熊野本宮大社では、境内の各所で八咫烏のモニュメントを見ることができる。神武東征の伝承から、同社では八咫烏を導きの神としているのだ。なお、八咫烏は同社の主祭神・家都御子《けつみこ》※1の神使とされる。

第10代・崇神天皇の時代、熊野連（熊野国造）※2が旧社地である大斎原（おおゆのはら）※3に造営したと伝わる。

拝殿の後ろには本殿が建つ。本殿は3棟からなり、中央は主祭神の家都御子、左手が熊野夫須美大神（くまのふすみのおおかみ）と速玉大神（はやたまのおおかみ）、右手は天照大御神を祀る。

尊い「黒」の八咫烏ポスト

境内にあるポストは神使・八咫烏の色で、すべての色を合わせた尊い色とされる黒に塗られている。

社務所で手紙を出すことを伝えると、「出発の地より心をこめて　熊野本宮」というスタンプを押してもらうことができる。

ポストは境内に植えられた多羅葉（たらよう）の木の下にある。多羅葉は古代、葉の裏に爪などで文字を書いていたこともあることから「葉書（はがき）の木」と呼ばれることも。

拝殿両脇の八咫烏

拝殿の両脇には八咫烏のモニュメントが立つ。左手のモニュメントには「天地人（八咫烏の3本の足を示す）」、右手には八咫烏の文字が彫りつけられている。

八咫烏が心願成就に導く弓弦羽《ゆつるは》神社

六甲山麓にある弓弦羽神社（兵庫）のシンボルも八咫烏。三韓征伐の後、忍熊王《おしくまのみこ》※4が挙兵したことを知った神功皇后が、弓矢・甲冑を背後の山に納め、熊野大神（伊弉冉尊《いざなみのみこと》、事解之男命《ことさかのおのみこと》、速玉之男命《はやたまのおのみこと》の3柱）に戦勝を祈願したのが起源とされる。

矢に乗る八咫烏

社殿の御幕（おまく）やお守りなどには八咫烏がデザインされている。矢に乗る八咫烏は、弓弦から放たれた矢に乗って一直線に目標を向かうことを示している。

背後の六甲山は弓弦羽岳（ゆづるはだけ）、武庫山（むこやま）と呼ばれることも。

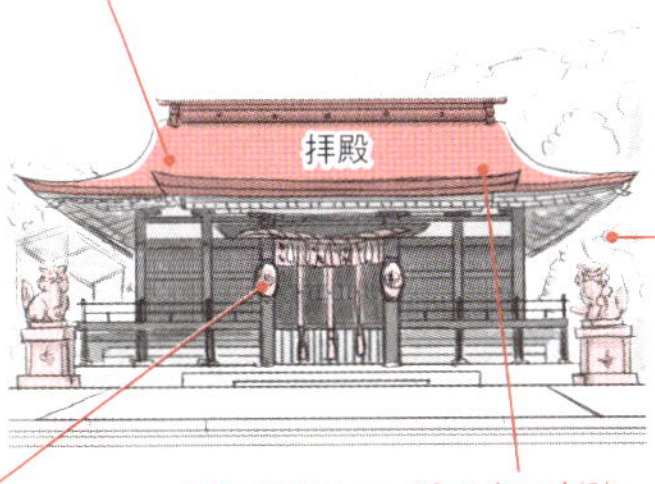

849（嘉祥［かしょう］2）年に創建、拝殿と奥の本殿は神戸市内最大級の木造建築。境内には樹齢300年と伝わる神木の大楠がある。

サッカーと縁深い八咫烏

境内には御影石製のサッカーボールが設置されている。これは日本初のサッカーチームが、社地のそばにあった御影師範学校で編成されたことから。

※1：天照大御神の弟である須佐之男命と同一神とされる。※2：国造は大和朝廷の時代の行政「国」の長。※3：熊野本宮大社の旧社地で、現在の社地から500mほどの場所に跡地だけが残る。※4：古代日本の皇族の1人で応神天皇（60頁）の異母兄弟。

さまざまな姿で描かれる河童

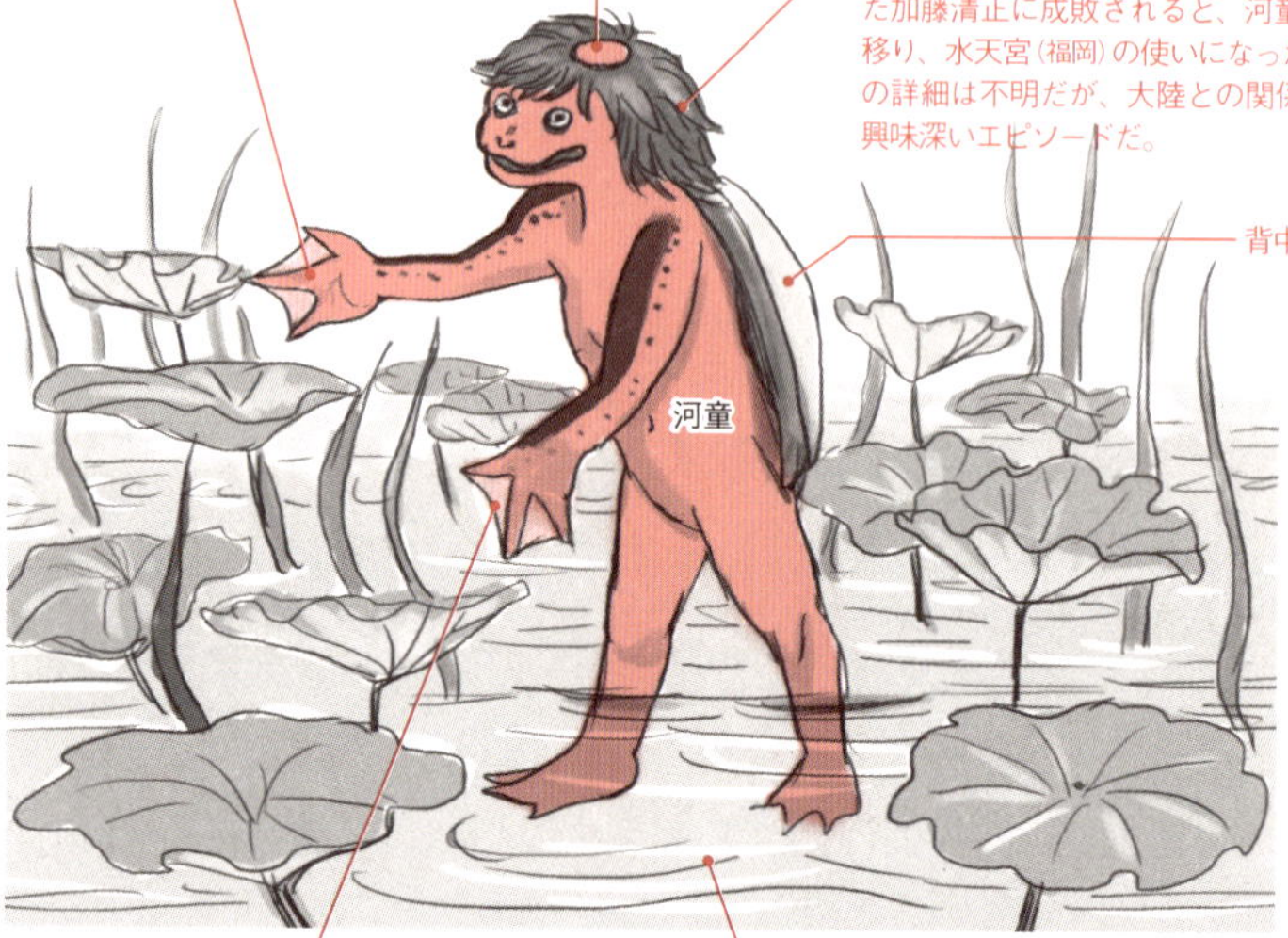
その姿は各地でさまざまに伝えられているが、多くは体の色が青っぽい灰色で、指が3本しかないとする。遠野の河童は顔が赤いと伝わる。

頭に皿。

江戸中期、国学者の谷川士清(たにかわことすが)によって著された国語辞典『倭訓栞(わくんのしおり)』では、河童の一族はもともと中国・黄河に棲んでいたが、海を渡り、九州の球磨(くま)川に移り棲んだとする。族長が熊本城主であった加藤清正に成敗されると、河童は筑後川へ移り、水天宮(福岡)の使いになった。この伝承の詳細は不明だが、大陸との関係を示唆する興味深いエピソードだ。

背中には甲羅。

河童
水かきをもち、水中に人などを引き込むという。

多くの河童は川や池など淡水に棲むという。一方、福岡・地行浜(じぎょうはま)に伝わる酒豪の河童は海に棲むとされる。

水神の化身
河童《かっぱ》

妖怪の中でもっとも有名な存在といえるのが**河童**ではないだろうか。子どもの姿をしていて、頭に皿、手足には水かきがあり、背中に甲羅を背負っている。好物はキュウリ。そんなイメージが一般的だが、地域によってはカワウソのような姿であるとも伝えられる。

水の神の使い、あるいは水の神そのもので、田植えを手伝うという伝承が残る地域もあるが、いたずら者のイメージが強いようだ。たとえば明治期に岩手県遠野地方の伝承をまとめた柳田國男の『遠野物語』※によると、村人が馬を冷やそうと淵に連れてきたところ、目を離した隙に河童が馬を水中に引きずりこもうとしたという。逆に馬に引っ張られた河童は村人に見つかり、もう二度と馬にいたずらはしないと約束をさせられた。遠野のカッパ淵がその伝承地で、傍らには河童を神と祀った祠もある。いかにも河童が出そうな淵である。

河童と縁深い東北の街・遠野

岩手県遠野市には河童が棲んでいたという「カッパ淵」が残り、河童は遠野市の公式キャラクターになるなど、今もこの地で息づいている。

カッパ淵は遠野市・常堅寺の裏を流れる小川にある。うっそうとした茂みに覆われ、今にも河童が現れそうな場所だ。

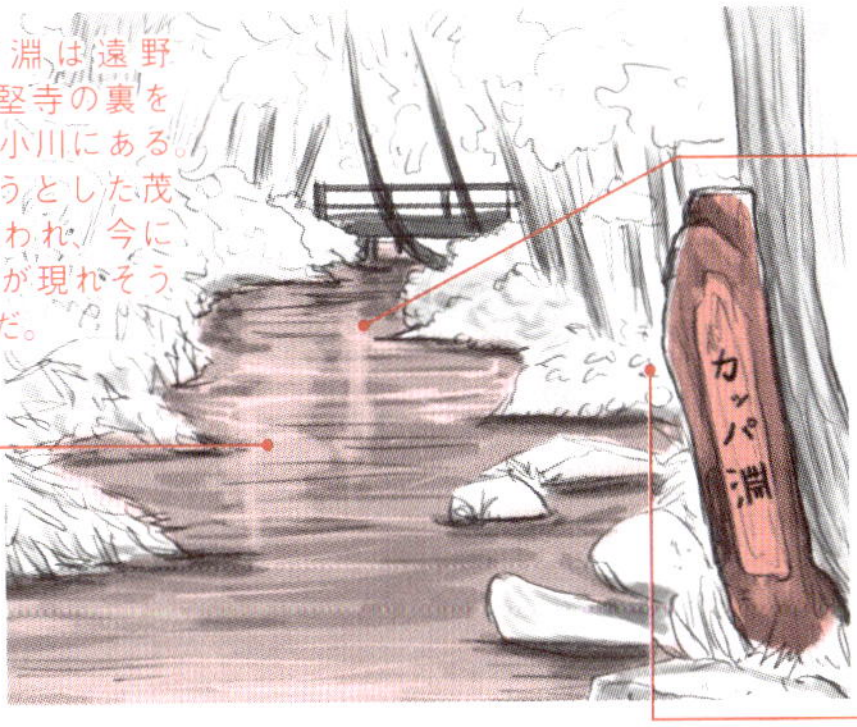

遠野市では、カッパ淵で河童を釣るための許可書を発行。川辺に河童の好物であるキュウリをエサにした釣り竿が仕掛けられていることもある。

淵の端に鎮まる河童の祠

河童は乳の守り神ともいわれ、この祠に身重の女性が願をかけると、母乳の出が良くなるとされる。

祠の前には2体の河童の像が立つ。遠野の河童を強調し、顔が赤く塗られている。

カッパ狛犬もいる

常堅寺山門の奥には本堂があり、境内左手にある十王堂の前に「カッパ狛犬」がある。

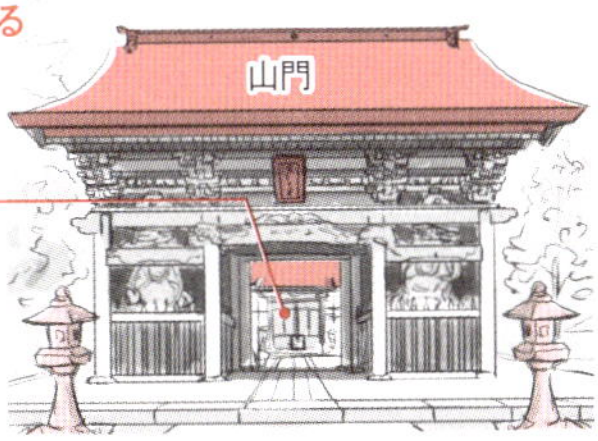

宮城県の「おかっぱさま」磯良《いそら》神社

宮城県色麻《しかま》町にある磯良神社では、木彫りの河童像をご神体としており、境内各所に河童の像が鎮座している。河童がご神体という神社は全国でも珍しく、地元では「おかっぱさま」の愛称で崇敬を集めている。

804（延暦23）年、征夷大将軍・坂上田村麻呂が東夷征伐（とういせいばつ）の際、常陸国鹿島郡から磯良明神を勧請したのが起源と伝わる。

磯良が異形の海神と伝わることから河童と結びついたとも。

河童のご神体は60年に一度、開帳される。ちなみに同社の宮司は代々川童（かっぱ、河童）姓を名乗っている。

同社の例祭で子どもがかつぐ「幼児みこし」も河童の形をしている。

境内各所に河童が鎮まる

境内には河童の石像や絵がいたるところにあり、河童との縁の深さをうかがわせる。こちらは社殿前の狛犬付近に鎮まる河童像。

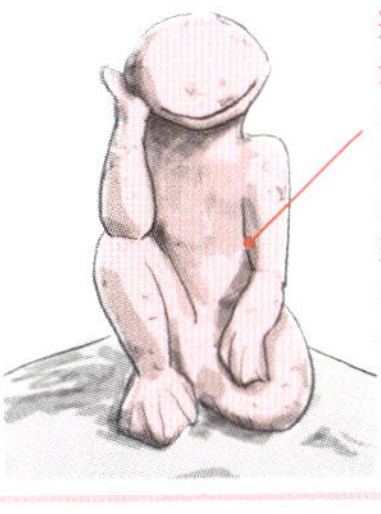

造形は一般的な河童とやや異なるものもあるが、どの像にもきちんと水かきが表現されているなど、河童の特徴が示されている。

※：民俗学の先駆者・柳田國男が、岩手県遠野に残る民間伝承などをその土地出身の佐々木喜善から聞き、まとめたもの。1910（明治43）年刊行。

善行により富をもたらす 金霊《かねだま》・金玉《かねだま》

貧乏をもたらすという**貧乏神**について語られるようになったのは貨幣経済が浸透した江戸時代。時を同じくして、貧乏神とは逆に富をもたらすという**金霊**という存在が登場する。

江戸期の絵師・鳥山石燕《とりやませきえん》は、金霊の絵として「天から小判が家の中に流れ込む様子」を描いた。石燕によると、金霊とは金の気のことであり、福は善行により天から与えられるもの。どうやら金霊という姿をもった神がいるのではなく、善果により福がもたらされることを象徴的に表現した言葉が金霊であったのだろう。

一方、**金玉**というものもあり、こちらは文字どおり金の玉や炎の姿で現れるという。それを得た者は栄え、失うと貧乏になるから、どちらかというと貧乏神か**座敷童子**《ざしきわらし》のような存在である。貧富の差が出てくると、人は「なぜあの人が」と考える。金霊（玉）は、そうした疑問が生み出したのだろう。

富を呼ぶ金霊

1776（安永5）年に刊行された鳥山石燕の『画図百鬼夜行』では、金霊そのものに形はなく、無欲善行の者に福が訪れることを象徴したのが金霊だとしている。

金霊は江戸期の記録に多く紹介されている。霧や雲のようにモヤモヤした形状で、金霊が訪れた家は栄え、いなくなるとその家は滅びるという。これは同じく福の象徴とされる金玉と共通するものだ。

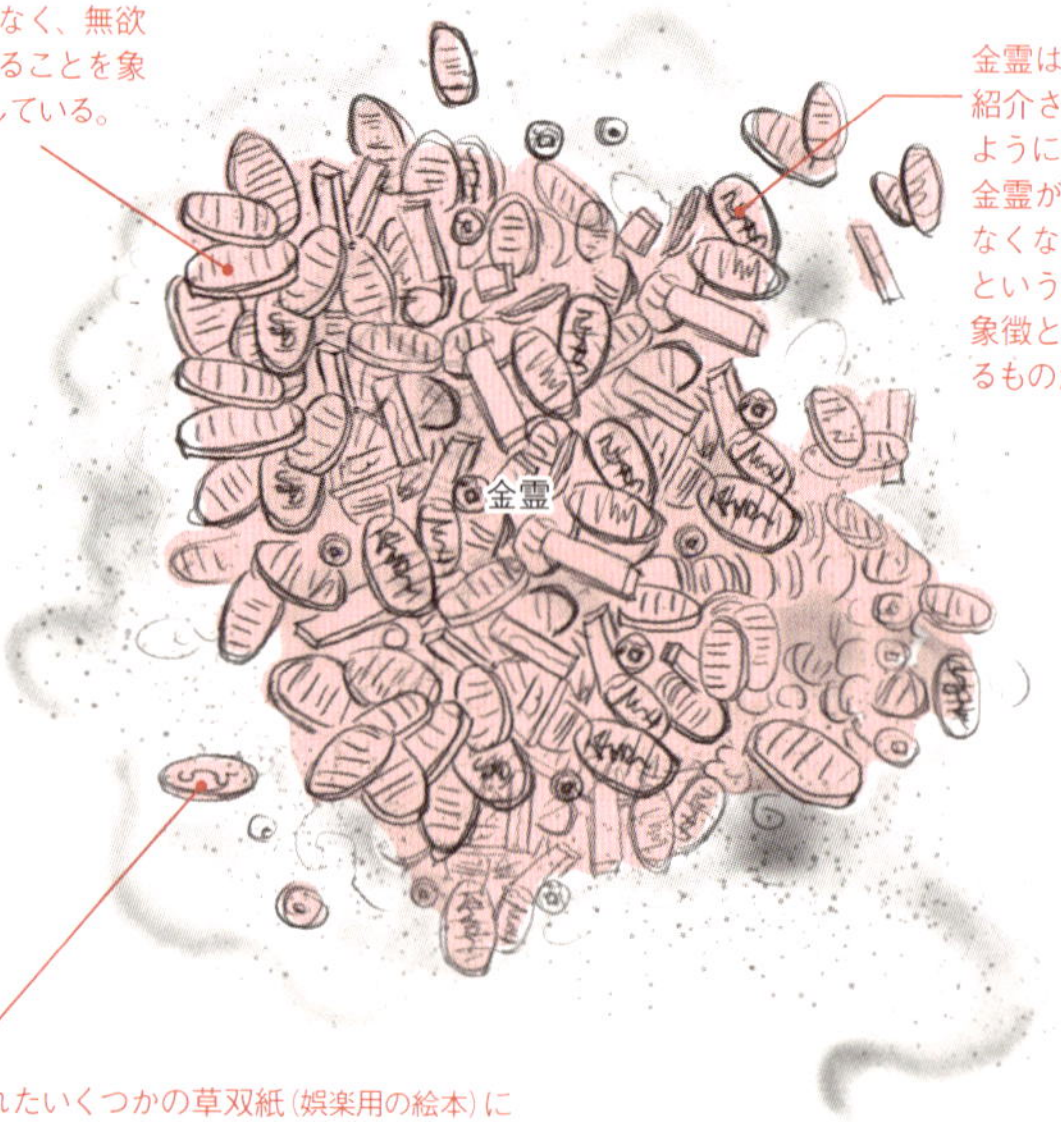

金霊は江戸期に記されたいくつかの草双紙（娯楽用の絵本）に登場。金銭が空中を飛ぶ姿が描かれている。一方、江戸期に記された怪談本『古今百物語評判』には「銭神」が登場する。こちらは銭の精が薄雲（霧）状に固まり、人家の軒を通る。刀で切り落とすと大量の銭がこぼれるとのことだ。

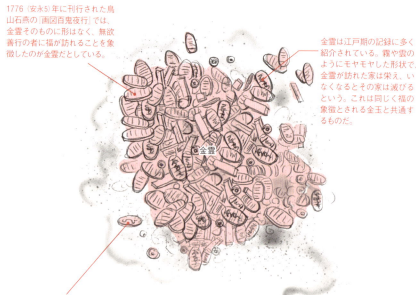

金霊の親戚？ 隕石ともいわれる金玉

金霊と近いとされるものに金玉がある。戯作作家・曲亭馬琴《きょくていばきん》らの怪談をまとめた『兎園《とえん》小説』に登場する金玉は、今でいう隕石ではないかという説もある。

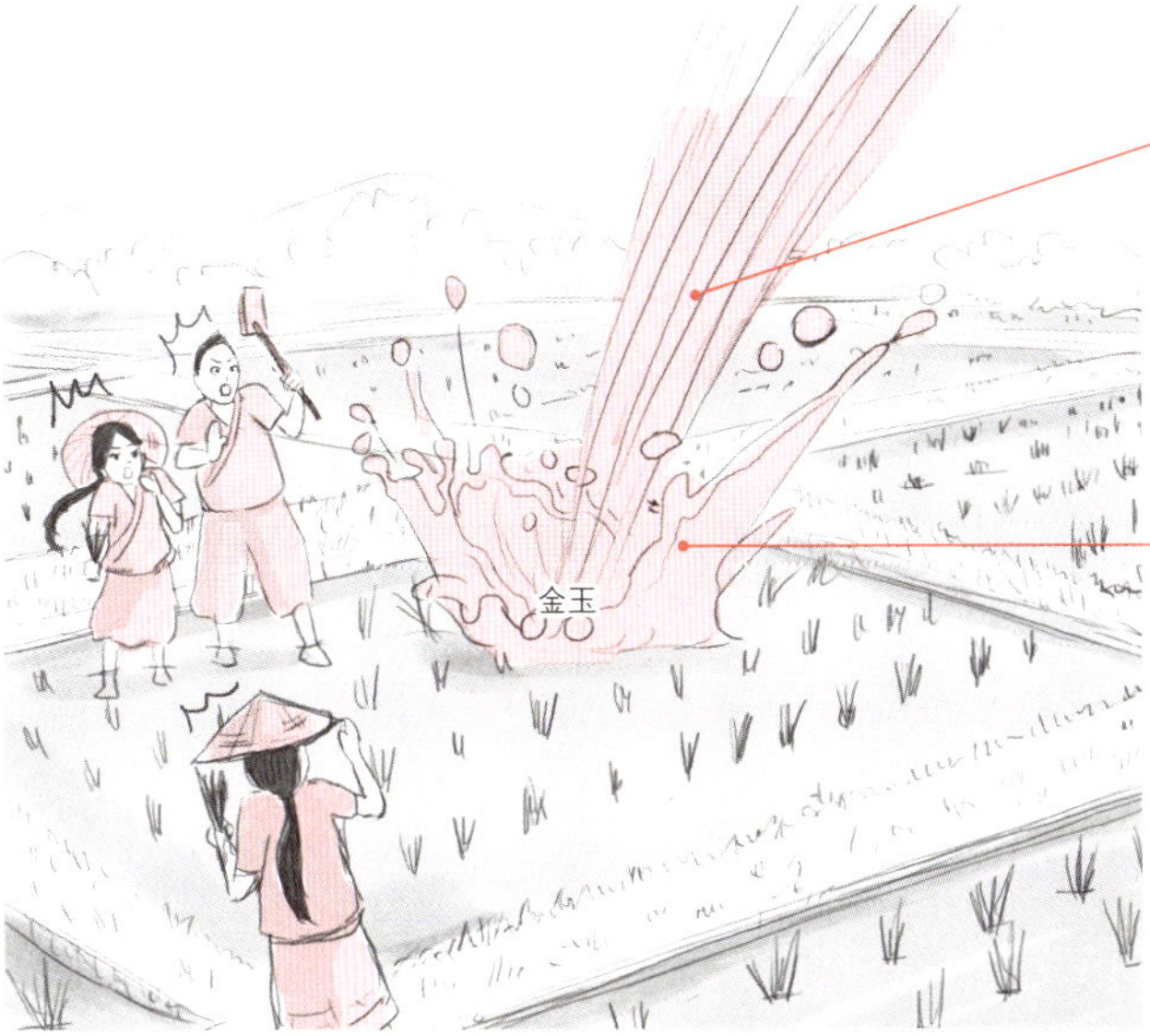

金玉が訪れた家は栄え、金玉が去るとその家は滅びるとされる。

房州（現在の千葉県）で丈助なる農民が早朝、農作業にかかろうというとき、赤く光る卵のようなものが田んぼに落ちた。その後の詳細については書かれていないが、丈助は金玉を自宅に持ち帰って宝としたという。

秩父の銭神さま・聖《ひじり》神社

自然銅（和銅）の産地・秩父にある聖神社（埼玉）は地元で銭神さまと呼ばれる。すぐそばには日本初の流通貨幣に用いられた自然銅の発掘跡（和銅遺跡）がある。

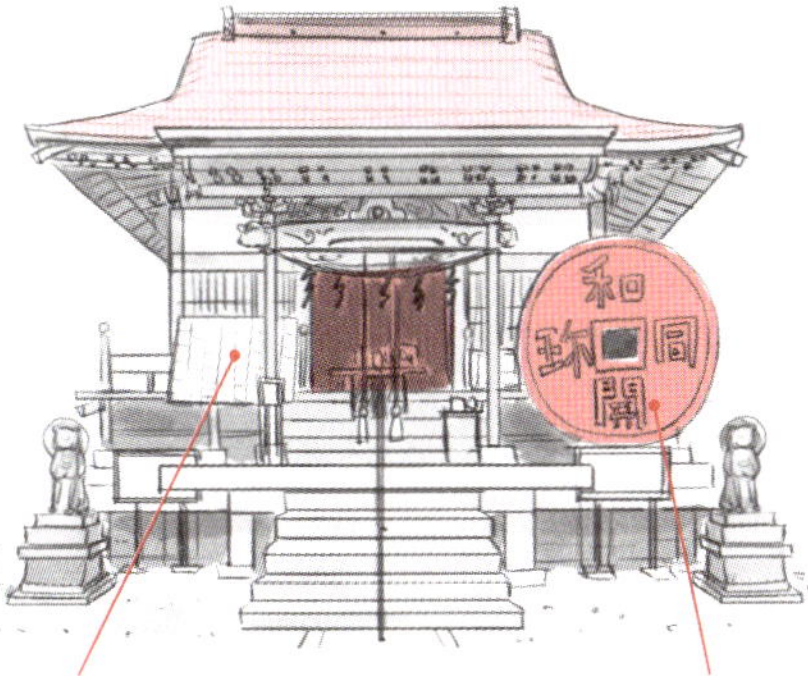

主祭神は鉱業や鍛冶などを司る産業の神・金山彦命ほか5柱※。

飛鳥時代の元明天皇の頃、国内で初めて社のそばから自然銅が採掘され、初の流通貨幣「和同開珎（わどうかいちん）」が鋳造された。これを記念し、自然銅をご神体として金山彦命を祀ったのが聖神社の由緒と伝わる。

国内初の流通貨幣「和同開珎」

和銅遺跡のそばに和同開珎の巨大モニュメント（高さ5m）がある。

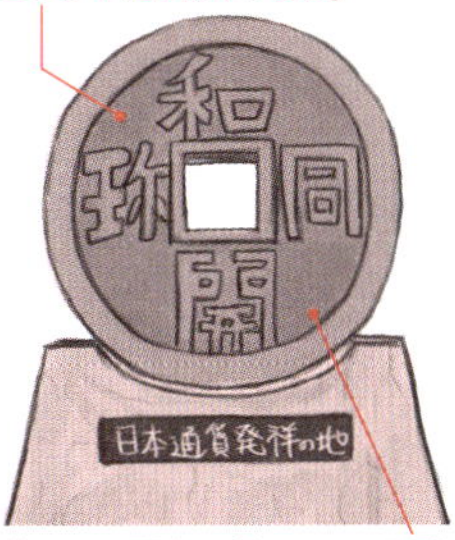

実物の和同開珎は直径24㎜の円形の通貨で、中央には正方形の穴が空いている。形状は唐の通貨「開元通宝」を模したものといわれる。

※：聖神社の祭神は金山彦命のほか、国常立尊、大日孁貴尊、神日本磐余彦命、元明金命の5柱。

猿神《さるがみ》

鬼門を守る縁起の良い神

「猿知恵」「猿まね」といった言葉は、姿は人間に似ているが、知能は劣る猿を低くみることから生まれたのだろう。中世には人に害をなす**猿神**という妖怪を討つ「猿神退治」の話も伝えられた。他方で猿は人間にはない不思議な能力をもつとされ、信仰の対象になった。また日の出と同時に活動し、日の入りとともに休む習性をもつことから、太陽と関わる動物とも考えられた。

京都御所の鬼門、すなわち北東（丑寅《うしとら》）の角には、猿ケ辻《さるがつじ》と名付けられた場所があり、鬼が入るのを防ぐために猿の神像が置かれている。これは鬼門と反対側の方角が南西、申＝猿であるからという。この猿を神使とするのが京都の鬼門に位置する比叡山の鎮守神・日吉大社（滋賀）である。境内のさまざまなところに彫刻があり、お守りなどにも描かれる。猿は「魔去る」「勝る」に通じる神猿《まさる》と呼ばれ、大変縁起が良いとされる。

さまざまな信仰と関わった猿神

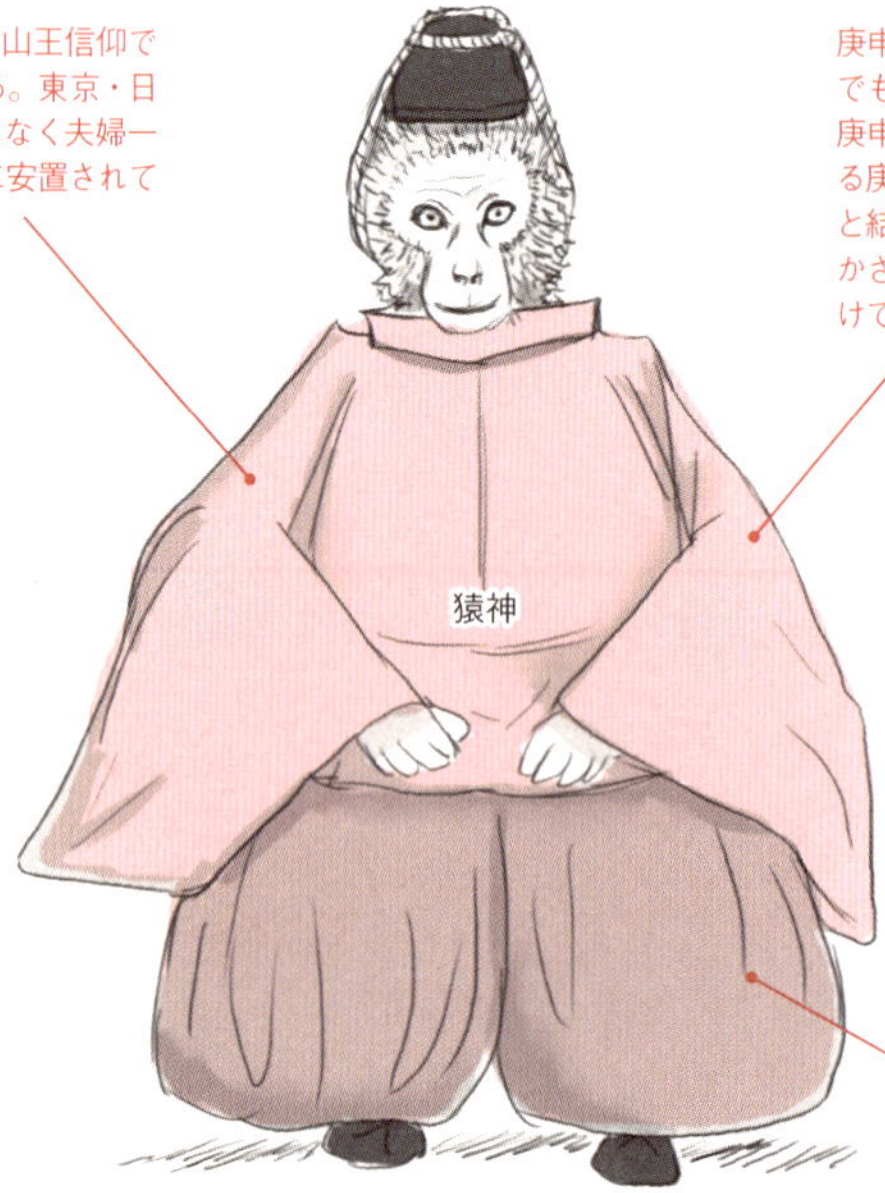
日吉大社を中心とする山王信仰では猿を神使としている。東京・日枝神社には、狛犬ではなく夫婦一対の神猿像が社殿前に安置されている。
庚申信仰（こうしんしんこう、124頁）でも猿との結び付きが見られる。庚申の日の禁忌（きんき）を中心とする庚申信仰では猿を「ざる（しない）」と結びつけ、庚申塔に「見ざる、聞かざる、言わざる」の三猿を彫りつけている。
猿神
日吉大社の主祭神は山の神・大山咋神（おおやまくいのかみ）。そのため神猿は山の神の使いとして知られる。

2 武将も崇めた日吉大社の神猿

古来、日吉大社では猿を神使（神猿）とし、聖なる動物として崇めてきた。猿という愛称や日吉丸という幼名をもつ武将・豊臣秀吉も同社を特別な社として崇めたとされる。

1571（元亀2）年、織田信長による比叡山の焼き討ちにともない、日吉大社も大きな被害を受けた。その後の復興に尽力したとされるのが豊臣秀吉だった。

日吉大社の境内入口には、秀吉の装束を着た神猿を描いた絵馬が祀られている。秀吉と猿との関係を示すものだ。

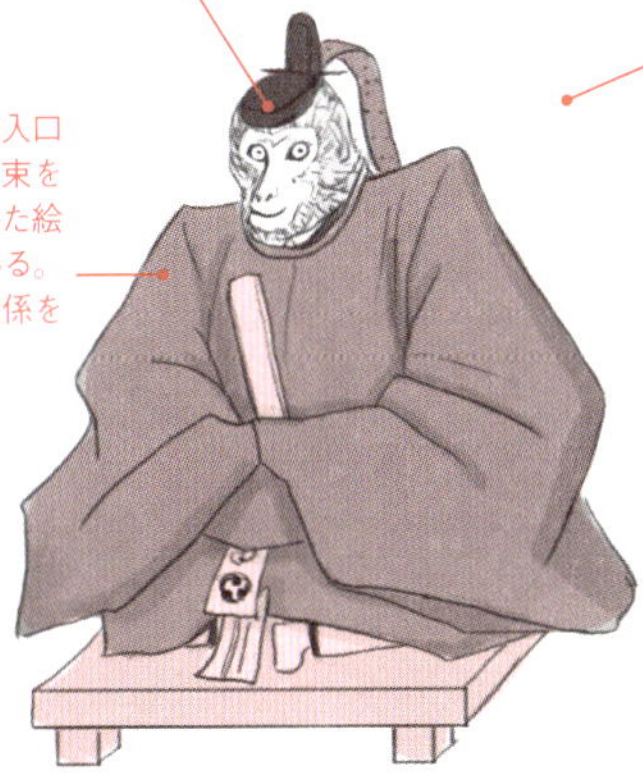

生きた神猿のいる神猿舎

日吉大社の社務所の前の神猿舎では、猿を飼育している。同社ではかなり古くから猿を飼育しており、室町期の文献に境内で猿を飼育していた様子が記されているという。

説話では妖怪として退治される猿神

猿神の名は、時に妖怪として登場することがある。多くは女性をさらって人々を困らせ、英雄に倒されるという内容の説話に見られるものだ。

説話に登場する猿神でとくに有名なものとしては『今昔物語集』における美作国（岡山県）の猿神國神依がある。この猿神は体長7～8尺（約2.1～2.4m）で100匹ほどの子分を連れていた。

猿神は年に1度、女性のいけにえを求めて集落へやってきたが、若い猟師が女性に化け、ひつぎに隠れて猿神に近づき、退治したとしている。

猟師は100匹の犬とともにひつぎに隠れていた。各地に伝わる猿神伝承では、犬が猿を退治したとしているものが多い。

常世神《とこよのかみ》

海の彼方の理想郷から来た

飛鳥時代、皇極《こうぎょく》天皇の頃に、東国の富士川（静岡）のあたりで**常世神**を祀ることがさかんになった。この信仰を広めたのは大生部多《おおうべのおお》という人物であった。彼とその仲間たちは、ある虫を常世神といい、それを祀れば富と長寿が得られ、老人は若返ると説いた。人々は家の財産を投げ打ってその虫を祀り、歌ったり舞ったりして福を求めたが、まったくご利益はなく、みな貧しくなってしまったという。このことを怒った有力者・秦河勝《はたのかわかつ》は、大生部多を討ったと伝えられる。

『日本書紀』によれば、この常世神は橘の木に生じるもので、親指ほどの大きさで蚕に似ているという。古代において橘は常世国なる海の彼方にある不老不死の国に生えているとされた。そのため橘の木に生じる虫が常世神となったのだろう。蚕に似るというが、アゲハチョウの幼虫のことだったのではないかといわれている。

イモムシのような姿の常世神

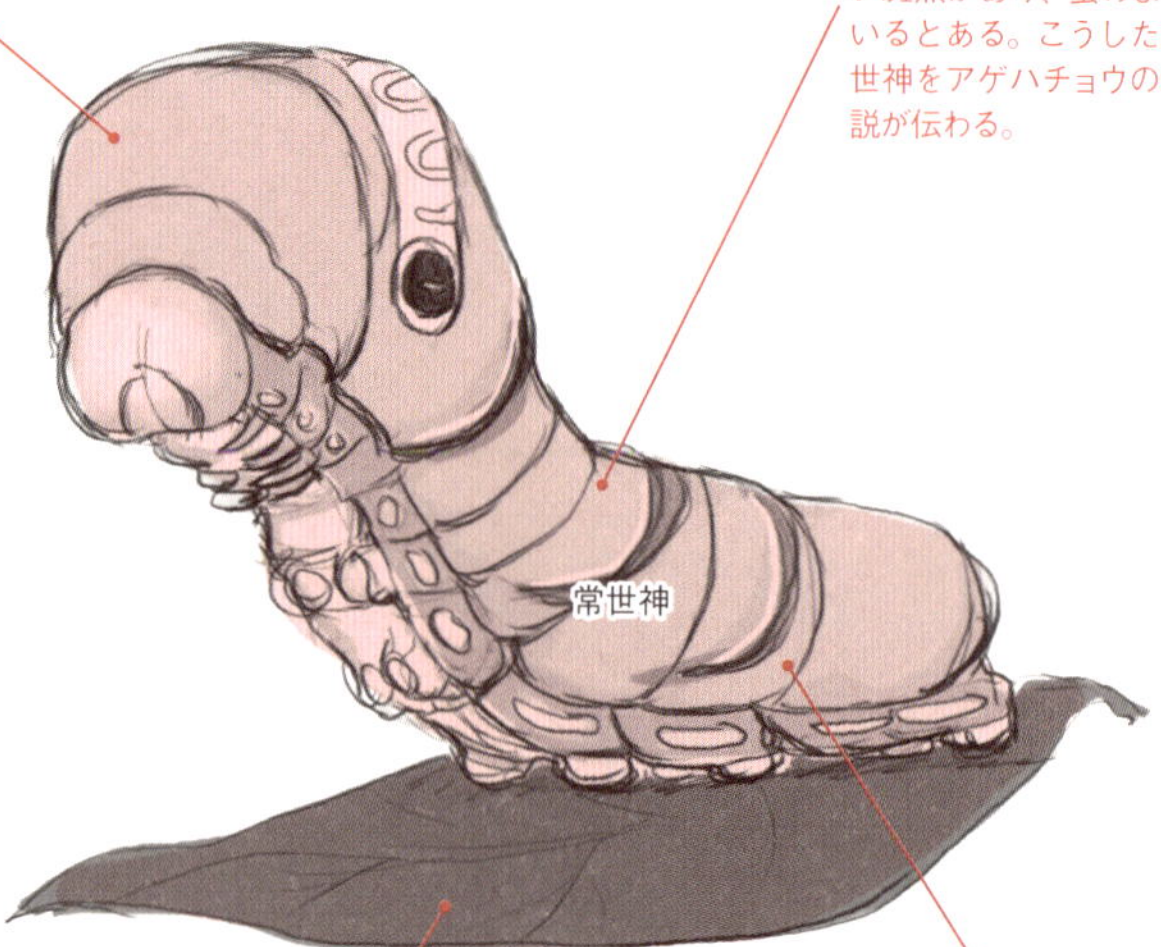
常世神は『日本書紀』にのみ登場する。同書のなかでは富や長寿を授けると記されている。

『日本書紀』では橘や山椒の木にいて、長さは4寸(約12㎝)、太さは親指ほどだとしている。また、色は緑で黒い斑点があり、蚕のような姿をしているとある。こうした記述から、常世神をアゲハチョウの幼虫だとする説が伝わる。

常世神
常世神が生まれるという橘は常緑樹で、生命力が豊かなことから常世国の植物とされてきた。

富士川に住む大生部多が神託を受けたとして人々に伝え、信仰は遠く都まで広がっていったとしている。

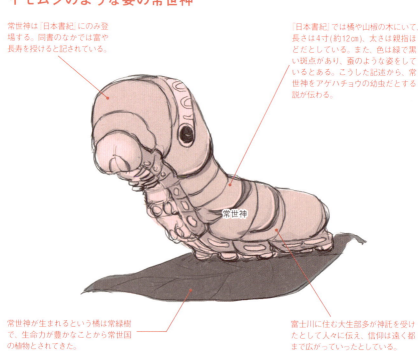

シャーマン・大生部多のご神託は嘘だった？

神託を授かる力をもつとされた大生部多の言葉により、人々は歌い、舞って常世神を祀る儀式を行った。しかし、大生部多のいったような富は得られず、逆に貧しくなったという。その結果、大生部多は渡来系の豪族・秦河勝に討伐されたという。

大生部多の言葉を受け、人々は家財などを供えて常世神を祀った。

常世神の存在を世に伝えたのは飛鳥時代の人物・大生部多。644（皇極天皇3）年、橘につく常世神を祀れば富や長寿を得ることができると喧伝した。

常世神を祀る儀式は特定の社などではなく、往来で行われたという。

常世国とはどんなところか

常世神の故郷とされる常世国。日本神話には、何柱かの神（人）が海の向こうにある常世国へ行ったとする記述がある。海の向こうというところから中国や朝鮮半島とする説もあるが、詳細は明らかにされていない。

常世神は海の彼方にあるという常世国から来た神とされた。常世国は不老不死や若返りなどが叶う理想郷として、『日本書紀』のほかに『古事記』、『万葉集』などにも登場する。

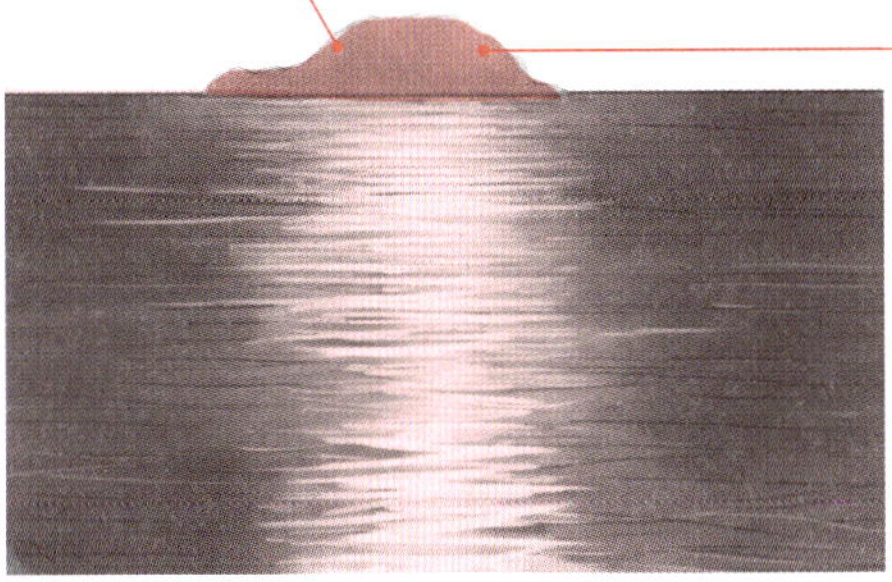

常世国に関わる神々

『古事記』の中では3柱の神（人）について、常世国の記述がある。

常世国から渡来し、大国主神とともに「国作り」をした。

火遠理命（52頁）の孫。波の上を跳躍し、常世国へ行ったという。

不老不死の霊薬「非時香菓（ときじくのかくのこのみ）」を求めて常世国を訪ねたとされる。

column｜古事記が伝える天皇の姿② 推古天皇

『古事記』が最後に描くのは第33代推古天皇。最初の女帝として、またあの聖徳太子が摂政として支えた天皇として知られている。

推古天皇は豊御食炊屋比売命《とよみけかしきやひめのみこと》という。第29代欽明天皇の皇女で、異母兄弟である第30代敏達天皇と結婚した。この時期、天皇家については異母兄弟間での結婚は珍しいことではなかった。なお、推古天皇、敏達天皇の兄弟である第31代用明天皇の皇子の1人が聖徳太子である。『古事記』では厩戸豊聰耳命《うまやどのとよとみみのみこと》という。推古天皇とは叔母と甥の関係である。

第32代崇峻天皇が暗殺されるという事件のあと、初の女性天皇として即位する。そのときはピンチヒッターという面もあっての即位だっただろうが、その治世は30年以上に及んだ。その間に聖徳太子の主導で「十七条憲法」や「冠位十二階」の制定が行われる。若手を登用し、活躍させる器を持った女傑といえるだろう。

日本初の女帝は長期在位

推古天皇
即位の際、弱冠20歳だった甥の聖徳太子を摂政に任命したとされる。
初の女帝として知られるが、同時に初めて「大王(おおきみ)」ではなく「天皇」という呼称を採用した天皇であるという説も伝わる。
『古事記』では豊御食炊屋比売命(とよみけかしきやひめのみこと)、『日本書紀』では豊御食炊屋姫尊(とよみけかしきやひめのみこと)。氏族(豪族)が国政にも進出するなど力をつけるなか皇太子として聖徳太子を招き、法令を制定するなどして皇室の政治力を復活させた。

3章

物から仏まで、森羅万象の神様

全国3万社を超す人気者
お稲荷《いなり》さん

お稲荷さんで知られる**稲荷神《いなりのかみ》**を祀る稲荷神社は全国に3万社ほどあり、小さな祠まで含めると5万社以上にのぼる。商店街や店舗、会社などでも祀られる人気の神さまだ。

この稲荷神の本拠地は京都の伏見稲荷大社である。その起源は、渡来系の氏族である秦氏《はたうじ》が建てた稲の神を祀る社。一地域の神様が全国的な存在になるには、仏教も一役買った。平安時代、東寺（京都）※1が空海によって建立されると、地理的に近かった伏見の稲荷社はその守り神という位置づけに。空海の開いた真言宗の広がりとともに、稲荷社も朝廷や民衆から篤く信仰されるようになった。そして民間から生まれた稲荷神は、記紀にも登場する穀物の神・**宇迦之御魂神《うかのみたまのかみ》**だとみなされるように。ウカとは食（ウケ）のことで、五穀豊穣を司る神である。

稲荷神の信仰が、商業がさかんな都市に広がると、商売繁盛も願われるようになっていく。

神社にもお寺にも祀られるお稲荷さん

稲荷神は、神仏習合の思想で荼枳尼天と同一視され、豊川稲荷（妙厳寺、愛知）や最上稲荷（妙教寺、岡山）などの寺院でも祀られる。仏教の神・荼枳尼天は人を選ばずに願いを成就するとされ、階層を問わずより広い人々から信仰を集めた。

稲荷神とみなされた宇迦之御魂神の父は須佐之男命（すさのおのみこと）、母は神大市比売（かむおおいちひめ）。神大市比売には、娘と同じく農耕神や食料神としての性格が伝わるほか、「大市」の名から市場の守護神とされることも。

宇迦之御魂神
（荼枳尼天《だきにてん》）

稲荷神の使いは狐。稲荷神が狐であるわけではない。狐の尾は稲穂に似ており、そのため神使になったともいわれている。

江戸では、市中によくあるものとして「伊勢屋稲荷に犬の糞」といわれ、お稲荷さんのある風景はとても身近なものだった。また家の敷地に鎮まる屋敷神（やしきがみ）として祀られることも多い。

神使が狐とされる由来については諸説ある。山から春先に里に下りて来るため田の神の先導と考えられたこともその1つである。

稲荷神は女神とされるのが多いが、老翁として描かれることも。

稲荷信仰の総本社・伏見稲荷大社

伏見稲荷大社の祭神は5柱の神で、稲荷大神《いなりのおおかみ》と総称する。ご神体は社殿背後にそびえる稲荷山としている。

本殿前に建つ内拝殿※2は1961（昭和36）年の造営で、正面の向拝はかつて本殿に使われていたものを移設している。

1871（明治4）～1946（昭和21）年までの社名は稲荷神社。祭神の稲荷大神は宇迦之御魂神、佐田彦大神（さたひこのおおかみ）、大宮能売大神（おおみやのめのおおかみ）、田中大神（たなかのおおかみ）、四大神（しのおおかみ）の5柱の総称だ。

境内にあふれる神使の狐

境内には鍵のほか稲穂、巻物、珠をくわえた狛狐が鎮座する。稲穂は米、巻物は知恵、珠は稲荷大神の霊徳、鍵は稲倉の鍵を象徴すると伝わる。

狐は穀物を食べる鼠の天敵で、なおかつ毛の色や尻尾の形が稲穂に似ている。この特徴も稲荷神の神使とされる由来の1つと伝わる。

伏見稲荷大社を創建した秦伊呂具《はたのいろぐ》

『山城国風土記』逸文によると、あるとき秦伊呂具が餅を的にし、矢を放とうとした。すると餅が白鳥になって飛んでいき、降り立ったところに新たな稲がなった。そこが現在の稲荷山で、後にその地に稲の神を祀る伊奈利社《いなりしゃ》を建てたのが伏見稲荷大社の起源だとされる。

山城国の渡来系豪族であった秦氏は伏見稲荷大社の創建前から稲荷神を信仰していたともいわれる。

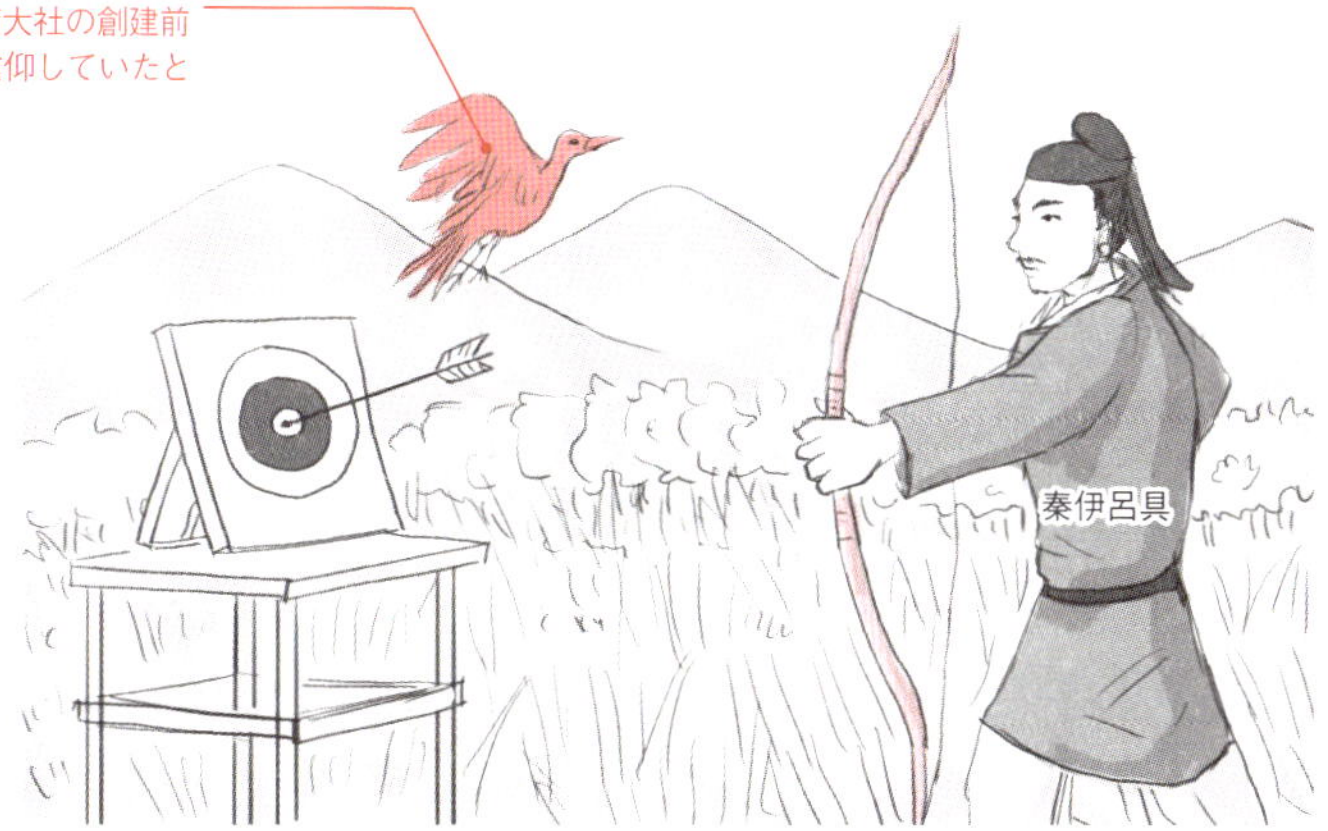

※1：教王護国寺のこと。※2：伏見稲荷大社には内拝殿と外拝殿、2つの拝殿がある。普段の参拝は内拝殿で行い外拝殿は毎年2月の節分祭のときにのみ使用される。

毎日の暮らしを見守る
家にいる神

神は家のなかのいろいろなところに存在し、暮らしを見守っている。家の入口である門を守る神は、災いが家中に入るのを防いでくれる。

家族の食事をつくる台所では、火の神として**竈神**《かまどがみ》が祀られる。かつて竈の火は貴重で神聖なものとされていたため、竈の近くの神棚に祀られていた。

トイレの神は、**便所神**とか**厠神**《かわやがみ》と呼ばれる。体内からの排出というイメージと重なるからか、この神は出産に立ち会うとされ、トイレを清潔にするとお産が軽くなるとか、美人が生まれるといった言い伝えもある。

東北地方に伝わる**座敷童子**《わらし》も家の神といっていいだろう。座敷童子がいる間は家が栄えるが、いなくなると没落すると伝えられている。

民間信仰に基づくこれらの神は、家の各所で祀られるが、神道や仏教の神として神社の祭神にもなっている。

神道や仏教の神と結びついた、家にいる神々

門の神

天石《あめのいわ》門《と》別神《わけのかみ》

神道における門の神は天石門別神。天照大御神がこもった石屋の戸が神格化された神だ。天孫降臨の際、迩迩芸命（ににぎのみこと）に従って地上（葦原中国［あしはらのなかつくに］）へ降り、宮中の門を守るようになった。

厠の神

波《は》邇《に》夜《や》須《す》毘《び》売神《めのかみ》

別名は埴山姫（はにやまひめ）。

弥《み》都《つ》波《は》能《の》売神《めのかみ》

波邇夜須毘売神と弥都波能売神は厠の神とされる。前者は伊邪那美命（いざなみのみこと）の糞から、後者は尿から生まれた神である（31頁）。

竈の神

火《ひ》之《の》迦《か》具《ぐ》土神《つちのかみ》

奥《おき》津《つ》日《ひ》子命《このみこと》

奥《おき》津《つ》比《ひ》売命《めのみこと》

竈の神は荒神（三宝荒神［さんぼうこうじん］）ともいわれる仏教の神と同一視され、広く信仰された。神道では火の神である火之迦具土神（火産霊［ほむすび］、30頁）、奥津日子命、奥津比売命を竈神とする。

竈神は竈の火を司るほか、家族や家畜などを守護する神徳も伝わる。また、竈の上に乗ると祟られるなど、人に脅威をもたらす伝承もある。

門の神・天石戸別神が宿る岩

天石立《あまのいわたて》神社（奈良）※は本殿を持たず、4つの巨岩を祭神4柱のご神体とする。そのうち1つの岩が門の神・天石戸別神のご神体とされる。

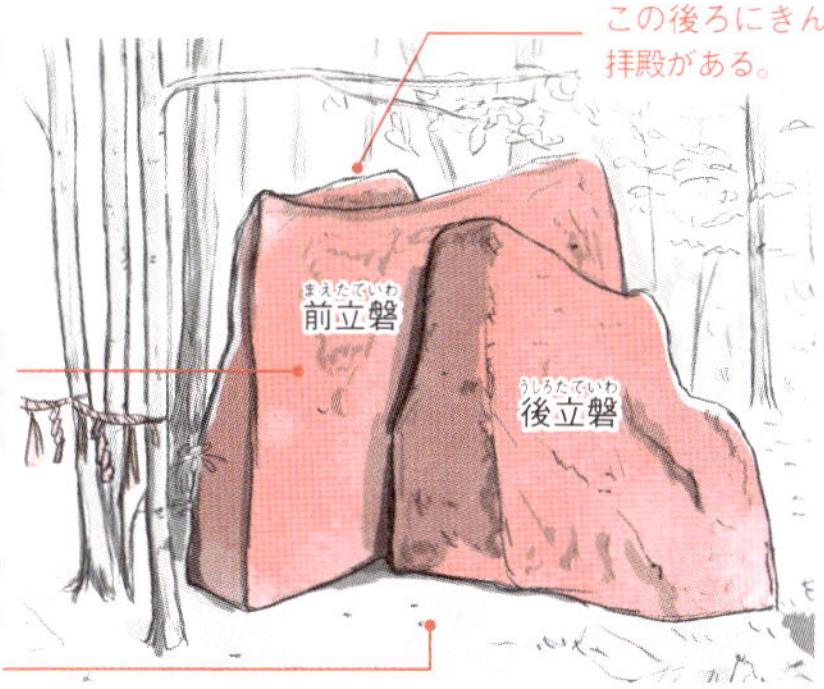

この後ろにきんちゃく磐と拝殿がある。

前立磐が門の神の神体。この巨石は天照大御神の「天の石屋隠れ」の際、天手力男神（あめのたじからおのかみ）が投げ捨てた石（扉石）ともいわれる。

社地は標高330mの小高い戸岩山（といわさん）の山中にある。

竈神は仏教から神道の神へ

滋賀県彦根市に鎮まる荒神山《こうじんやま》神社は、奈良時代の僧・行基《ぎょうき》により天台宗の寺院として創建されたと伝わる。竈神として三宝荒神を祀っていたが明治元年の神仏分離にともない、神道の竈の神3柱を祀っている。

竈の神とされる火産霊、奥津日子神、奥津比売神の3柱を主祭神として祀る。

社殿は標高284mの荒神山山頂に建つ。

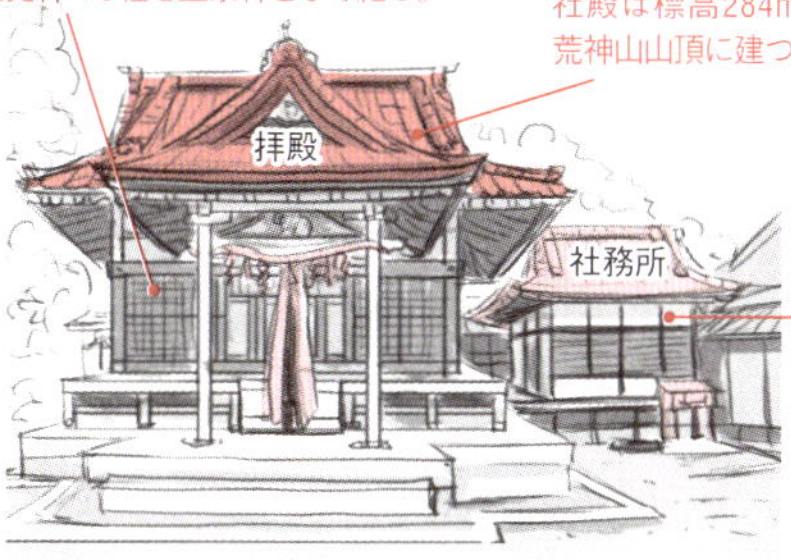

シンボルの竈が社務所に

社務所の土間にはしめ縄が巻かれた大きな竈がある。

トイレの神を祭神として祀る神社

トイレの神を祀る厠《かわや》神社

岩津天満宮（愛知）の境内社として鎮まる。参拝者用トイレを整備した際、トイレの入口付近に建立された。祭神は波邇夜須毘売神と弥都波能売神、そして安産の神・木花之佐久夜毘売（このはなさくやびめ、50頁）だ。

「朝夕6時に便所に入るな」「便所をきれいにすると、強くて美しい子が生まれる」などトイレにまつわる伝承を書いた張り紙。

埴山姫の名を冠する社

埴山姫神社（山形）は山岳修験の山・出羽三山（でわさんざん）の1つ、羽黒山（はぐろさん）にある。男女の良縁など、出会いについてのご利益が伝わる。社殿の扉には参拝者によって縁を結ぶとされる赤い糸がすき間なく結ばれている。

※：天石立神社の創祀年代は不詳だが、古代人の巨石信仰の名残を留める。また氏族・柳生氏の修練の場とも呼ばれ、代々崇敬されてきた。

陰陽道《おんみょうどう》に基づき家相に残る方位の神

吉《きっ》方《ぽう》、あるいは恵方《えほう》という言葉がある。最近では節分に恵方巻きを食べるという関西地方の風習が広まり、耳にした人も多いだろう。恵方とは、その年の縁起の良い方角をいい、**歳徳神**《としとくじん》という神が宿るとされた。

一方、凶の方角に宿り、恐れられる神もいる。**金**《こん》**神**《じん》はその代表である。金神は一所に留まらず移動する神なので、平安時代には金神のいる方角を占ってから外出した。凶方へ移動する必要がある場合には、いったん恵方へ向かってそこに留まり、方角を変えてから目的地へ向かうという方違《かたたが》えが行われた。鬼が入るという北東(丑寅)の方角(鬼門)にいる金神は艮《うしとら》の金神といい、とくに恐れられた。こうした方角とそこに宿る神という感覚は、陰陽道※の考えに基づくもので、平安京は鬼門の方角に比叡山延暦寺がくるようにつくられるなど、都市作りにも影響をあたえた。現在でも家を建てる際の「家相《かそう》」などに残る。

吉の歳徳神と凶の金神

金神は陰陽道における凶の方位の神。金神の坐(ざ)する方角に向かって引越しや旅行などをすると災いが起こるといわれる。

陰陽道でその年の福徳を司るとされる神で、鎮まる方角は恵方と呼ばれる。恵方・凶方は、十干(じっかん)といわれる陰陽道の暦のかぞえ方により毎年変化する。

金神は江戸時代、西日本を中心に修験者や祈祷師によってその信仰が広められた。金神のいる方角を除けることで災いから逃れられると考えた。

歳徳神を祀る葛木《かつらぎ》御歳《みとし》神社

歳徳神と同一視される御歳神《みとしのかみ》を主祭神とするのが、葛木御歳神社(奈良)。父神である大《おお》年神《としのかみ》(須佐之男命の子)も合祀する。御歳神・大年神はいずれも「正月に迎える年神さま」として古くより親しまれている。

拝殿後方に建つ春日造の本殿は1862(文久2)年、春日人社(奈良)の本殿第一殿を移築したもの。それ以前には神明造の本殿があったという。

拝殿は参拝のほか、和楽器の演奏会などのイベントに使われることもある。

全国にある歳徳(さいとく)神社・大歳(おおとし)神社の総本社。

お年玉の祖「御歳魂《おとしたま》」

葛木御歳神社では、正月の1月1〜5日にかけて「御歳魂」と称する鏡餅を授与している。このように丸い餅を歳魂(年玉)として授与する習慣はかつては東北などでも見られた。

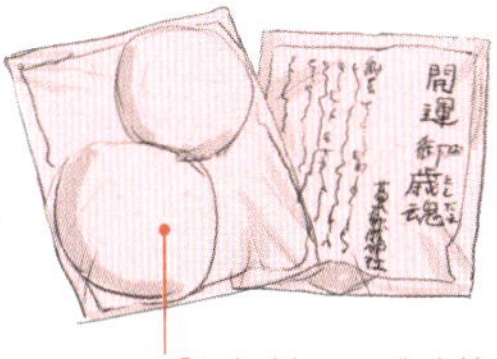

授与された「御歳魂」には、御歳神に供えた鏡餅のお下がりが現代のお年玉の由来であるという解説が同封されている。

京の鬼門を守護する神々

陰陽道によれば、1年を通じて北東の方角は鬼が出入りする鬼門として忌み嫌うべきもの。鬼門に神仏を祀ることで、災難を除けられると考えた。

京の鬼門封じを担う幸神社《さいのかみのやしろ》

幸神社(京都)は京都御所の北東に位置し、平安京遷都以来、京の町の鬼門封じを担う。

本殿の北東には疫神、悪鬼、邪気の侵入を防ぐ「三番叟(さんばそう)」(御幣をかつぐ猿の神像)を祀る。

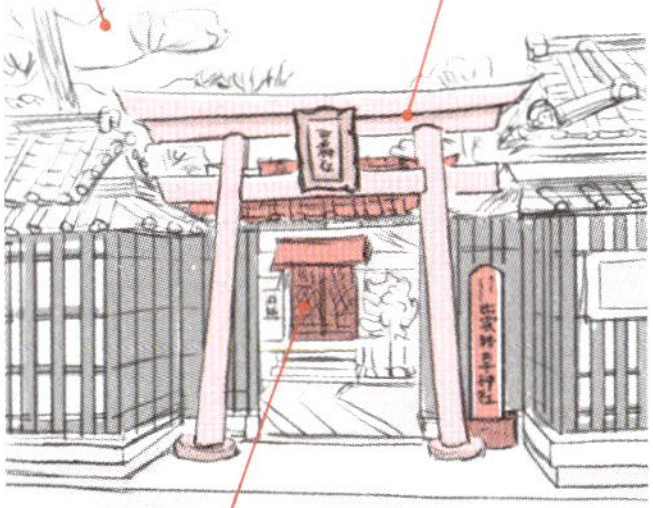

道祖神(塞の神[さえのかみ]、110頁)を祀る。

794(延暦13)年の創建当初は賀茂川のほとりに鎮まり、出雲大社参拝への出発地点とされていた。

日吉大社の猿が守護する京都御所の鬼門

京都御所には明治初期まで歴代天皇が居住し、儀式・公務を執り行っていた。

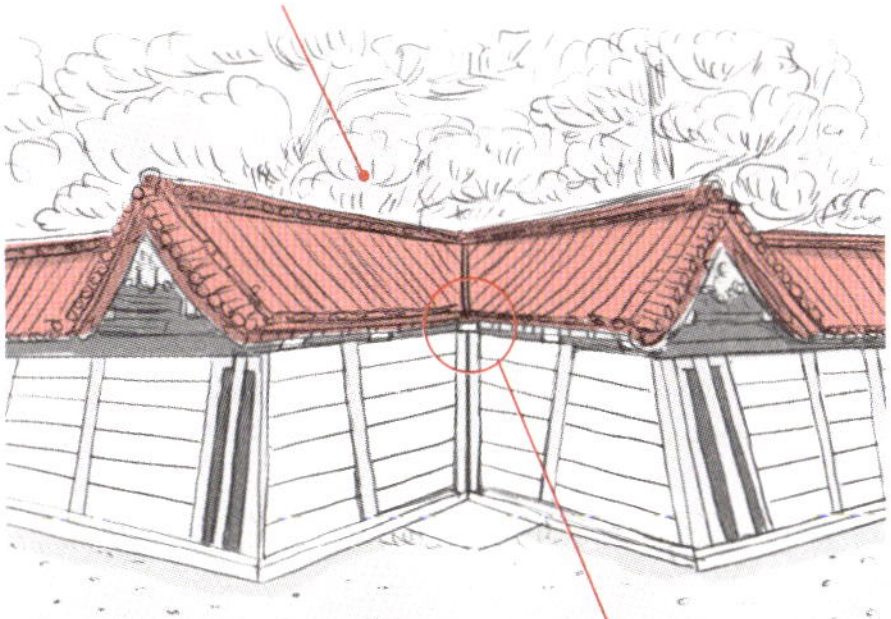

京都御所の北東の塀は角が凹ませてある。これは通常と異なる形状とすることで、鬼たちに鬼門ではないと思わせているものと考えられる。また、屋根の下には日吉大社(滋賀)の分身として神使の猿が祀られている。日吉大社の鎮まる比叡山は京の「鬼門を守る」とされ、その神使をおくことでさらなる守護を期待したものだ。

※:中国の陰陽五行思想に基づき、日本で独自に展開した呪術の体系。天文、暦数を読むなどして占いをする呪術者を陰陽師といい、安倍晴明が有名。

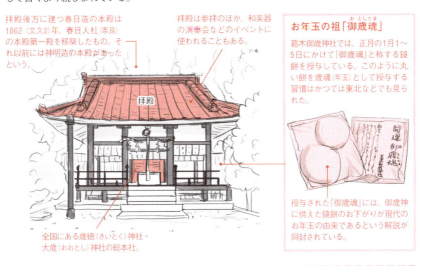

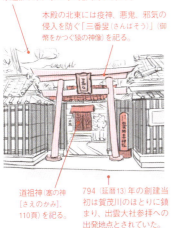

信仰の対象となった神の依代

神体山（神奈備）

大神神社（奈良）の神が鎮まる三輪山では、一木一草に至るまで神宿るものとして尊ばれている。

標高とは関係なく、小高い丘や低い山であっても神体山とされているものもある。

三輪山（奈良）

ご神木（神籬）

神が宿る木がご神木。周囲を垣で囲むなどしてその場所を神聖に保つことも多い。

巳の神杉（大神神社、奈良）

磐座（磐境）

神が宿る岩や石は磐座、磐境と呼ばれる。蒜山（ひるぜん）高原（岡山）に鎮まる磐座など、天照大御神の天の石屋隠れ（39頁）の伝承が残る地には、巨岩を磐座として祀る場所が多い。

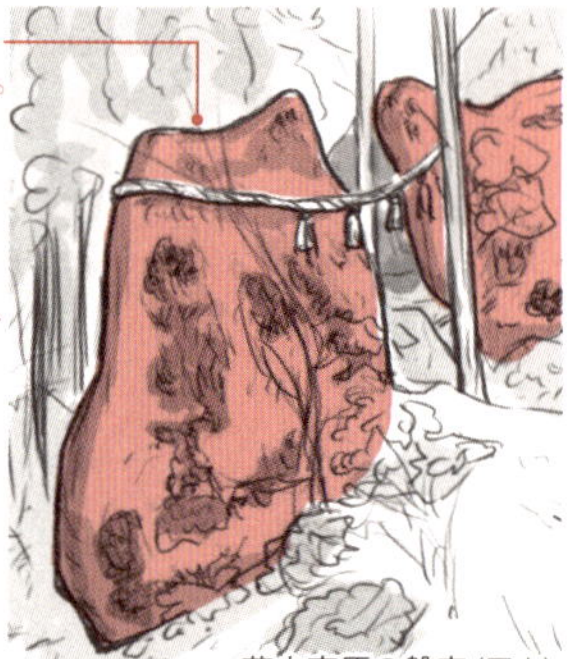

蒜山高原の磐座（岡山）

万物に宿る 自然界の神

山や川、海、木、岩など、自然界のさまざまなものに神は宿るとされてきた。その神は、神祭りのときにどこからかやって来て、それらの自然物に依《よ》りつくと考えられた。依りつくものを依代《よりしろ》という。依代となるような神聖な山は神奈備《かんなび》、神体山と呼ばれる。円錐形をした山などがとくに神聖視されてきた。奈良県の三輪山《みわ》（78頁）は代表的存在で、大神《おおみわ》神社では三輪山をご神体とし、本殿は設けていない。木であれば神籬《ひもろぎ》、ご神木という。大きな木や二又に分かれた木にしめ縄が巻かれたものは、神社の境内だけでなく方々で見かける。岩の場合は磐座《いわくら》とか磐境《いわさか》という。福岡県の沖ノ島の祭祀遺跡からは、岩に神を迎え祭祀を行っていたことを示す遺物が見つかっている。最も古くは4世紀のものである。

神話でも**伊邪那岐命**《いざなぎのみこと》と**伊邪那美命**《いざなみのみこと》の間に、山の神・**大山津見神**《おおやまつみのかみ》、野の神・**鹿屋野比売神**《かやのひめのかみ》、海の神・**大綿津見神**《おおわたつみのかみ》などの自然が生まれている。

神蛇が棲むご神木・熱田神宮

愛知・熱田神宮の境内には「七本楠」と称する7本の楠の巨木がある。このうち、手水舎のそばに立つ楠が神木で、木の周囲には神の化身とされる蛇(アオダイショウ)が棲んでいる。

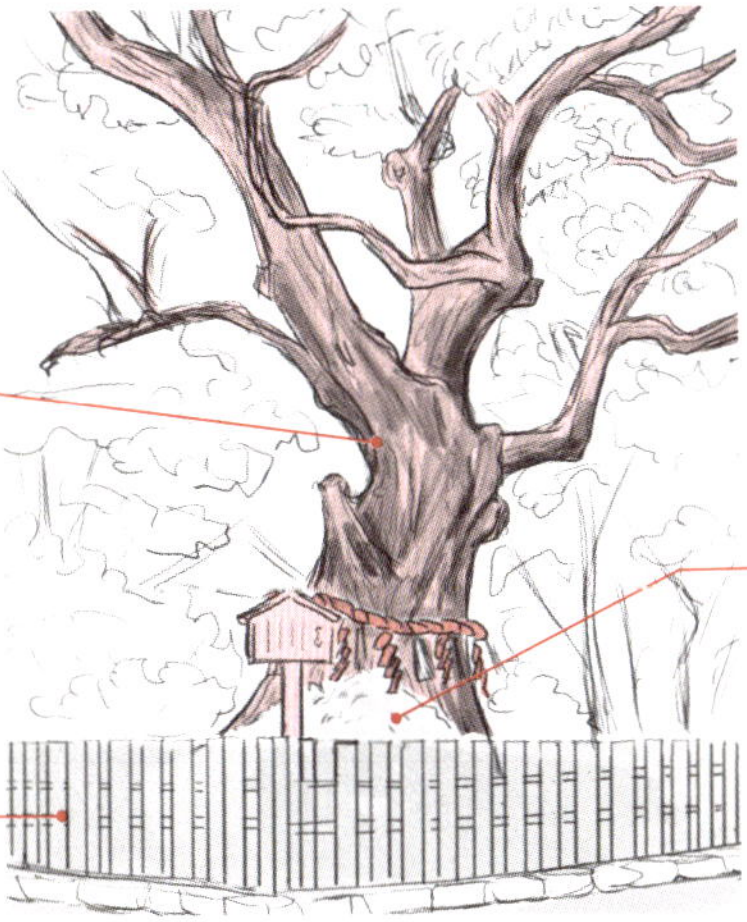

熱田神宮のご神木の大楠。幹周7.7m、樹高20m、樹齢千年を誇る楠は弘法大師(空海)自らが植えたといわれている。

大楠の根元には卵が供えられている。神とされる蛇が餌とするという。

神木の周りには垣がめぐらされ、神域を示す(神籬)。

島全体がご神体・沖ノ島

宗像《むなかた》大社・沖津宮(福岡)の社地である沖ノ島は、玄界灘に浮かぶ周囲4kmの小島。「神の島」として島全体がご神体で、今なお女人禁制の伝統が守られている希有な場所である。

神職1人が社地を管理

福岡県宗像市にある宗像大社・辺津宮より無人島の沖ノ島に神職が出張し、たった1人で奉仕している(10日ごとに交代)。

神明造の社殿は17世紀半ばの建立と伝わる。宗像三女神の1柱・多紀理毘売命(たきりびめのみこと)を祭神として祀る。

神を迎えた巨岩

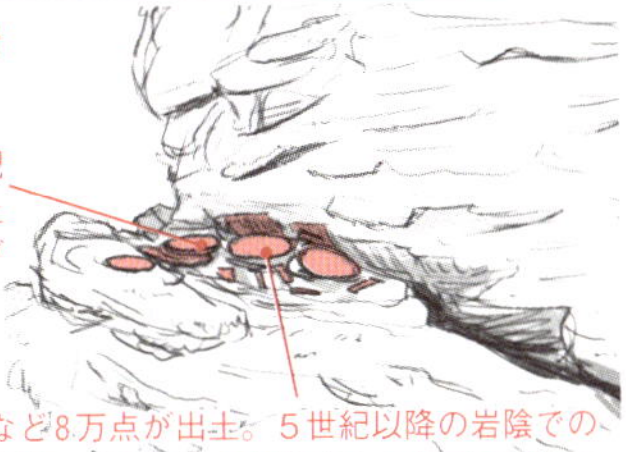

4世紀後半～5世紀にかけて、巨石の上で祭祀を行った跡が発見されている。

鏡や武器、装身具など8万点が出土。5世紀以降の岩陰での祭祀遺跡からは、古代ペルシアから輸送されたと考えられるものなどが出土。これらすべてが国宝に指定されている。

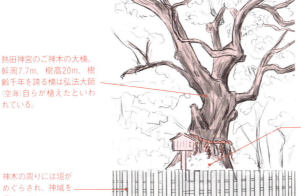

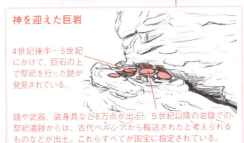

仕事に関わる神

漁業の神

人々の生業と結びつき、祈願を受けてきた神々がいる。漁業に携わる人々の願いといえば、海上安全と豊漁が主だろう。海上安全を司る船の神として広く信仰されてきたのが、**船霊**《ふなだま》と**龍神**である。船霊は女神なので、船に女性を乗せないようにしている場合もある。金比羅《こんぴら》さんで知られる金刀比羅宮（香川）の神は、もともと仏教の神クンビーラ。ヒンドゥー教でガンジス川の女神の乗り物であるワニを神格化した神であるが、仏教に取り入れられ、雨や遭難から守ってくれる金比羅大将となった。ワニのいない日本では龍神として信仰され、神仏習合で**金比羅権現**と呼ばれ、海上安全の神となっている。

豊漁をもたらす神としては**恵比寿**《えびす》（28、108頁）がよく知られている。もともとは、漂着した水死体やクジラ、イルカの死体が豊漁をもたらすものと考えられ、それらを「えびす」と呼んで祀ったことに由来するといわれる。

民間信仰の船の神　船霊

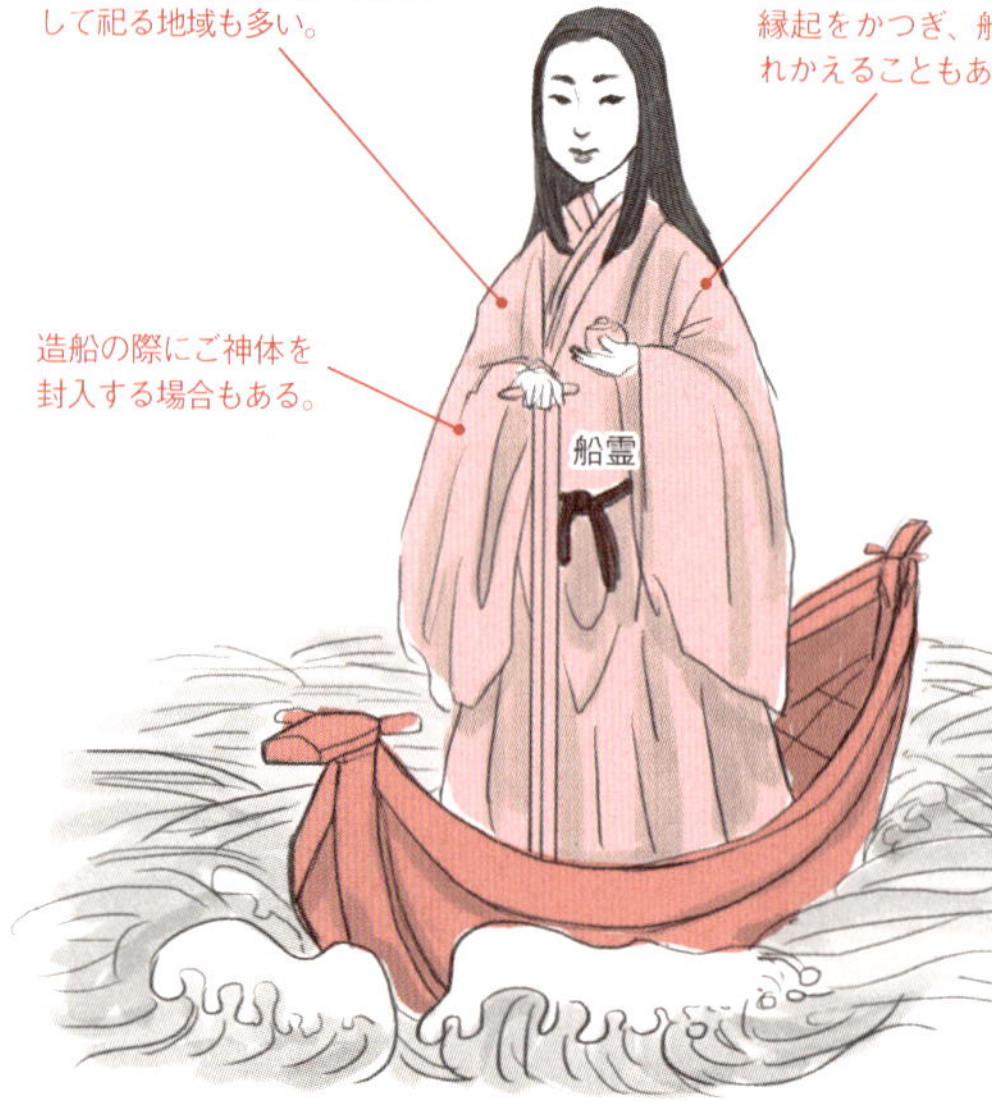
船を守護する女神。船内に設けた神棚にはご神体として女性の髪、人形などを祀る。一方、男女一対の紙人形をご神体として祀る地域も多い。
海辺で漁業に従事する人たちが、航海安全や豊漁などを祈願するのが船霊だ。不漁が続いた際には、縁起をかつぎ、船霊を入れかえることもある。
造船の際にご神体を封入する場合もある。
船霊

神道の船神もいる

住吉大社（大阪）の神は航海の神として知られる。境内社・船玉神社は船の神として造船・海運業者からも崇敬を集める。

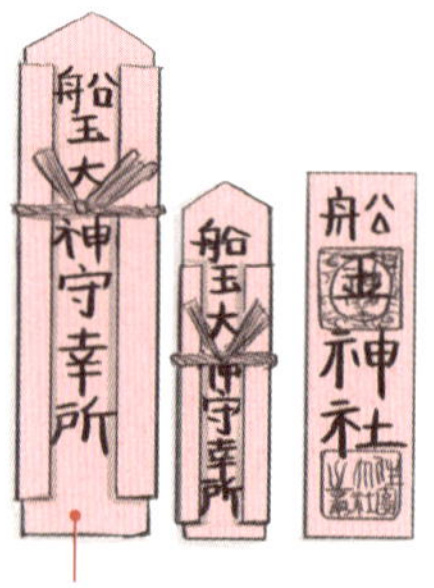

神札は神棚に祀ることで神徳を得ることができるとされる。船玉神社の祭神は天鳥船神（あめのとりふねのかみ）、猿田毘古神（さるたびこのかみ）で、それぞれ航海・航空の安全を守護。

※1：特定の集落において、共同で祀られる神。※2：上五島と九州本島の間の佐世保湾（長崎）に浮かぶ北九十九島（きたつくもじま）の1つ。

漁業の神となったクジラ

魚群を追うクジラは豊漁を想起させる。浜に漂着したクジラ（寄り鯨）をえびすとして祀って、豊漁を祈願した。そのほか鯨塚や鯨墓などをつくって捕獲したクジラの霊を祀るなど捕鯨の盛んだったわが国ならではの信仰が見られる。

捕鯨の出し物を奉納・長崎くんち

1992（平成4）年に竣工した太鼓楼。胴回り4.25mの大太鼓の音が朝夕2回長崎の町に響く。

長崎くんちは長崎の総氏神[※1]である鎮西（ちんぜい）大社諏訪神社の秋の大祭（くんちは旧暦の9月9日に行われる秋祭りのこと）。

長崎くんちの出し物の1つ「鯨の潮吹き」は江戸期の捕鯨の様子を表現したものとされる。2日にわたり、海を泳ぐクジラ、網に掛かったクジラを演じる様子は壮観だ。

西鶴も描いた最古の鯨骨鳥居・蛭子《えびす》神社

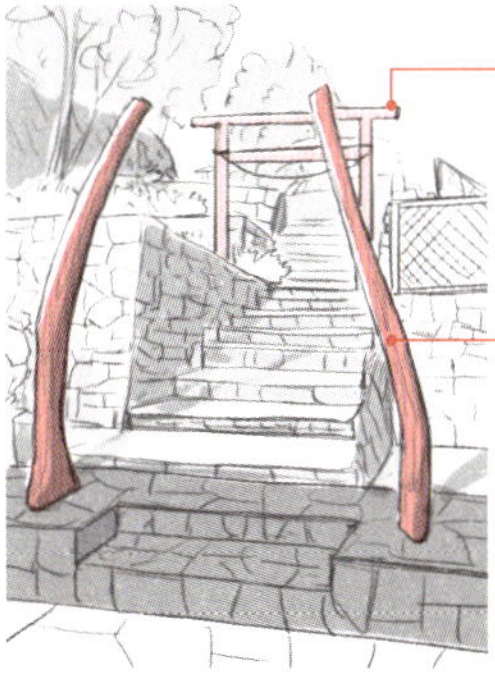

捕鯨の町として知られる和歌山県太地（たいじ）町にある蛭子神社。

クジラの骨を使った「鯨骨鳥居」は、井原西鶴の『日本永代蔵』に描かれた鯨骨鳥居を再現。

五島の鯨骨鳥居・海童《かいどう》神社

かつて捕鯨が盛んだった長崎・五島列島にある海童神社。鳥居は巨大なナガスクジラの顎骨で長さ5.2m、推定体長は18.2mとも。

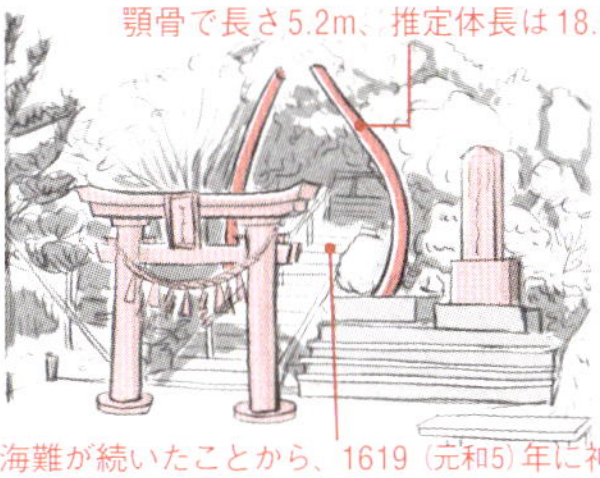

海難が続いたことから、1619（元和5）年に神子島（みこじま）[※2]に石祠を建立、海の神である海童神（わたつみかみ）を祀ったのが起源とされる。

コラム　鍛冶の神は金屋子神《かなやごのかみ》

中国地方を中心として信仰を広げる神に金屋子神がいる。金屋子神は天目一箇神《あまのまひとつのかみ》（83頁）と同一神とも伝わる鍛冶《かじ》・製鉄の神で、総本社の金屋子神社は島根県安来《やすぎ》市に鎮まる。金屋子神は天から降りてきて製鉄を伝えた女神で、血の穢《けが》れや犬を嫌うといわれる。

鉄の神や火の神として、鍛冶師や鋳物師（いもじ）などの崇敬を集める。中国山地に降臨、たたら製鉄[※3]を伝える。

金屋子神を描いた『金屋子神乗狐掛図』[※4]。奥出雲一帯で見られる絵図で旧暦の11月8日のふいご祭に家の床の間に飾る。

※3：主に砂鉄を原料とし、ふいごなどで空気を送り込む製鉄法。※4：この絵図もそうだが、金屋子神は稲荷神（96頁）とよく似た風貌で描かれることがある。2つの神はいずれも製鉄（稲荷神は産業全般とも）の神としての神徳が伝わるが、両者の関係については未詳。

来訪神《らいほうしん》

特別なときにだけやって来る

「お正月を迎える」というような言い方にも表れているように、お正月とは**年神**《としがみ》、あるいは陰《おん》陽道《みょうどう》に起源を持つ**歳徳神**《としとくじん》（100頁）を迎える行事であった。もともとある神棚とは別に、年神棚などと呼ばれる場所をつくり、そこに神を迎えるのだ。

　年末年始のさまざまな風習はこの年神を迎えることと関わっている。年末の大掃除は神を迎えるために家を清めるものであり、門松は年神を迎える依代《よりしろ》として門口に立てた松の飾りである。鏡餅も年神へのお供えとして用意されるものだ。年神がやって来る方角を吉方《きっぽう》、または恵方《えほう》といい、年神棚はその年の吉方に設けた。

　このようにやって来る神を**来訪神**という。神社という神がつねに存在する場ができるまで、神は神祭りのときにやって来ると考えられていた。その古い神のありようが正月をもたらす年神に受け継がれているのだ。

正月・小正月にやって来る神々

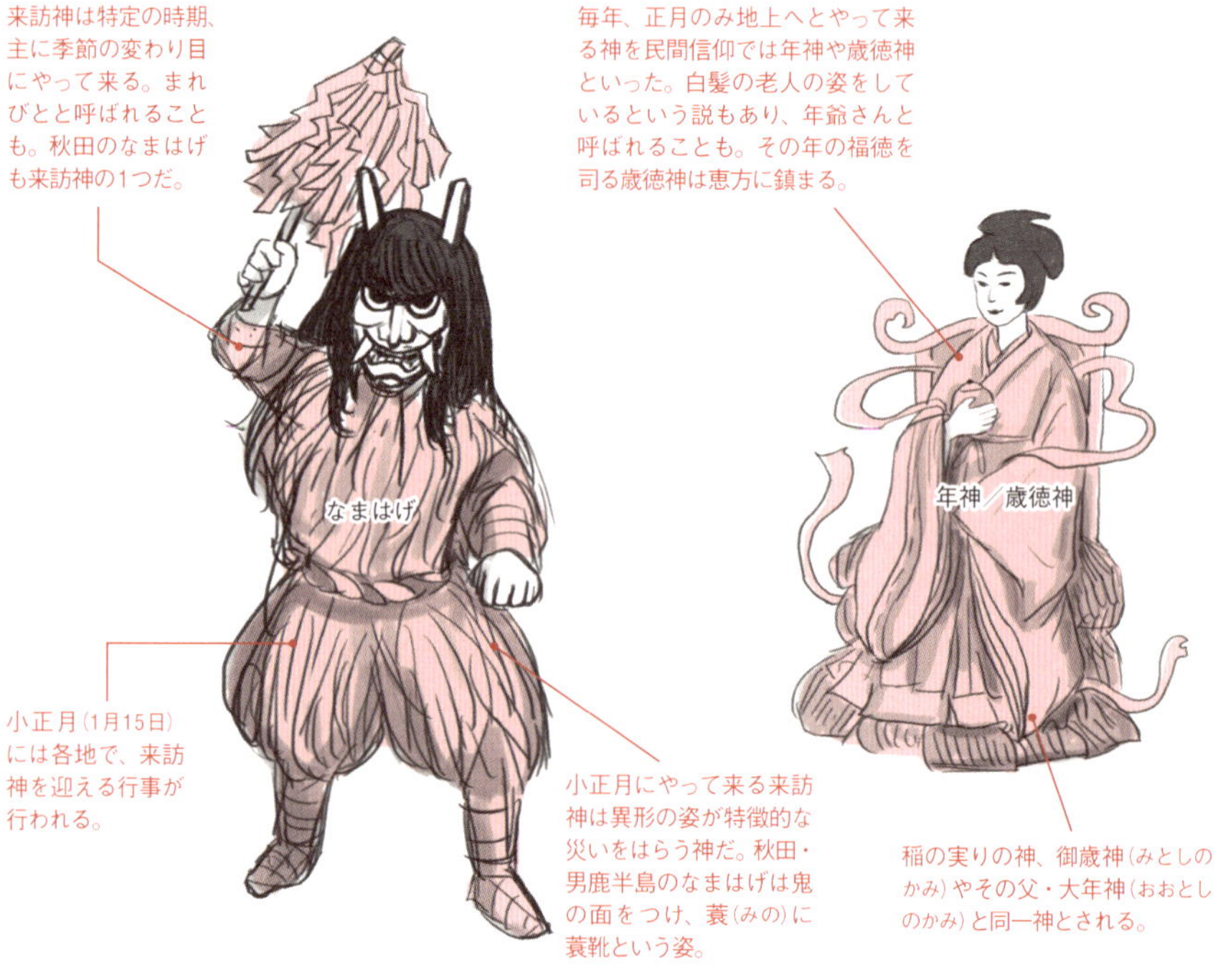
来訪神は特定の時期、主に季節の変わり目にやって来る。まれびとと呼ばれることも。秋田のなまはげも来訪神の1つだ。
毎年、正月のみ地上へとやって来る神を民間信仰では年神や歳徳神といった。白髪の老人の姿をしているという説もあり、年爺さんと呼ばれることも。その年の福徳を司る歳徳神は恵方に鎮まる。
なまはげ
年神／歳徳神
小正月（1月15日）には各地で、来訪神を迎える行事が行われる。
小正月にやって来る来訪神は異形の姿が特徴的な災いをはらう神だ。秋田・男鹿半島のなまはげは鬼の面をつけ、蓑（みの）に蓑靴という姿。
稲の実りの神、御歳神（みとしのかみ）やその父・大年神（おおとしのかみ）と同一神とされる。

災いを祓う小正月のなまはげ

なまはげといわれる鬼（来訪神）は、災いをはらうべく家々を訪ねて回り、もてなしを受ける。もてなしを受けるのはなまはげが怠慢な心を戒め、五穀豊穣、無病息災などのご利益をもたらすと考えられているからだ。

なまはげは家にいる子どもを大声でおどかし、怠け者を戒める。

なまはげ役はお面をかぶり、蓑をつける。

なまはげは神社にもやって来る

現在、男鹿市内におけるなまはげの行事は真山神社の神事「柴灯祭（せどまつり）」と合わせて行われる※1。祭りの終わりには、なまはげの面を授かった若者が真山へと登り下山、真山神社の境内を練り歩く。

迩迩芸命（ににぎのみこと）、建御雷神（たけみかづちのかみ）の2柱を祀る真山神社。

歳徳神を天に送るどんど焼き

小正月前後に行われるどんど焼き（どんど祭）。家々から持ち寄った門松やしめ縄などを焚き上げる火は、正月に訪れていた歳徳神を送り出す。

大崎八幡宮（宮城）のどんど祭「松焚祭（まつたきまつり）」は宮城県最大規模の祭りで、御神火（ごじんか）を目指してさらし姿で参拝する裸参りで有名。

どんど祭の大崎八幡宮は現存最古の桃山様式社殿

国宝に指定されている社殿は、武将・伊達政宗の寄進と伝わる。拝殿と本殿の間を石の間でつないだ権現造。

坂上田村麻呂が宇佐神宮（大分）を勧請。当初は鎮守府八幡宮と呼ばれたが、室町期に奥州の管領・大崎氏※2が現在の地へ遷祀し、大崎八幡宮に。

※1：柴灯祭は、弘前城雪灯籠まつり、八戸えんぶり、横手かまくら、いわて雪まつりとともに、「みちのく五大雪まつり」の1つとされる。※2：武家であった斯波氏の分家で陸奥国を統括する奥州探題（おうしゅうたんだい）を世襲。

日・印・中の神々を1チームに

もとはヒンドゥー教の武神。槍と宝塔を左右の手にもつ。日本では武将たちから篤い信仰を受けた。

良縁、夫婦円満、子宝の神で、もともと中国の実在の僧で常に袋を背負っていたことから布袋と呼ばれるようになったと伝わる。大きなおなかが特徴。

中国、道教の長寿神。名前は幸福の福、身分を表す禄、寿命を表す寿3文字からなる。背が低く、頭、ひげが長い。

ヒンドゥー教由来の美しい女神で、サラスヴァティー神と呼ばれた。財や富をもたらすほか、音楽、芸能、学問の神としても知られる。

道教の神で、老子が仙人になった姿とも。健康・幸福・福徳・長寿の神。

伊邪那岐命、伊邪那美命が初めに生んだ蛭子神(28頁)とされる。漁業の神で、とくに商売繁盛の神様としても信仰が篤い。七福神の中では唯一の日本由来の神。

ヒンドゥー教の神で、創造と破壊を司るシヴァ神の化身だが、大国主神(42頁)と結びついた豊穣の神。背中の袋には七宝※3といわれる人徳が入っているとされる。

七福神

外国の神々も日本に定着

福をもたらす神を7神組み合わせて描いたものは、おめでたい図柄の代表だろう。7は古くから聖数だったが、室町時代、「竹林の七賢人※1」の画題になぞらえ、福の神を7神そろえて信仰することが始まったという。一般的に、七福神のメンバーは**恵比寿**《えびす》、**大黒天**《だいこくてん》、**毘沙門天**《びしゃもんてん》、**弁財**《べんざい》**(才)天**《てん》、**福禄寿**《ふくろくじゅ》、**寿老人**《じゅろうじん》、**布袋**《ほてい》という神々だ。江戸時代には、福禄寿と寿老人が同じ神様とされ、**吉祥天**《きっしょうてん》や**猩々**《しょうじょう》(架空の動物)が入ることもあった。これらの神を祀る社寺を巡る七福神詣が流行したのも江戸期のことである※2。

これら7神は、出自がばらばらである。恵比寿だけがもともと日本の神で、大黒天は日本の**大国主**《おおくにぬしの》**神**《かみ》とインドの**シヴァ神**が取り入れられた仏教の大黒天が習合したもの、毘沙門天、弁財天もルーツはインドだ。福禄寿、寿老人は中国。そして布袋も中国だが、唯一このなかでもとは人間だった神である。

※1：中国・三国時代の末期に、清談(哲学談義)を行ったとされる7人の賢人のこと。阮籍(げんせき)、嵆康(けいこう)、山濤(さんとう)、劉伶(りゅうれい)、阮咸(げんかん)、向秀(しゅうしょう)、王戎(おうじゅう)をいう。※2：室町期に七福神信仰が興されてからのちも、江戸期あたりまでは三福神、五福神などとして信仰されることがあった。

七福神に会いに行く 七福神巡り

北は北海道から南は九州・鹿児島、果てはアジアの台湾まで七福神巡りが存在する。それだけ多くの人から信仰を集めているのだ。ここでは東京メトロ日本橋駅を起点にして1周約2時間（3km程度）、全国で最も距離が短く、手軽に巡ることができる東京・中央区の「日本橋七福神」※4 を紹介する。

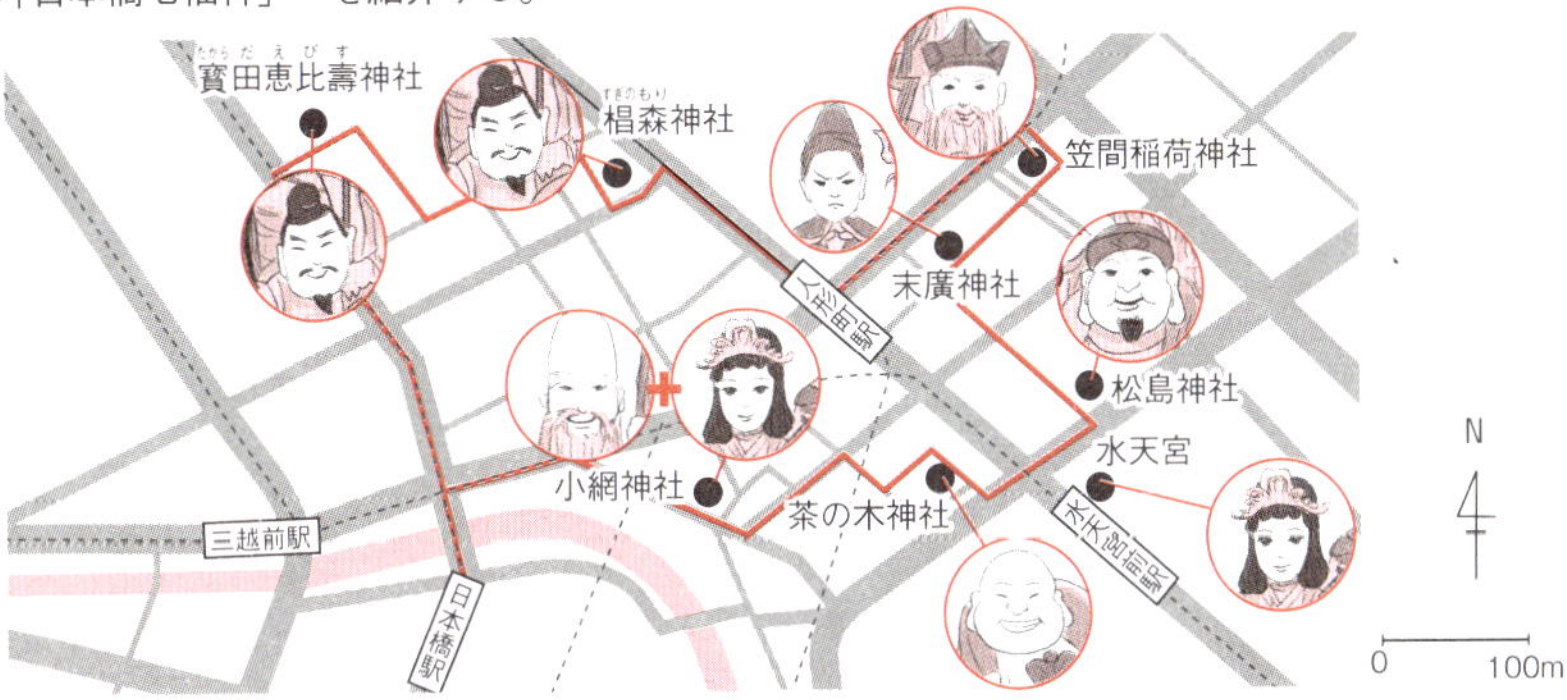

■日本橋七福神

神名	神社名	所在地	みどころ
福禄寿（＋弁財天）	小網神社	日本橋小網町16-23	毎年11月末にどぶろくを振る舞う「どぶろく祭り」が人気。
布袋尊	茶の木神社	日本橋人形町1-12-10	もとは佐倉藩主堀田家の屋敷神。火伏の神徳が有名。
弁財天	水天宮	日本橋蛎殻町2-4-1	安産祈願で全国から参拝客を集める。
大黒天	松島神社	日本橋人形町2-15-2	夢が叶うとされる「良夢札」が大人気。
毘沙門天	末廣神社	日本橋人形町2-25-20	創建400年。勝ち運と厄除に霊験あらたか。
寿老人	笠間稲荷神社	日本橋浜町2-11-6	日本三大稲荷の東京分社。落語「紋三郎稲荷」の舞台。
恵比寿	椙森神社	日本橋堀留町1-10-2	宝くじ的中に効く「富」印のご朱印を配布。
	寶田恵比壽神社	日本橋本町3-10	毎年10／19にべったら漬の屋台が並ぶ「べったら市」を開催。

七福神の1柱だった女神・吉祥天

福徳の神とされる吉祥天はかつて七福神に数えられていたが、芸能の神・弁財天の知名度が増し、現在ではその座を譲ることが多くなっている。

繁栄・幸運を司る美貌の女神

ヒンドゥー教の女神・ラクシュミーが仏教と習合。毘沙門天の妻で母は鬼子母神、見目麗しいと伝わる。なお「吉祥」は繁栄や幸運などの意味を持つ。

一部では、弁財天と同一神という信仰も伝わる。

道真公誕生の地に鎮まる吉祥天女社

吉祥天女社は吉祥院天満宮（京都）の境内社。吉祥天のほか、菅原清公、菅原是善、観世音菩薩、薬師如来、伝教大師（最澄）、孔子を合祀する。

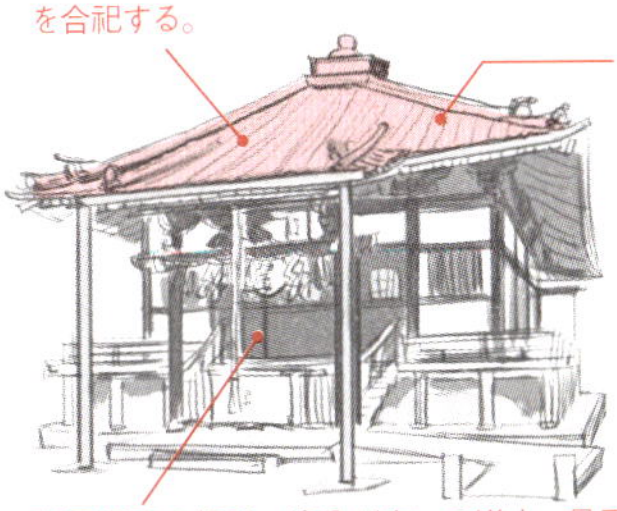

何度かの焼失を経て、現在の社殿は1850（嘉永3）年に再建されたもの。

菅原道真の祖父・清公が唐への道中、暴風雨に遭ったが、吉祥天に祈ったところ風雨が収まる。これに感謝し、帰国後に吉祥天を祀ったのが起源と伝わる。

※3：寿命、人望、清麗、威光、愛嬌、大量など、精神的な宝のこと。※4：「七福神」ながら8カ所を巡る（えびす神を2カ所としている）理由は未詳。全国にある七福神巡りでは8～9カ所のものが散見される。

道《どう》祖《そ》神《じん》

集落と旅の安全を守る

災 いや疫病などから集落を守ってくれる神がいる。その多くは、道が分かれる辻《ちまた》（岐）や集落の境で祀られている。この神は**道祖神**といったり、**岐神**《ちまたのかみ》（ふなどがみとも）、**塞**《さえ》**の神**※1、**辻の神**、**石**《しゃく》**神**《じん》などといったり、さまざまな呼び名がある。神話では、**天照大御神**《あまてらすおおみかみ》の孫の**迩迩芸命**《ににぎのみこと》が天から降る際、道案内のために現れた**猿田毘古神**《さるたびこのかみ》（48頁）が道祖神として知られている。また集落を守るという役割は、集落を繁栄させるということと結びついたのだろう。縁結びや安産が祈願される場合も多い。そのため道祖神として夫婦神の像が祀られたり、男女和合を示す陰陽石《いんようせき》が祀られていたりする。

小正月に道祖神のそばで正月の飾りや書き初めなどを燃やす「どんど焼き」などの儀礼が行われる地域も多い。その火で餅を焼いて食べると健康に過ごせるといわれている。火の清める力によるが、それも道祖神の役割なのだろう。

民間で広く信仰された道祖神

道祖神は民間信仰の神。集落の入口や街道の辻などに祀ることで、よそから来る悪霊や災いをはねかえすと考えられて来た。また交通や旅の道中を守護する神徳、安産や子授けの神徳が伝わる地域も多い。

神の姿や神を表す文字を刻んだ石や、男性器、女性器に見える自然石などを道祖神として祀った。

猿田毘古神やその妻・天宇受売命（あめのうずめのみこと、38頁）が道祖神とされることもある。

図は長野県辰野町の沢底（さわそこ）地区にある道祖神。1505（永生2）年の建造とされ※2、日本最古の道祖神とされる。

小正月（1月15日）には東日本各地で道祖神のお祭りとして火祭りが開催される。災いをはらい、良縁などを祈願する。

道祖神を祀る神社もある

京都・下京区に鎮まる道祖神社では道開きの神、ひいては旅の神としての神徳が伝わる猿田毘古神が祀られる。一方、男女のシンボルを視覚化した陰陽石を祀るのは宮崎県小林市に鎮まる陰陽石神社だ。

猿田毘古神夫妻が祭神、道祖神社

道祖神とされる猿田毘古神

祭神は猿田毘古神と、その伴侶の天宇受売命。夫婦和合や良縁祈願の神徳も伝わる。

境内入口に鎮まる男女の道祖神

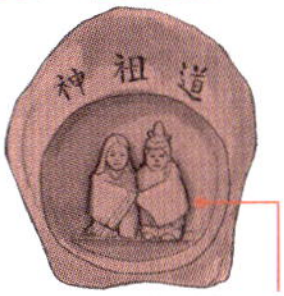

道祖神社の道祖神は平安時代の服装で手を取り合い、寄り添う男女が刻まれている。

陰陽石を祀る陰陽石神社

陰陽石は夫婦岩とも呼ばれている2つの奇石。美女に見惚れた龍が天から降りてきたという伝承もあり、龍岩と呼ばれることも。

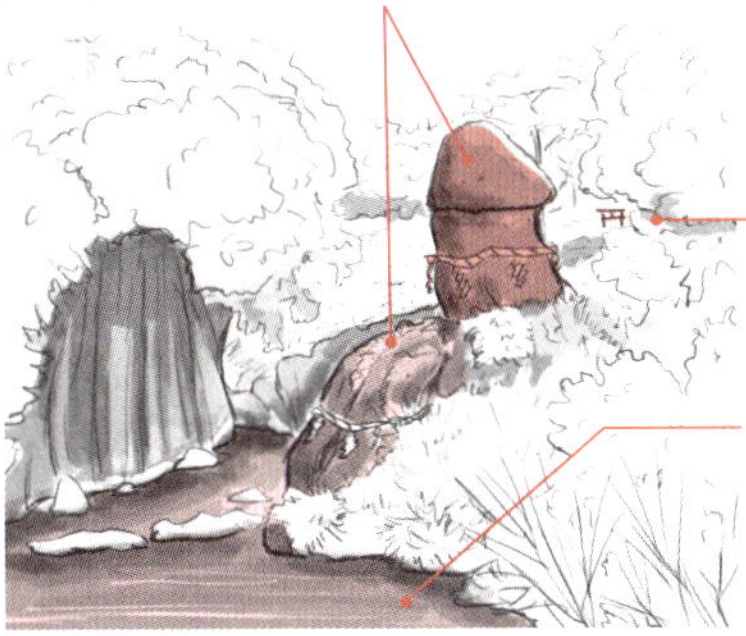

火山活動によって堆積した火山灰や溶岩が、川の水で侵食されて形成されたとされる。

「生産」の神徳をもつ陰陽石神社

陰陽石の近くには陰陽石神社が鎮まる。

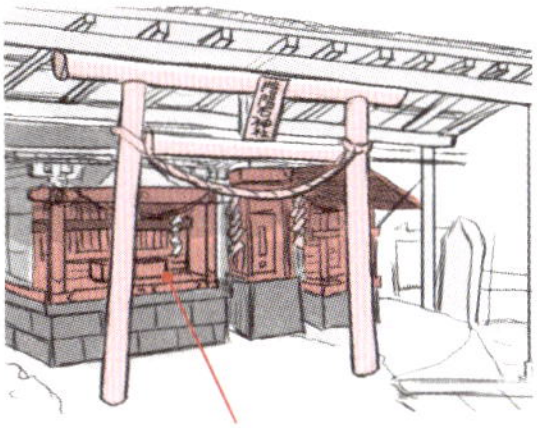

主祭神の皇産霊神（むすびのかみ）は縁結びや安産、工産などあらゆる生産の神で、一言で祈願すれば必ず成就するとされる。

火付けと火消しがせめぎ合う道祖神祭

道祖神の祭りとして小正月に火祭りをする地方がある。その1つが長野・野沢温泉の道祖神祭※3だ。その起源はおよそ300年前にさかのぼるとされ、毎年1月15日、厄払いや子孫繁栄などを願い、開催されている。

前年に長男が誕生した家で奉納する初灯籠。高さ約9mで、ミズナラと杉を組み合わせた中心柱の最上部に御幣（ごへい）を取り付け、下部には親戚らの書き初めを下げる。

火祭りは野沢温泉で行われる道祖神祭のハイライト。祭り用に組み立てられた高さ10数mの巨大な「社殿」に厄年以外の男性が火を投げつけ、厄年の男性が火消しに応戦する。最後は手締めにより、社殿に火を入れる。

燃え落ちた社殿の炭で焼いた餅を食べると1年間は風邪を引かないとされる。

※1：塞の神の名は邪悪なものの侵入を防ぐ神を意味する。※2：1505（永生2）年は碑の建造ではなく、建立という説もある。※3：大善寺玉垂宮（だいぜんじたまたれぐう、福岡）の鬼夜（おによ）、那智の火祭り（和歌山）と並び「日本三大火祭り」の1つに数えられる。

たくさんの付喪神が描かれているが、その多くは名前が明かされていない。共通するのは、つくられてから長い年月が経った道具だということである。

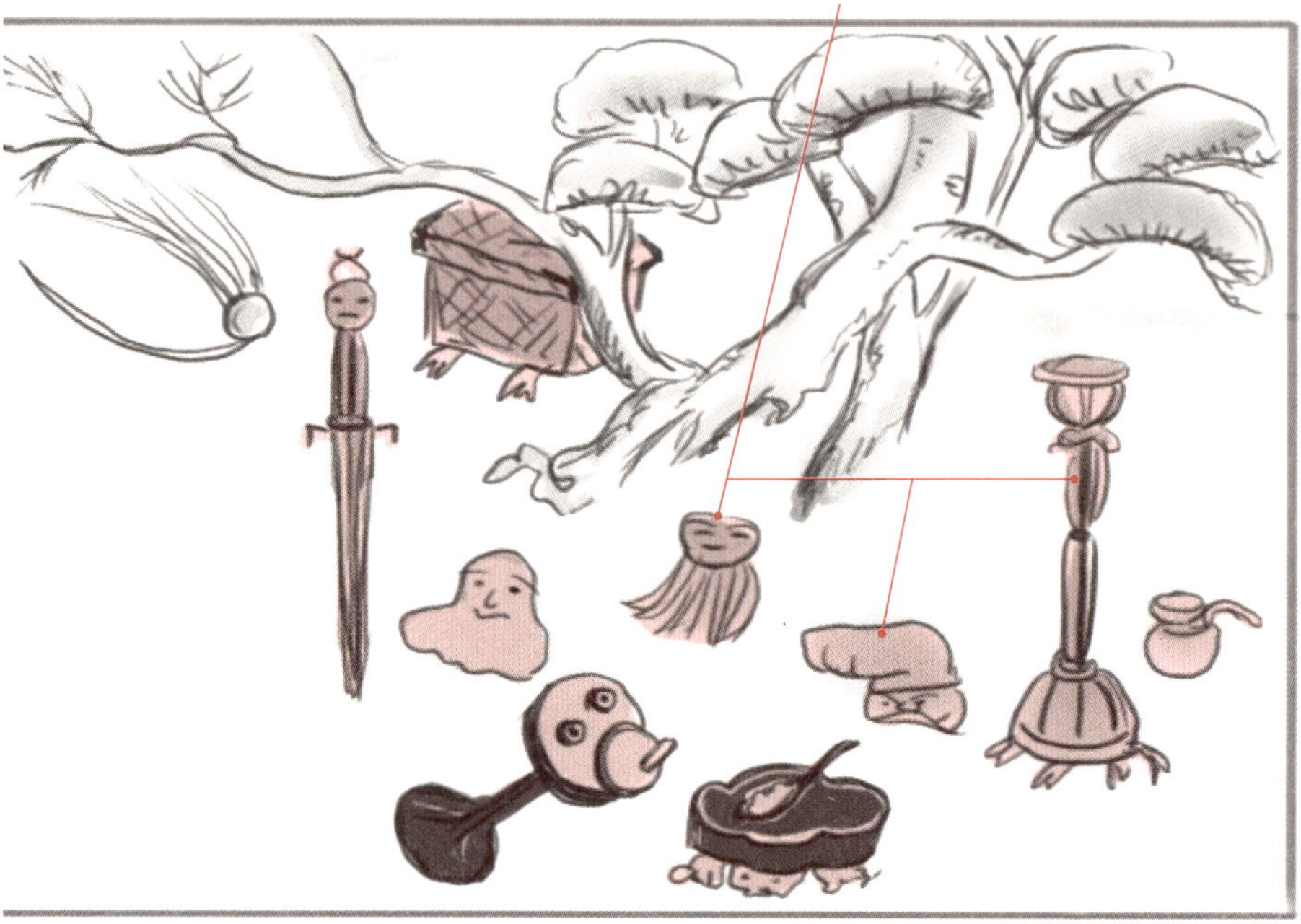

古道具が神格化

物に宿る付喪神《つくもがみ》

神が宿るのは山や木のような自然物だけではない。台所やトイレ、納戸といった家のなかや、さらに私たちが日常的に使う道具にも宿る。とくに長い間使われてきた道具は、100年も経つと精霊がついて**付喪神**という神になるという。長い年月が経っているという意味で九十九神とも書く。

室町時代の『付喪神草紙』には、すす払いで捨てられてしまった古い道具たちが集まり、妖怪（付喪神）となって人々に害を及ぼそうとするが、逆に仏法に感化されるという話が伝えられている。また、付喪神という言葉は使われていないが、平安時代の説話集である『今昔物語集』には、小人が歩き回るので調べたところ、土中に埋められていた銅の器の精が人になったものだったという話がある。道具が年を経て霊魂を持つようになるというのは、日本では古くからある信仰なのではないだろうか。鏡をご神体とするありようとも通じるように思われる。

付喪神になった古道具を描いた『付喪神絵巻』

『付喪神絵巻』では、古くなり使われなくなった日用品が変化し付喪神となった様子が描かれている。付喪神は人に危害を与えるとされる。

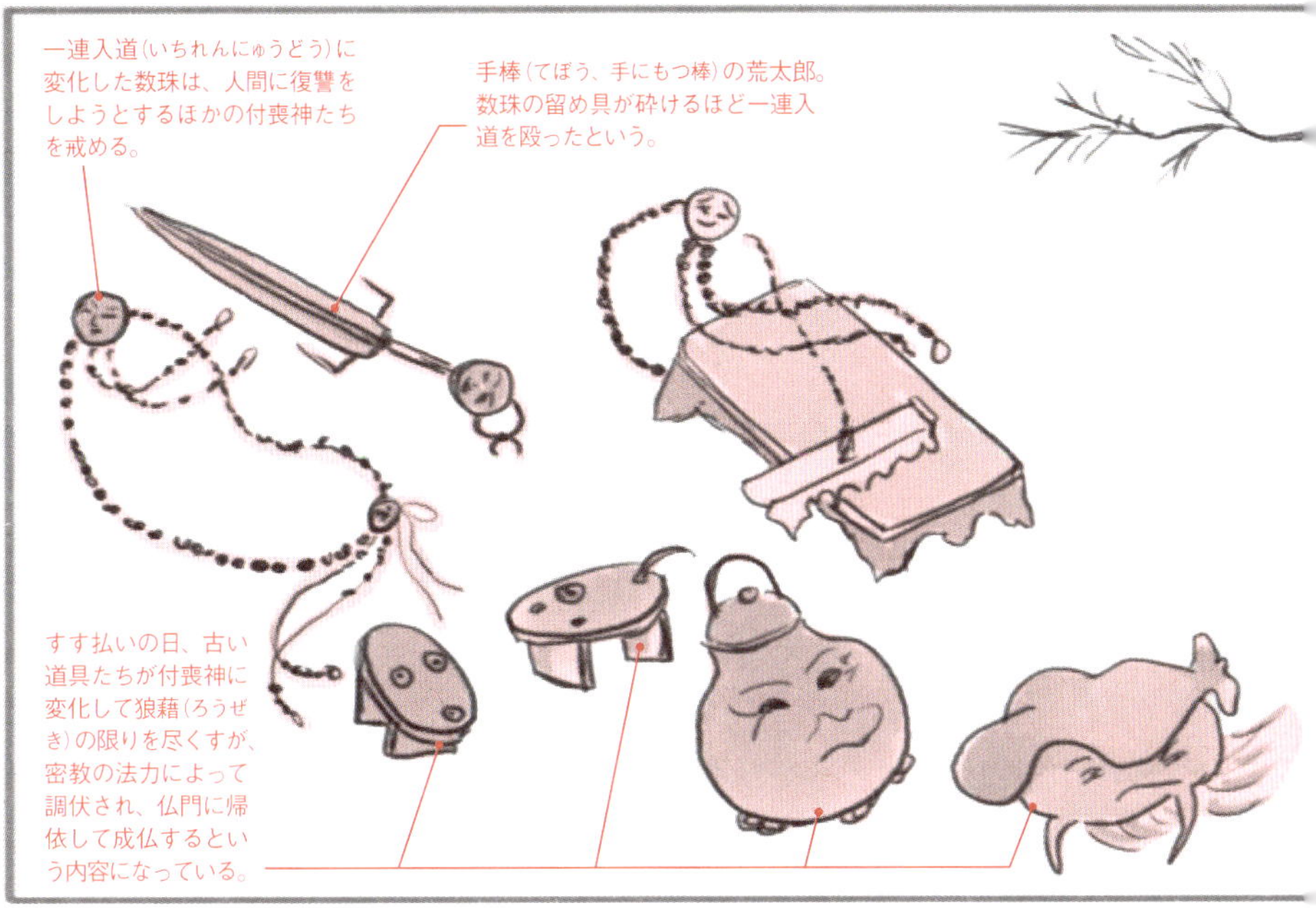
一連入道(いちれんにゅうどう)に変化した数珠は、人間に復讐をしようとするほかの付喪神たちを戒める。
手棒(てぼう、手にもつ棒)の荒太郎。数珠の留め具が砕けるほど一連入道を殴ったという。
すす払いの日、古い道具たちが付喪神に変化して狼藉(ろうぜき)の限りを尽くすが、密教の法力によって調伏され、仏門に帰依して成仏するという内容になっている。

霊魂をもった道具——付喪神

付喪神のなかにはどのように変化したかなど、誕生の背景について具体的に記されたものもいる。付喪神のうち、代表的な3柱について紹介する。

吉凶占いから生まれた鳴釜《なりかま》

鳴釜は釜の付喪神。吉備津(きびつ)神社(岡山)に伝わる吉凶占い「鳴釜神事(なるかましんじ)」に由来。

古びた釜を逆さにかぶり、手足が細く、体はサルのような毛に覆われている。

空も飛べる唐傘・骨傘《ほねからかさ》

骨傘は唐傘の付喪神。鳥山石燕(とりやませきえん)[※1]の『百器徒然袋(ひゃっきつれづれぶくろ)』に登場。

一つ目、一本足で、鳥のような姿をしており、空を飛ぶことができる。

筑紫箏《つくしごと》の衰退で変化・琴古主《ことふるぬし》

乱れた髪のように見えるのは切れた弦。

琴古主は筑紫箏[※2]がすたれた際、変化して妖怪となった。

※1：江戸後期の絵師。妖怪画の作品が多く、なかでも1776(安永5)年作の『画図百鬼夜行(がずひゃっきやこう)』は広く知られる。
※2：室町時代、寺院で演奏されていた雅楽をルーツとした和楽(箏曲)の1つ。またはそれに使用した楽器のこと。筑紫(現在の九州北部)の寺院で演奏されていたことからこの名がある。

祟りの神の魂を祀る
御霊《ごりょう》

平安時代、災いが続くと、それは恨みを残したまま亡くなった人の霊（御霊）が原因であると考えられ、なんとかその霊を慰め、鎮めようとした。こうした信仰を御霊信仰という。

御霊の初期の例としては、平安京に都を移した桓《かん》武《む》天皇の弟で、皇太子であった**早良親王**《さわら》がいる。早良親王は藤原種継《ふじわらのたねつぐ》暗殺事件※1に関わったとされ、幽閉され、淡路（兵庫県）に流されるが、その間に飲食を絶って亡くなった。その後桓武天皇の御子が病になると、親王の祟りであると恐れられた。そこで早良親王には「崇道《すどう》天皇」の号が追贈され、御霊として祀られることとなった。

天神さまとして知られる**菅原道真**《すがわらのみちざね》も代表的な御霊だ。道真が太宰府に左遷され、その地で亡くなると、都では災いが立て続けに起こった。そこで道真の霊を祀り、平穏を取り戻そうとした。学問の神・菅原道真公も、もとは恐ろしい御霊だったのだ。

雷神・天神となった菅原道真の御霊

不遇のまま没した人物が後世に、御霊として現世に災いをもたらすと考えられた。こうした怨霊の神霊が御霊である。

道真は藤原時平の陰謀により太宰府へ左遷され、失意のうちに死亡。その後、都にさまざまな災いが起こり、それらすべてが道真の御霊によるものとされた。醍醐天皇の内裏である清涼殿を雷が襲った以降※2、菅原道真の怨霊は雷神（天神）としておそれられた。

有名な御霊

御霊を鎮めるべく、863（貞観5）年に国によって初めて御霊会（ごりょうえ）が開かれた。そのとき、御霊として祀られたのが早良親王ら6人である。

早良親王：奈良末期の皇族。藤原種継暗殺に関与した疑いで流罪に。

文室宮田麻呂：平安初期の貴族。謀反の罪で流罪に。

伊予親王：桓武天皇の御子。謀反を勧めたとして幽閉、自害。

藤原吉子：桓武天皇の夫人。謀反の罪で息子の伊予親王とともに幽閉、自害。

藤原仲成：平安初期の公卿。平城天皇の皇位復帰画策。死罪に。

橘逸勢：平安初期の書家。謀反の罪をかけられ、流罪。その道中に病死。

御霊会が初めて行われた京都・神泉苑《しんせんえん》

初めて御霊会が行われた863（貞観5）年、都には疫病が蔓延し、これが御霊のしわざだと考えられたのだった。

法成就池（ほうじょうじゅいけ）にかかる法成橋は、「一願成就の橋」とも呼ばれる。源義経と静御前（しずかごぜん）が出会った橋とされる。

東寺真言宗の寺・神泉苑は二条城の南側に位置する。当初は平安京大内裏に接して造営された禁苑（きんえん、天皇専用の庭園）だったという。

境内にある善女龍王社（ぜんにょりゅうおうしゃ）は、弘法大師が雨乞いのため、祈りをささげた善女龍王を祀る。願い事を念じながら法成橋を渡り、善女龍王にお参りすると願いが叶うとされる。

御霊鎮静を象徴した神泉苑のご朱印

ご朱印は祇園祭の間だけ、鉾により悪霊を鎮めたという伝説をモチーフとしたデザイン。

病や飢饉から守護する上御霊《かみごりょう》・下御霊《しもごりょう》神社

かつて疫病や自然災害は御霊が招くもの、と考えられていた。それらの被害が起きないようにと御霊を祀ったのが御霊神社だ。

神霊の祭祀を起源とする上御霊神社

上御霊神社（京都）は平安京遷都に当たり、早良親王の神霊を祀ったのが起源。応仁の乱の発端になった場所としても知られる。

西門は江戸時代中期の再建。伏見城の四脚門（しきゃくもん）だったものが移築されている。

天災を鎮める御霊祭

上御霊神社の御霊祭は、平安時代に疫病や天変地異を鎮めるため始まったとされ、現在は5月1日に神幸祭、5月18日に還幸祭が催される。還幸祭では神輿や牛車が巡行する。

神輿や牛車には、皇室の象徴である菊の御紋がついたものもある。それらは上御霊神社と皇室の縁の深さを物語るものだ。

総勢8柱の御霊を祀る下御霊神社

下御霊神社（京都）は839（承和6）年、伊予親王とその母の藤原吉子の霊を慰めるために、仁明天皇によって創建された。

祭神は伊予親王、藤原吉子の2柱に崇道天皇（早良親王）らを加えた八所御霊※3。

※1：大和から長岡京への遷都を強引に押し進めた藤原種継が暗殺された事件。※2：930（延長8）年6月26日に醍醐天皇の内裏である清涼殿を落雷が襲った事件は、菅原道真の御霊によるものと考えられた。※3：伊予親王、藤原吉子、崇道天皇（早良親王）、藤大夫（藤原広嗣）、橘大夫（逸勢）、文大夫（文室宮田麻呂）、吉備聖霊と火雷天神（上記6柱の和魂と荒魂）を祀る。

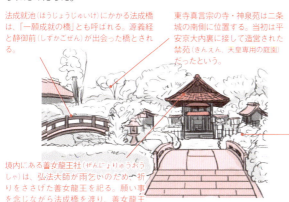

人《ひと》神《がみ》

祀られたのは偉人だけじゃない

実在した人物を神とする信仰は人神信仰と呼ばれる。早良《さわら》親王や菅原道真のような御霊《ごりょう》（114頁）を祀るのも、広い意味では人神信仰である。時代が降ると、御霊だけではなく、きわめて優れた人物、偉業を成し遂げた人物も神とするようになった。**徳川家康**が**東照大権現**《とうしょうだいごんげん》として日光東照宮（栃木）に祀られたのはその代表例だ。なお仏教では、仏や菩薩《ぼさつ》が仮《か》（権）りの姿で人の世に現れるとする信仰がある。家康のことも、薬師《やくし》如来という仏が現れたときの姿だと解釈する。

また、こうした誰もが知る歴史上の有名人だけではなく、庶民から神になった人もいる。重税にあえぐ人々のために将軍に直訴をした江戸期の義民・**佐倉惣**《さくらそう》**五郎**《ごろう》は、死刑になるが、死後各地に祠や神社が建てられ、神として祀られた。近代以降では、**西郷隆盛**《さいごうたかもり》が南州《なんしゅう》神社に、日露戦争で活躍した**乃木希典**《のぎまれすけ》、**東郷**《とうごう》**平八郎**《へいはちろう》がそれぞれ乃木神社と東郷神社に祀られた。

出身はさまざま　神となった人たち

文化人が神になる

柿本人麻呂

飛鳥時代の歌人。神格化された時代は未詳だが、和歌の神として和歌三神（他の2柱は住吉神、玉津島神）の1柱とされるほか、人麻呂が「火、止まる」に転じて火伏の神、「人、生まる」に転じて安産の神とする神社がある。

庶民が神になる

佐倉惣五郎

江戸前期、下総国で重税に苦しむ農民を思い、将軍へ直訴して処刑されたと伝わる佐倉惣五郎は将門口ノ宮神社（千葉）や東勝寺宗吾霊堂（千葉）に祀られている。

仙台四郎

人づての噂でご利益が伝わり、没後に神として祀られた人物もいる。生前、訪れた店が繁盛すると噂された仙台四郎だ。四郎は没後、仙台の市街地にある寺・三瀧山不動院（宮城）で祀られている。

武士が神になる

徳川家康

豊臣秀吉

織田信長

戦国時代以降、武士も神格化された。徳川家康、豊臣秀吉、織田信長はそれぞれ日光東照宮（栃木）、豊国（ほうこく）神社（京都）、建勲（けんくん）神社（京都）に祀られている。

全国に広がる東照宮の神・東照大権現

徳川家康の神名「東照大権現」は死後、後水尾天皇から贈られた称号（勅諡《ちょくし》）。1616（元和2）年に逝去した家康の遺体はまず静岡県の久能山《くのうざん》東照宮に埋葬され、翌年に日光東照宮に改葬された。

徳川家康を神として祀る

神号には「明神」「権現」の両案があったが、天海大僧正（てんかいだいそうじょう）[※1]が明神は不吉であると提言し、後者に決まった。

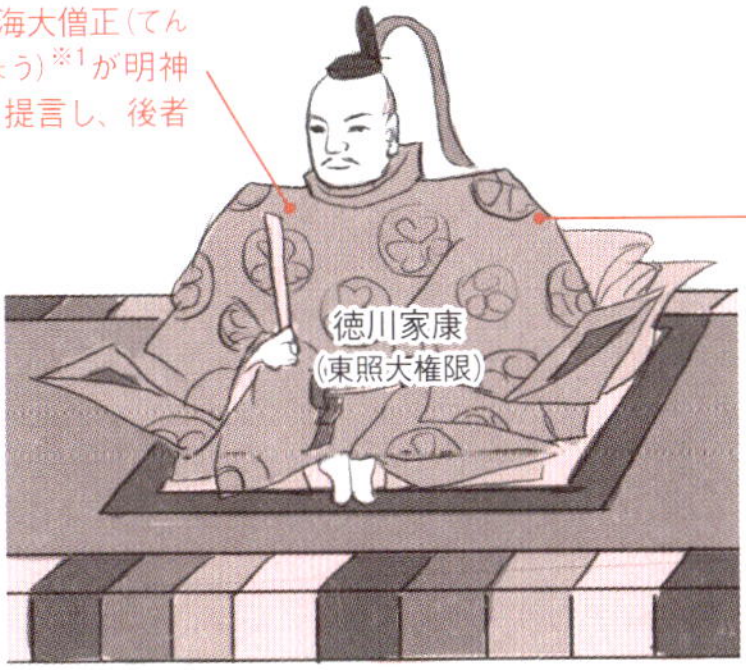

家康は薬師如来の仮の姿

薬師如来は東方瑠璃光浄土の教主。

薬壷（やっこ）をもつのが特徴。

東照大権現とは「東に照る如来（薬師如来のこと）が権（か）りに現れた神」を意味するもので、家康は薬師如来の権化とされている。

遺言で創建された家康の墓所・久能山東照宮

徳川家康は晩年「久能山は駿府城の本丸」とその重要性を説き、自らを久能山に葬るよう遺言したとされる。

東照宮と名の付く神社は北海道から九州まで広域に鎮座している。いずれも東照大権現を祀る。

久能山東照宮の社殿は徳川家康の遺命により、江戸時代を代表する大工頭・中井正清[※2]が造営。宮内の一番奥に、家康が埋葬された神廟がある。

義民として人望を集めた下総国《しもうさのくに》の名主・佐倉惣五郎

農民を救った義民とされる佐倉惣五郎は、江戸期の実録本[※3]や講談、狂言などに登場する。その活躍について史実に基づく資料にはっきりした記録はないが、千葉県内の神社・寺院で祭神、本尊として祀られており、人望の篤さを今に伝える。

ゆかりの地に鎮まる将門口ノ宮神社

創建は不明だが、将門山（まさかどやま）に本佐倉城（もとさくらじょう）を築いた千葉氏[※4]によって、佐倉市の将門町に建立されたと伝わる。

東国の英雄・平将門とともに佐倉惣五郎が祀られる。

佐倉惣五郎を祀る寺院「宗吾霊堂《そうごれいどう》」

宗吾霊堂は通称で、正式名称は東勝寺。真言宗豊山（ぶざん）派の寺院で、佐倉惣五郎の霊が祀られる。

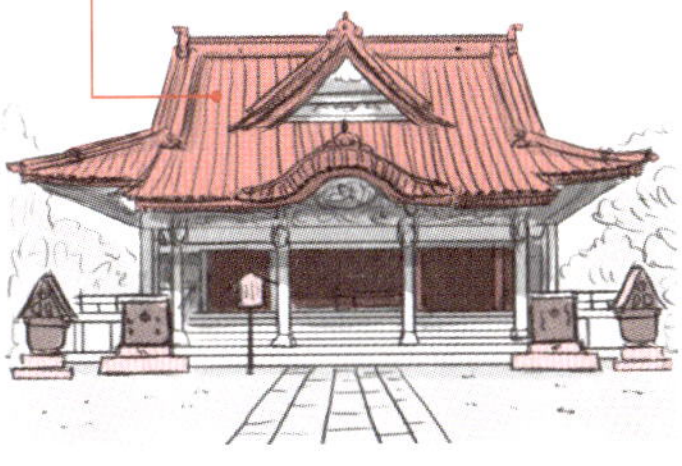

※1：江戸初期に活躍した僧で、徳川家康の側近を努め、江戸城の設計などに深く関わったとされる。 ※2：江戸初期の大工頭で、久能山東照宮、日光東照宮のほか、江戸城や名古屋城、増上寺（ぞうじょうじ、東京）の建築などにも関わった。 ※3：小説や講談などの文芸作品で、実際にあったできごとをもとに構成されたもの。 ※4：下総国、上総国、武蔵国を中心に勢力を広げた豪族。

牛頭天王《ごずてんのう》

須佐之男命の化身

仏教が伝わったのは6世紀のこと。以降、この外来の宗教は日本で受け入れられ、神道とも関わってきた。時代とともに神仏の関係は深まっていき、仏教の**大黒天《だいこくてん》**と神道の**大国主神《おおくにぬしのかみ》**が同一視されたように、神仏習合の神が現れてくるようになる。

いまや世界的な観光地である京都・祇園《ぎおん》の中心は八坂《やさか》神社である。そもそも祇園とは『平家物語』の冒頭にも登場する「祇園精舎《ぎおんしょうじゃ》」に由来する。祇園精舎の守護神は**牛頭天王**と呼ばれ、日本で**須佐之男《すさのおの》****命《みこと》**と習合した。この神仏習合の神は疫病から人を守るとされ、都に祀られるようになった。八坂神社もかつては祇園社といい、祭神も牛頭天王であった。7月の祇園祭はこの牛頭天王の力で疫病を払うために行われていたものである。

ほかにも習合神では香川の金刀比羅宮《ことひらぐう》に祀られる海の神・金比羅《こんぴら》などが知られ、庶民の信仰を広く集めている。

須佐之男命と同一視される牛頭天王

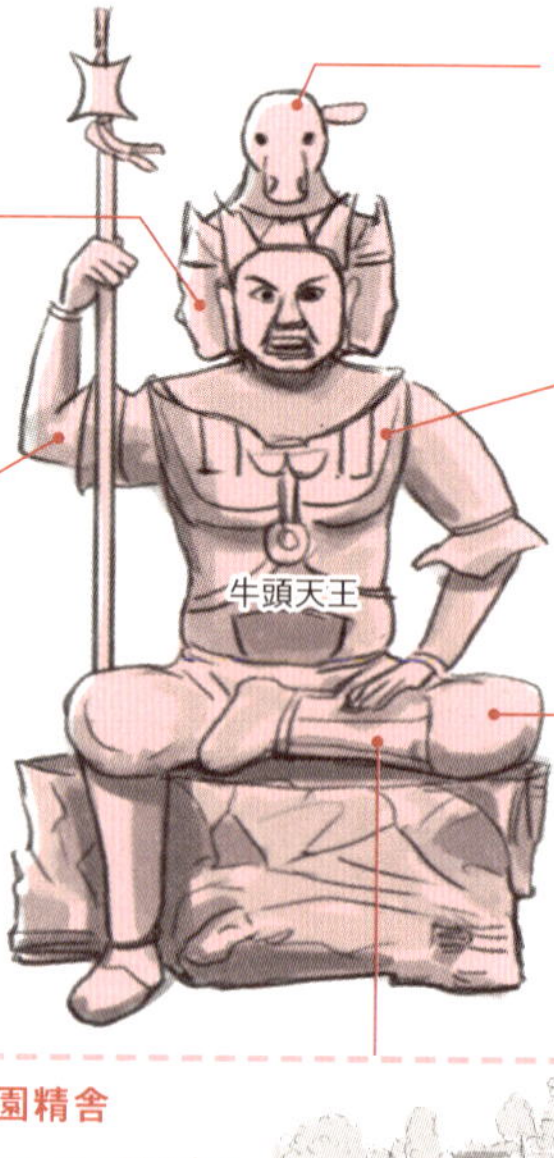
牛頭を被り、武装している。

祇園精舎の守護神・牛頭天王は日本に伝来したあと、疫病を差配する神として信仰された。

図の牛頭天王像は、「ふるさとミュージアム山城（京都府立山城郷土資料館）」蔵。霊力の強さを示した怒りの形相である忿怒相（ふんぬそう）と、四面の頭上に牛頭をいただく姿が特徴的だ。

牛頭天王
別名を武塔神（むとうかみ）。眷属（けんぞく、神使のこと）は龍蛇神とも。

荒ぶる神の代表 須佐之男命と習合

仏教の伝来とともに須佐之男命は牛頭天王と習合、疫病除けの神とされた。

須佐之男命

牛頭天王が守護した祇園精舎

ブッダに帰依した古代インド・コーサラ国の太子と長者がつくった修行のための施設が祇園精舎である。その跡とされているのがインドの首都・ニューデリーからほぼ東へ600km、ネパールとの国境に近くに位置するサヘート遺跡だ。

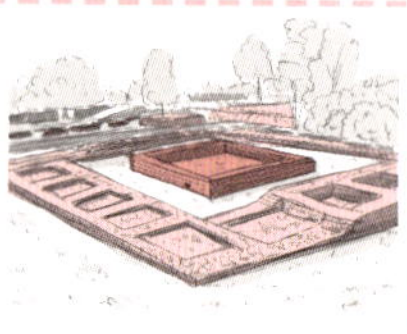

※1：牛頭天王が祇園精舎の守護神であることから祇園社の社名が付けられた。 ※2：神仏習合に対し、神仏分離は神と仏は別のものとする考え方。神仏分離令は1868（慶応4）年3月に出され、明治政府により進められた。

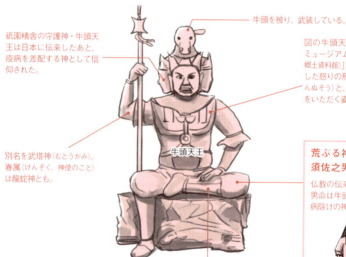

祇園祭の主役も牛頭天王から須佐之男命へ

社伝では、656（斉明天皇2）年とされる創建当初、祭神は牛頭天王とされ、社名も祇園社だった※1。しかし、1868（慶応4）年に神仏分離令※2が発布されると、祭神は牛頭天王の権現《ごんげん》※3である須佐之男命へ、社名も現在の八坂神社へと変更された。祇園祭でも神輿《みこし》に乗るのは須佐之男命ファミリーが中心だ。

西楼門。創建当時の門は応仁の乱で焼失、現在の門は1497（明応6）年に再建されたもの。2007（平成19）年に大修復され、創建当時の鮮やかな朱色が復活した。

中御座（なかござ）、東御座（ひがしござ）、西御座（にしござ）の3基の神輿は、各氏子町を通り、八坂神社石段下へと戻る。

3基の神輿には3柱の祭神の神霊がそれぞれ移されている※4。祭神・須佐之男命の神霊は中御座神輿に乗っている。神仏分離令までは牛頭天王ら3柱が祭神で寺院とのつながりも深かった。

■八坂神社の祭神

現在	神仏分離前
須佐之男命《すさのおのみこと》（夫）	牛頭天王《ごずてんのう》（夫）
櫛名田比売《くしなだひめ》（妻）	頗梨采女《はりさいじょ》（妻）
八柱御子神《やはしらのみこがみ》（子）	八王子《はちおうじ》（子）

怨霊を鎮める御霊会から始まった八坂神社の祭礼・祇園祭。いつしか鎮魂の意味合いは無くなり、疫病が蔓延しないよう祈願する役割をもつようになった。毎年7月1日から31日の1カ月間にわたり、山鉾巡業（やまぼこじゅんぎょう）や神幸祭（しんこうさい）など、多彩な祭事が繰り広げられている。

神仏習合の神とは？

6世紀に仏教が伝来したのち本地垂迹《ほんじすいじゃく》という考えが生まれた。これは、もともと日本にいた神々は、仏の化身であるとするものである。本地垂迹の考え方で神は仮の姿をした垂迹神《すいじゃくしん》または権現、仏は真の姿をした本地仏《ほんじぶつ》と称される。なお、神仏習合には、神道側・仏教側から様々な説がある。

■主な神社の祭神と本地仏

神社	主祭神		本地仏
伊勢神宮内宮（三重）	天照大御神	（32頁）	胎蔵界大日如来
伊勢神宮外宮（三重）	豊受大神		金剛界大日如来
出雲大社（島根）	大国主神	（42頁）	勢至菩薩
大神神社（奈良）	大物主神	（78頁）	大日如来、聖観音菩薩
鹿島神宮（茨城）	建御雷神	（44頁）	十一面観音菩薩
香取神宮（千葉）	経津主神	（44頁）	十一面観音菩薩
諏訪大社上社本宮（長野）	建御名方神	（45頁）	普賢菩薩
諏訪大社下社秋宮（長野）	八坂刀売神（やさかとめのかみ）		千手観音菩薩
多賀大社（滋賀）	伊邪那岐命、伊邪那美命	（26頁）	無量寿如来
北野天満宮（京都）	菅原道真	（114頁）	十一面観音菩薩
宇佐神宮（大分）	八幡神（応神天皇）	（60頁）	阿弥陀如来

※3：権現は仏が仮の姿である神として現れた姿。 ※4：宵宮祭で行われる御霊移しの儀で祭神・須佐之男命の御霊が神輿に移される。御霊移しの儀は八坂神社本殿で行われる。

おしらさま

馬と娘の悲しい伝承

東北地方の一部で信仰される蚕《かいこ》の神に「**おしらさま**」がいる。岩手県の遠野に残る伝承によれば、その昔、父と娘が1頭の馬と一緒に暮らしていたが、その馬と娘が恋に落ちているとわかる。怒った父は馬を桑の木につるし、殺した。娘が馬の首にとりついて泣くので、父は馬の首を切り落とした。するとその首は娘を連れて空に飛んでいったという。この馬と娘がおしらさまである。おしらさまが蚕の神となったのは、蚕が桑の葉を食べることや、蚕の姿が馬の顔に似ていることに由来するのだろう。

おしらさまは、長さ30㎝ほどの木の棒の先端に男女の顔や馬の顔を掘って布をかぶせたもので、神棚などに一対で祀られる。小正月にはおしらさまを取り出し、新たな布をかぶせる地域もある。そのとき子どもたちがおしらさまを背負って遊ぶこともある。子や家の守り神でもあるのだ。

おしらさまのご神体は桑の木でつくる

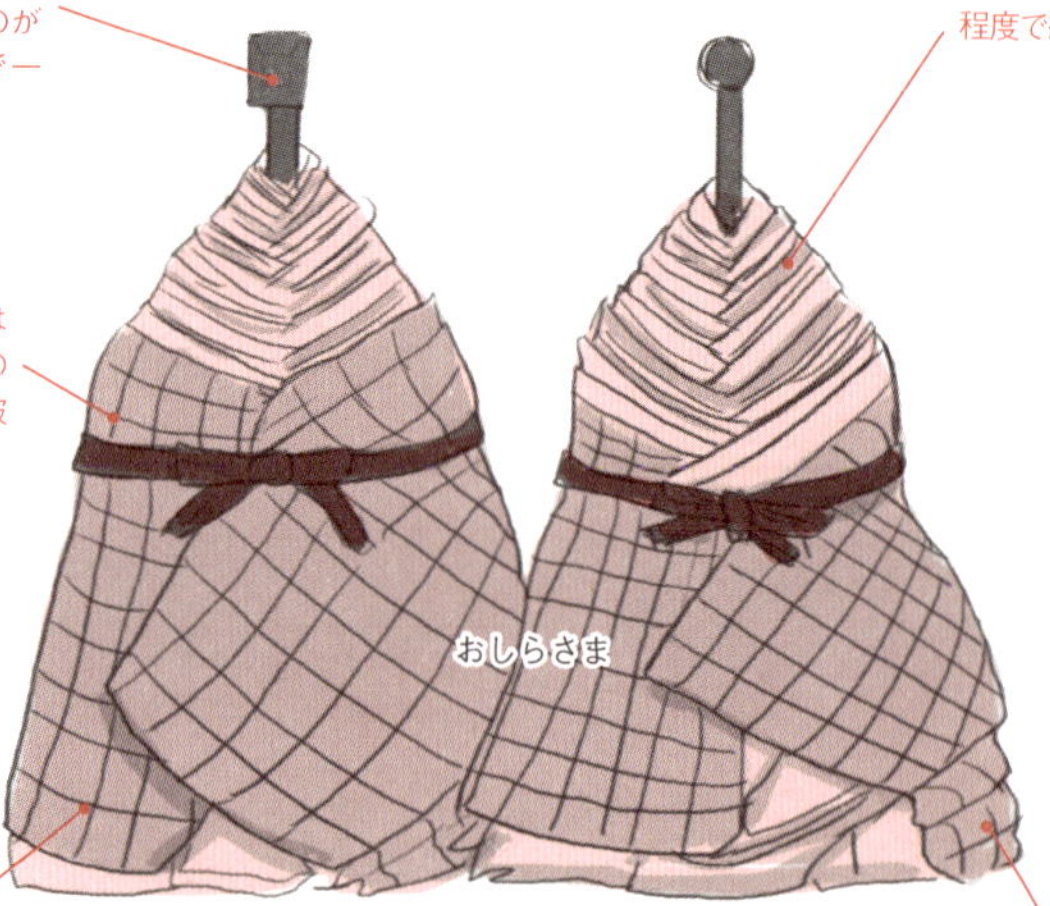

ご神体は桑の木でつくった棒の先に男女の顔や馬の頭が彫られているのが一般的。また、2体で一組とされる。

ご神体の大きさは高さ30㎝程度で統一されている。

おしらさまのご神体は首が衣からでたもののほか、頭から頭巾を被せるものもある。

旧暦の1月、3月、9月の16日が祭日（16日はおしらさまの命日とされる）。ご神体を箱から取り出し、新しい衣を1枚着せる「オセンダク」を行うのが慣わし。

おしらさまには製造年代の銘が残されている。現在残されているものでは16世紀のものが最古。

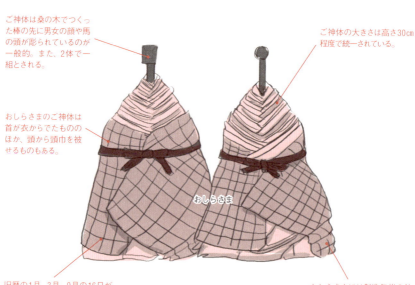

1千体ものおしらさまが一堂に会する

遠野市街地の北東にある野外博物館・伝承園。その敷地内に、1千体ものおしらさまを祀った御蚕神《おしら》堂がある。

御蚕神堂の入口にはしめ縄が掛けられ、神聖な場であることを示す。なお、おしらさまは養蚕や農耕、馬を守護する神として祀られることが多い。

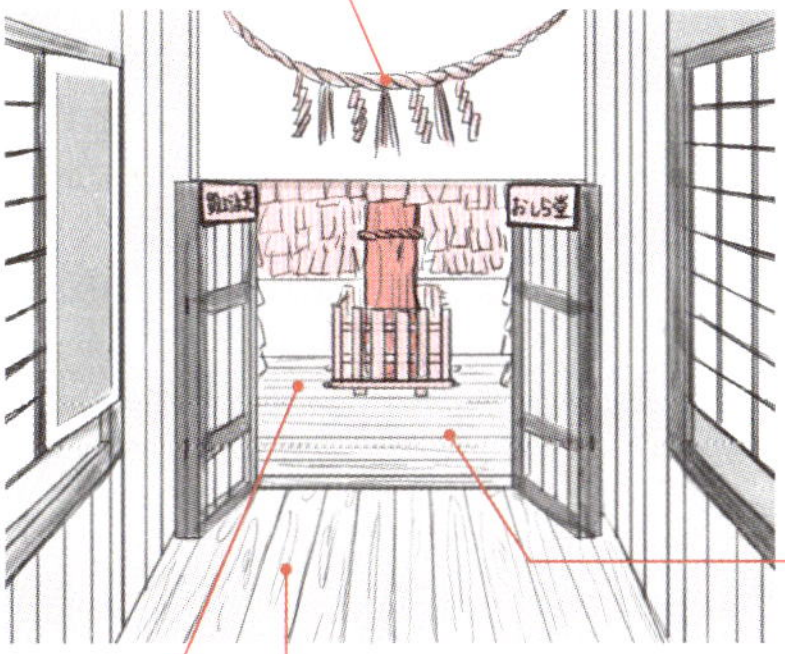

御蚕神堂の広さは6畳ほど。

伝承園の御蚕神堂は、母屋と厩(うまや)が一体化したL字形平面をもつ東北特有の民家、曲がり家の奥につくられている。

御蚕神堂の室内

堂内の中央には大きな桑の木が立つ。この木はおしらさまとなった娘と馬との悲恋の伝承に登場する桑の木をイメージしたものだ。

色とりどりの布を着たおしらさまたちが幻想的な空間をつくりだしている。

ご神体に神を降ろす「おしら遊ばせ」

おしらさまの命日(1月、3月、9月の16日)、各家庭ではイタコと呼ばれる巫女《みこ》を呼び、ご神体に向かって神寄せ(神を降すこと)の経文を唱え、おしらさまを迎える。

おしらさまは一族の総本家に祀るというのが慣わしとなっている。なお、東北地方ではおしらさまを祀ることを「遊ばせる」と呼ぶ。

おしらさまを祀ったのち家族を集め、神と同じものを食す。

ご神体の形状は祀る家により変わり、神徳も各家庭で異なる。

おしらさまへ経文を唱えるのは女性でなくてはならない、とされている。また、イタコ以外の女性が経文を唱えることも禁じられている。

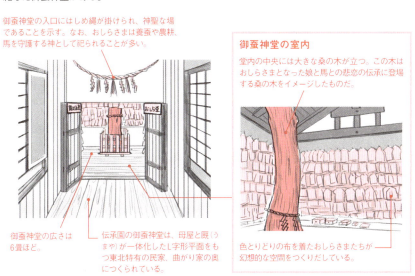

新羅明神《しんらみょうじん》

仏法を守る外来神

仏教にも神がいる。滋賀・園城寺《おんじょうじ》（三井寺《みいでら》）の守り神として信仰されてきた**新羅明神**もその1つである。古代朝鮮の国の名である「新羅《しらぎ》」を冠することからも、この神が外来の神であるとわかる。平安時代初期、園城寺を再興した僧・円珍《えんちん》※が、留学先の唐から招いた新羅系の民俗神と考えられている。

円珍の伝承によると、唐からの帰途、船中に新羅明神と名乗る老人が現れ、円珍のために仏法を守ろうと誓った。その後、新羅明神は円珍の前に再び現れ、園城寺の伽藍造営に協力し、守護を誓ったという。そこで円珍らは北院に社殿をつくり、新羅明神を護法鎮守として祀った。

園城寺には、今も平安期につくられた新羅明神坐像（国宝）が祀られるが、秘仏とされ一般公開はされていない。中国風の老人の姿をした特異な像と伝えられている。

大陸由来の仏法の守護神・新羅明神

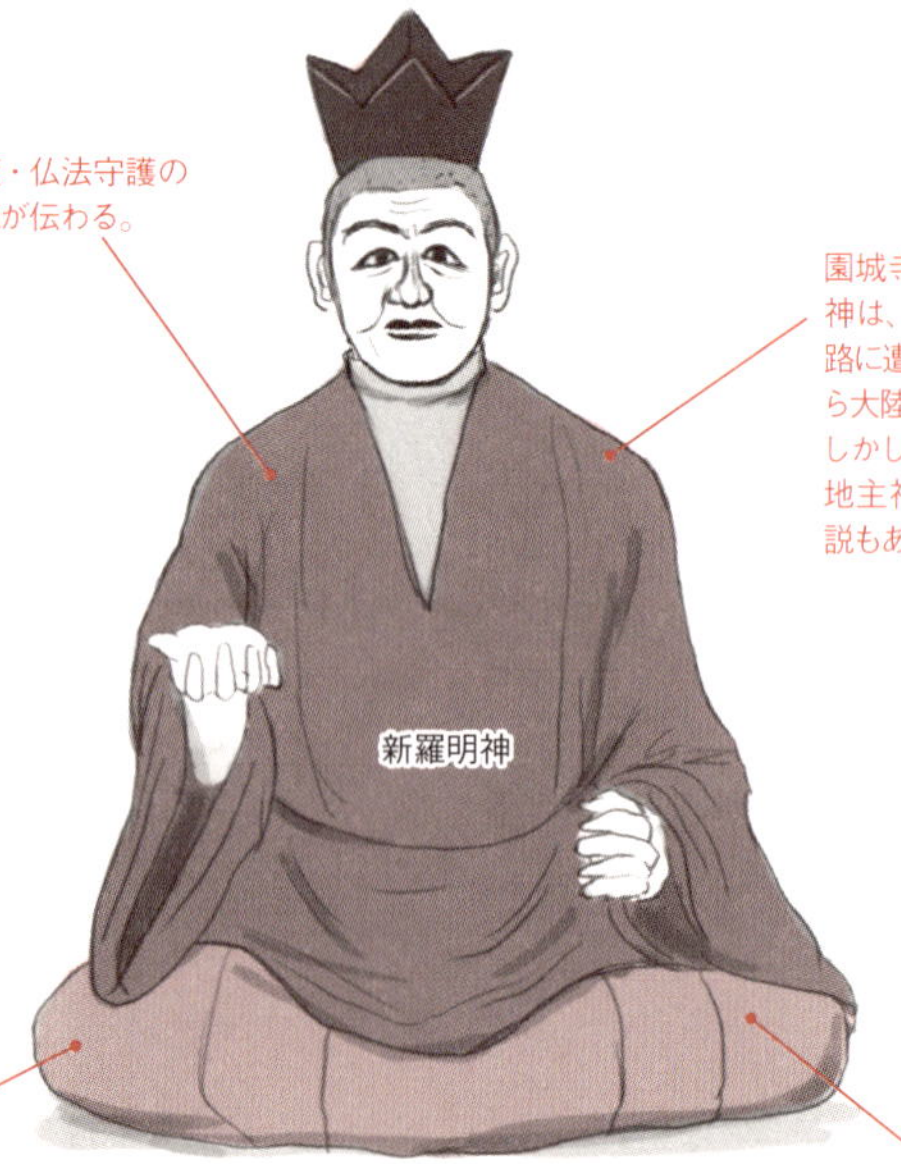
伽藍・仏法守護の神徳が伝わる。

園城寺の守護神・新羅明神は、円珍が唐からの帰路に遭遇したという伝承から大陸系の神とされている。しかし、近江国（滋賀県）の地主神（じぬしがみ）とする説もある。

新羅明神
記紀において、新羅からの渡来神ということが明確に記された神には天日槍（あめのひぼこ）がいる。新羅明神とのつながりは未詳。

国宝の新羅明神坐像は木造で像高78cm。過去に展覧会で特別公開されたことも。

円珍を救った新羅明神

円珍は自らの命を救い託宣を下した新羅明神を祀り、信仰を広めたとされる。しかし、唐で円珍に力を貸してくれた新羅人たちの神を新羅明神として日本で広めたという説もある。

唐に渡り、密教を学んだ円珍は帰国の途にあった。

船が難破しそうになった際、船首に新羅明神が現れて円珍の危機を救ったとされる。

新羅明神は自ら「仏法を守護する神」と名乗ったという。この伝承により、新羅明神は園城寺で護法の神として祀られることとなった。

新羅明神を祀る新羅《しんら》善神《せんしん》堂

園城寺の北にある新羅善神堂に新羅明神坐像が安置される。新羅明神の「日本に一勝地あり（優れた場所がある）」という言葉に従い、円珍が新羅明神を祀ったとされる。

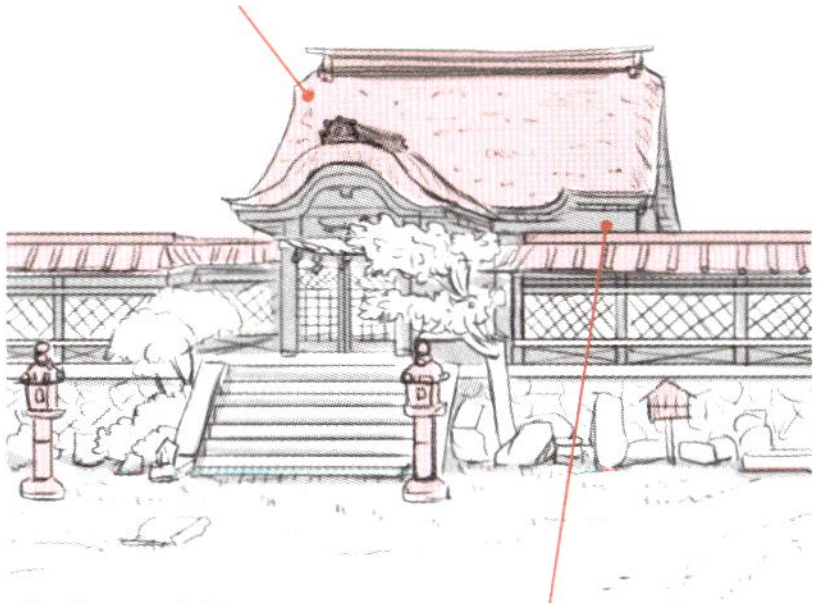

豊臣秀吉により園城寺が欠所（没収）となった際、本堂以外の堂宇はすべて壊されたが、新羅善神堂のみは新羅明神の祟りを恐れて残されたという。1347年建築の建物は国宝。

新羅明神の託宣を受けた円珍

円珍は平安末期の僧。手記、日記を数多く残したことでも知られ、90余点の著作が残されている。

園城寺の縁起を記した『園城寺龍華会縁起』には、円珍が2度にわたり新羅明神から託宣を受けたとある。1度目は唐からの帰国の際、もう1度は唐から戻った円珍が入京し、太政官に経典類を収めた際だ。2度目の託宣を受け、円珍は近江国で園城寺を開基したという。

※：天台宗の祖といえば最澄だが、比叡山（滋賀）でその最澄に師事した円仁（えんにん）に対し、山を下り園城寺にこもって寺門派と呼ばれる流派を開いたのが円珍である。

庚申《こうしん》さん

悪い虫を食らう守護神

道教の考えでは、人間の体のなかには三尸《さんし》という虫がいるという。この三尸、庚申《かのえさる》の日の夜に、人が眠っている隙を狙って天に昇り、天帝《てんてい》にその人の悪行を報告する。報告を受けた天帝はその人の寿命を縮めるため、長生きをするには、その夜は寝ずに身を慎むべきとされた。

この考えは中国から日本に伝わり、平安時代の貴族たちは「守庚申《しゅこうしん》」といって庚申の夜を眠らずに過ごしていた。

時代が降っていくと、民間信仰や仏教にも守庚申が取り入れられた。「庚申待ち」といって、人々は庚申の夜に庚申堂《こうしんどう》や誰かの家に集まり、語り合ったり飲食をしたりしながら徹夜をした。そこで信仰されたのは**庚申さん**という神。猿(申)つながりで**猿田**《さるた》**毘古神**《びこのかみ》(48頁)を祀ったり、魔を払うとか三尸を食らうと考えられていた**青面金剛**《しょうめんこんごう》という恐ろしい形相の護法神が祀られたりした。

中国・道教思想が庚申さんのルーツ

怒りの形相をした青い顔と赤い目、6本または4本の手をもつ。

庚申信仰は中国・道教思想をルーツとする。飛鳥時代、京の豪族・秦氏の守護神として青面金剛を中国から請来したのが始まりだとされる。

庚申待ちの本尊・青面金剛が魔を払ってくれる。

手にもつのはショケラ。ショケラは三尸を示すとされ、上半身が裸の女人として描かれる。

足元にはニワトリ。これは十二支で申(さる)の次が酉(とり)であり、庚申待ちの際は、酉の日となる深夜まで夜ごもりをすることを意味している。

青面金剛は三猿とともに描かれることが多い。この由緒については庚申の申(猿)を示しているという説や、庚申信仰と関係の深い山王信仰(90頁)の神使が猿であるためなど、複数の説が伝わる。

日本最古の庚申堂で庚申待ちを

京都・東山区にある金剛寺の境内には八坂庚申堂が建つ。ここでは今も年6回、庚申待ちが行われ、境内で眠らずに一晩を過ごす参拝者が集まる。

60日ごとに巡ってくる庚申の日には、三尸が体から出て行かないよう、徹夜をする庚申待ちが行われる。なお庚申の日は八坂庚申堂のウェブサイトで確認することができる。

本堂の前に建つ賓頭盧（びんずる）尊者像。賓頭盧は釈迦の弟子の1人とされ神通力に優れていたというが、むやみに世の人に神通力を使ったことから釈迦の呵責を受け、永久に衆生を救い続けることになったという。

平安中期の僧・浄蔵が開いたとされる八坂庚申堂は日本最古の庚申堂（庚申信仰の仏堂）と伝わる。

欲望を抑える「くくり猿」

くくり猿は猿が手足をしばられ、動けない姿を示しているという。自らの欲望をコントロールすることで、願い事を叶えるとされる。

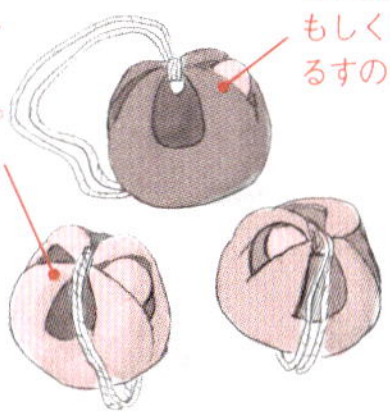

表面に願い事を書き、賓頭盧尊者像、もしくは本堂に吊るすのが慣わし。

病気平癒のコンニャク炊き

庚申の日にはコンニャク炊きが振る舞われる。無言で3つ食べると無病息災の御利益がある。

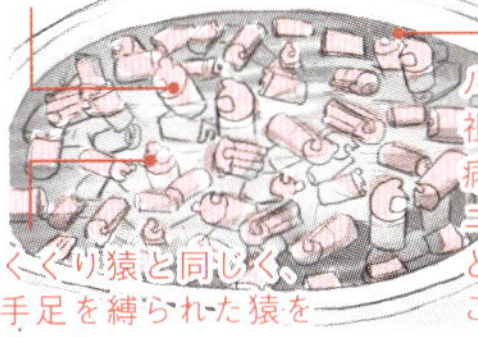

くくり猿と同じく、手足を縛られた猿を示す形となっている。

八坂庚申堂の開祖・浄蔵が父の病気平癒にコンニャクを捧げたところ治癒したことが由緒とされる。

人の寿命を決める三尸の虫

道教で、体のなかに棲むとされる3匹の虫（上尸、中尸、下尸）を三尸という。

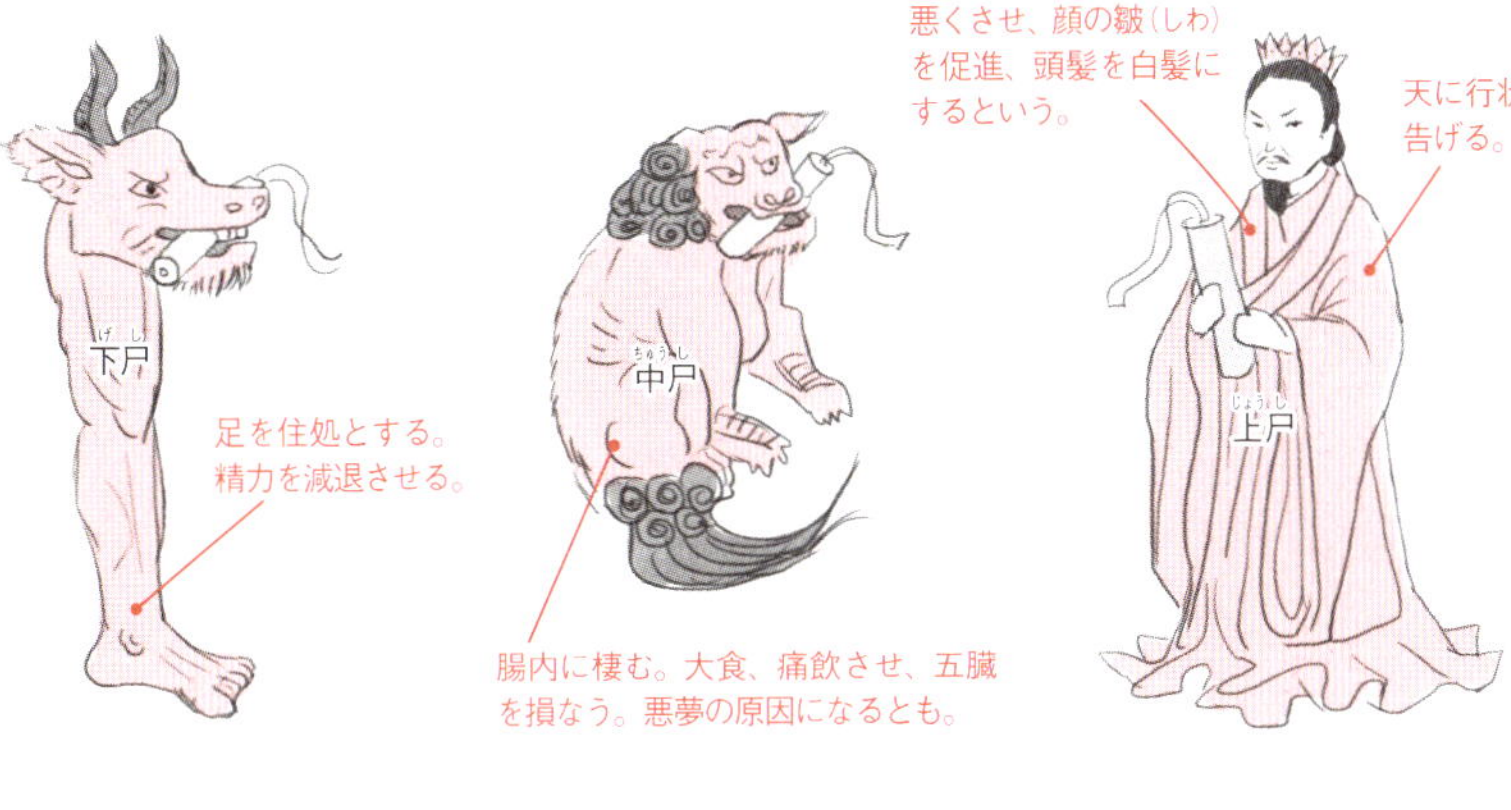

足を住処とする。精力を減退させる。

腸内に棲む。大食、痛飲させ、五臓を損なう。悪夢の原因になるとも。

人の頭部に棲む。目を悪くさせ、顔の皺（しわ）を促進、頭髪を白髪にするという。

天に行状を告げる。

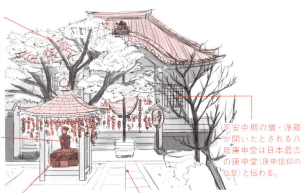

妙見《みょうけん》さん

天の中心に座す北極星の神

夜

空に浮かぶ無数の星のなかで、いつも動かずにいるように見える北極星（北辰※1）は古くから神として信仰されてきた。**妙見菩薩《みょうけんぼさつ》**あるいは**妙見大士《だいし》、尊星王《そんしょうおう》、北辰菩薩《ぼさつ》**といった名をもつが、親しみをもって妙見さんとも呼ばれる。

国土を守り、災厄《さいやく》を消し、福をもたらすとされ、とくに眼病から救うと信じられてきた**妙見さん**。その信仰は全国に広まっていき、現在も妙見を祀ったことにちなんで妙見と冠する地名や山の名が残っている。山内に妙見を祀る堂や社を有するところもある。

このように妙見は寺院や神社で祀られるが、神社の場合は**天之御中主神《あめのみなかぬしのかみ》**（24頁）を祭神とする場合が多い。天の中心を司る神という意味の名をもつ天之御中主神が、やはり天の中心に座すと考えられていたため、妙見といつの頃からか同一視されるようになったためである。

北極星を神格化した神

現在残された史料から、妙見信仰は中国の密教・道教に由来すると考えられるが、日本国内に広がるなかで、妙見さんは独自の神格を取得していった。

妙見さんは別天神（ことあまつかみ、24頁）の1柱である天之御中主神と同一神とされるが、神世七代※2の国之常立神（くにのとこたちのかみ）とする説もある。これらは別天神、神世七代それぞれの最初に誕生した神で、妙見さんが原初の神であることを示す。

仏教伝来の際、日本に伝わった密教の経典『七仏八菩薩所説大陀羅尼神呪経』では、「妙見」という神名の由来を「所作するところははなはだ奇特がゆえ」としている。

仏教では妙見菩薩など菩薩号で呼ばれれる。主に密教と日蓮宗で崇拝されている。

妙見信仰で知られる神社に秩父神社（埼玉）がある。

妙見さんは亀や蛇を足の下に踏みつけている姿で描かれることが多い。中国神話で天の北方を司る霊獣・玄武※3（129頁）の姿から発展したもの。

※1：北辰は北極星だけでなく、それを含む北斗七星のことを意味するともいわれる。※2：別天神の次に誕生した神々で一代から七代までとされる。このうち七代目の神が伊邪那岐命、伊邪那美命とされている。

3 能勢氏から広まった関西の妙見信仰

平安初期の武将・源満仲は多田城（現在の兵庫県川西市にあった）築城の際、城の守護神として妙見菩薩を勧請。その子孫の能勢氏一族が、妙見信仰発展と深く関わったとされる。能勢氏ゆかりの寺院が兵庫から大阪にまたがる妙見山にある。

日乾（にちげん）上人は安土桃山〜江戸前期の日蓮宗の僧。妙見山開山の祖とされる。

能勢妙見山は妙見信仰の代表的な場所。

家紋がモチーフ

日蓮宗の寺・能勢妙見山（眞如寺 境外仏堂、大阪）境内に建つ信徒会館「星嶺」（設計は高松伸）。1998（平成10）年に建てられ、妙見信仰を広めた能勢家の家紋「切竹矢筈十字」をモチーフとしたデザインとなっている。

切竹《きりたけ》矢《や》筈十字《はずじゅうじ》

神馬像にも切竹矢筈十字

境内には馬の像が立つ。これは武士の姿で描かれる妙見菩薩に、戦で不可欠な馬を奉納したものだという。福島・相馬市に伝わる相馬妙見では神使を馬としている。

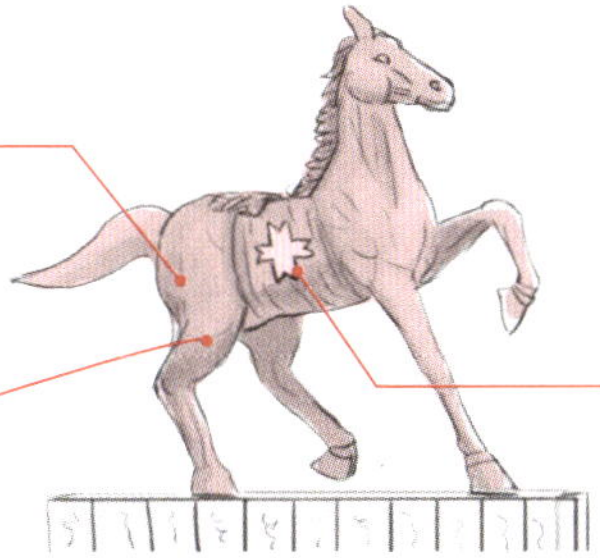

神馬像は境内に大小8つある。

切竹矢筈十字がポイント

武士の系譜 妙見信仰を広めた能勢氏の成立

源満仲（912-997）
妙見信仰を崇敬。

源頼光（948-1021）
満仲の長男で京都・大江山で酒呑童子（72頁）を退治したと伝わる。

源頼国
能勢（大阪）に移住。能勢氏を初めて名乗るとされる※4。

※3：中国の図像で、玄武は長い足をもった亀に蛇が巻き付いた姿で描かれることが多い。※4：現在までに頼国と能勢とのつながりを示す史料が見つかっていないことから能勢氏の祖が頼国ではなく、頼国から数えて4代後の源国基を祖とする説もある。

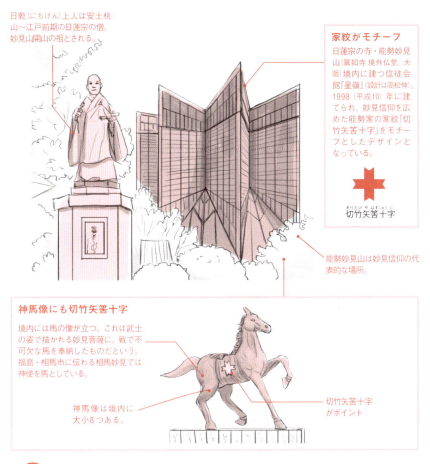

季節を回す神 土公神《どくじん》

古代中国で生まれた五行説《ごぎょうせつ》は世界が5つの要素（木《もく》・火《か》・土《ど》・金《ごん》・水《すい》）が組み合わされてできあがるという考えだが、世界を陰と陽の2つの原理で理解する陰陽説《いんようせつ》と重なり、陰陽五行説《いんようごぎょうせつ》となった。それが日本に伝わり陰陽道《おんみょうどう》として展開、人々の暮らしに大きな影響を与えることになった。

その陰陽道の神に**土公神**がいる。土を司る神で、仏教の**堅牢地神**《けんろうちしん》とも同一視される。堅牢地神の名は、大地がさまざまなものを乗せても揺るがない、堅牢であることを意味する。

土公神の性質は五行説に由来する。五行説では5つの要素に方角や色が配当されるが、季節もその1つ。木には春、火には夏、金には秋、水には冬、そして土は季節を回すと考えられた。ゆえに土公神は季節ごとに移動するとされる。春は竈《かまど》、夏は門、秋は井戸、冬は庭にいるため、土公神のいる時期にそこを動かすと災いを呼ぶという。

陰陽道、密教と多様に変化した土公神

土公神の名は陰陽五行説の土を司ることによる。陰陽道では季節により移動する遊行神（ゆぎょうしん）とされる。

土公神の主な特徴として①地鎮祭で祀られる、②竈に祀られる（土の神）、③方角禁忌の神などが伝わる。

土公神の日本への受容経緯は定かでないが、平安期、陰陽師により伝わったとする説が有力。その後、密教の影響により多様な変化を遂げたと考えられる。

密教では普賢菩薩（ふげんぼさつ）と習合、おふげんさまとして土間に祀られることがある。

道祖神、猿田毘古神《さるたひこのかみ》と同一神とも

民間信仰では、土公神はその名を石に刻まれて祀られることもある。この場合の神格は土地神（道祖神）であり、猿田毘古神（48頁）とも同一神とされる。

土公神の名を刻み祀った石は道祖神と同一視される。

3　五行説の基礎知識

五行説とは世界を構成する物質として木火土金水の５つを挙げ、それぞれが影響しあい変化することによって世界の成り立ちやその仕組みを解き明かすもの。

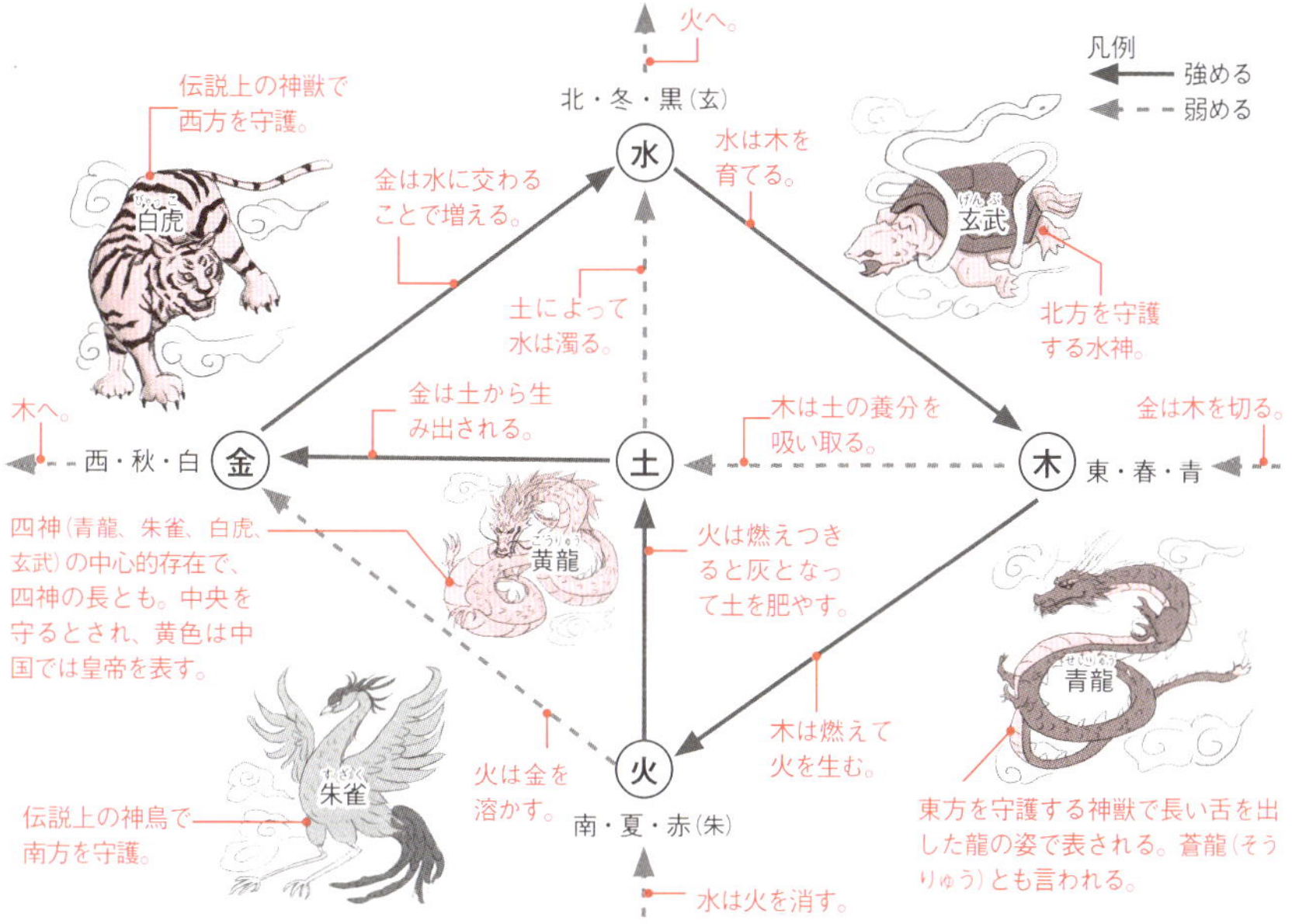

四季で変わる土公神の居場所

土公神は季節により邸内の各所を移動するという。それぞれの場所は方《かた》忌《い》みとされ、手を入れることなどは禁じられる。

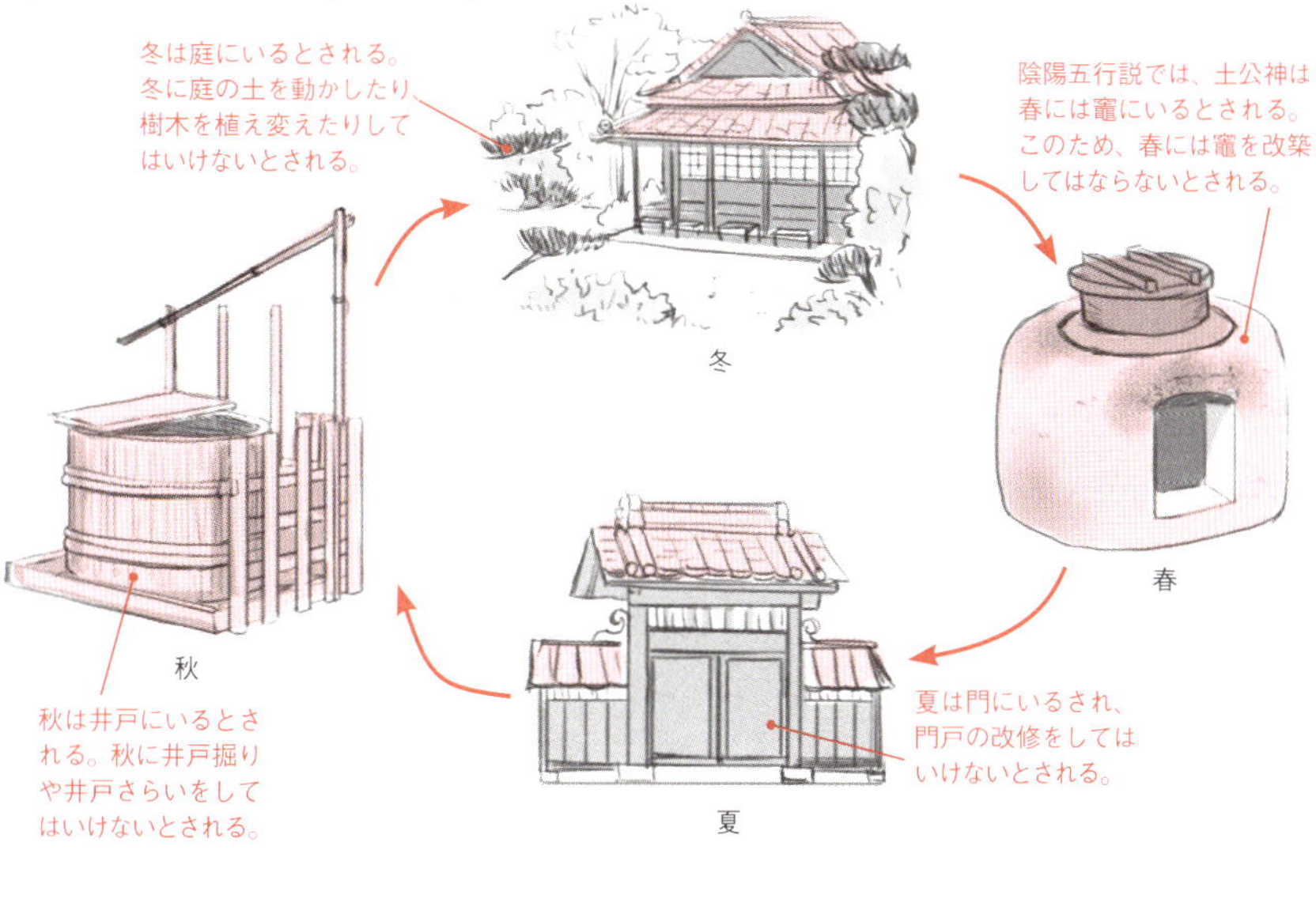

飯《い》綱《づな》権《ごん》現《げん》

妖術を授ける修験の神

飯綱権現は、白い狐に乗り、火焔《かえん》を背負い、烏《からす》のくちばしをもった姿で描かれる。異形の神といえよう。長野県の飯縄山《いいづなやま》の神で、修験者たちによって信仰され、広められた。

権現とは仏や菩薩が人々を救済するために仮《か》(権)りの姿をとって現れること。日本では神の姿で現れると考えられ、とくに修験※1の山で信仰された。蔵王《ざおう》権現※2や熊野《くまの》権現※3などがよく知られる。

飯綱権現は飯縄山の千日太夫《せんにちだゆう》と名乗る代々の修験者(行者)によって広められた。とくに室町時代以降、飯綱権現が授ける飯縄法《いづなほう》と呼ばれる狐使いのような妖術が公家や武家の間で人気を得る。

こうした不思議な力をもつとされる飯綱権現は、戦国武将からも一目置かれ、なかでも武田信玄や上杉謙信は、この神を軍神としてとくに篤く信仰した。剣術の神道無念流《しんとうむねんりゅう》は、創始者が飯縄山に参籠中、飯綱権現に祈願して会得した奥義に基づくという。

本地垂迹《ほんじすいじゃく》により誕生した飯綱権現

権現は仏が神という仮の姿で姿を現したものという本地垂迹思想から生まれたものだ(16頁)。この思想により、さまざまな性格をもった神が誕生していった。飯綱権現もその1柱で、不動明王や烏天狗などの性格が集まって成立した和製の神である。

飯綱権現の聖地・飯縄山(飯綱山とも、長野)は応神天皇(60頁)の御代、神世七代(かみよななよ、25頁)の五代・意富斗能地神(おおとのじのかみ)が高天原から降臨した場所とされる。

飯綱権現
神名は山ごもりした行者が飯縄山の山頂の砂を食べて修行をこなしたことからついた。飯砂(めしずな)が転じて飯綱になったとされる。

手足に小さな蛇が巻きついているのは、弁財天(108頁)との関わりを示すもの。弁財天の神使(眷属)は蛇とされている。

狐に乗った姿は荼枳尼天(だきにてん、96頁)との関わりを示す。信仰が民間に広がっていく中で、飯綱権現には不動明王、荼枳尼天、烏天狗、弁財天などが合わさった独自の神格ができあがっていった。

※1:修験道は、日本の山への信仰と密教が結びついたもの。平安時代の役行者(えんのぎょうじゃ。役小角[えんのおづの]とも)を開祖とする。山中で修行し、呪術や祈祷などを行う。

謎の獣・管狐《くだぎつね》を使った飯縄法

修験道では、行者が除災、招福などを目的とした修法《しゅほう》（加持祈祷）を行う。かつては獣を使った妖術も行ったという。飯綱権現が授けるとされた飯縄法もそうした妖術の1つだ。

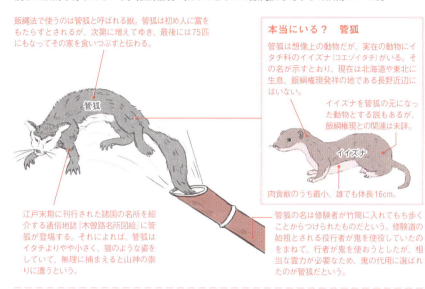

飯縄法で使うのは管狐と呼ばれる獣。管狐は初め人に富をもたらすとされるが、次第に増えてゆき、最後には75匹にもなってその家を食いつぶすと伝わる。

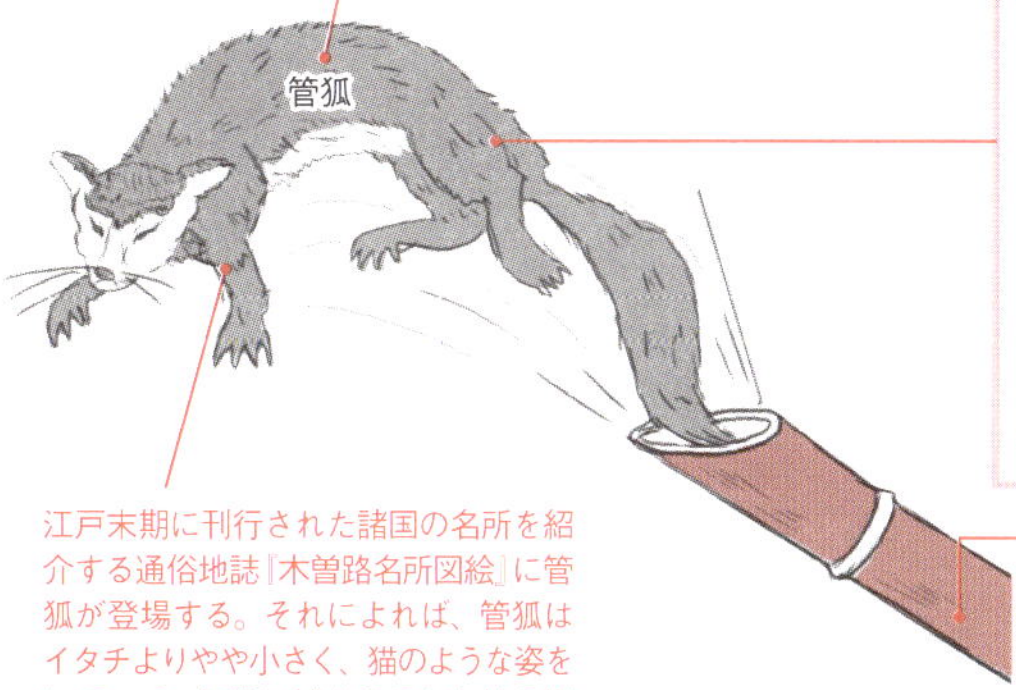

江戸末期に刊行された諸国の名所を紹介する通俗地誌『木曽路名所図絵』に管狐が登場する。それによれば、管狐はイタチよりやや小さく、猫のような姿をしていて、無理に捕まえると山神の祟りに遭うという。

管狐の名は修験者が竹筒に入れてもち歩くことからつけられたものだという。修験道の始祖とされる役行者が鬼を使役していたのをまねて、行者が鬼を使おうとしたが、相当な霊力が必要なため、鬼の代用に選ばれたのが管狐だという。

本当にいる？　管狐

管狐は想像上の動物だが、実在の動物にイタチ科のイイズナ（コエゾイタチ）がいる。その名が示すとおり、現在は北海道や東北に生息、飯綱権現発祥の地である長野近辺にはいない。

イイズナを管狐の元になった動物とする説もあるが、飯綱権現との関連は未詳。

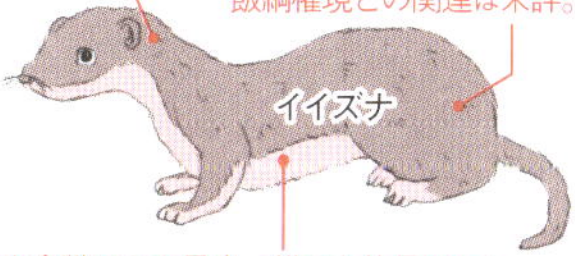

肉食獣のうち最小、雄でも体長16cm。

武将に愛された飯綱権現

不思議な力をもつとされた飯縄法。これを授ける飯綱権現は多くの武将から崇敬を集めた。なかでも軍神といわれた戦国大名・上杉謙信は兜に飯綱権現をあしらうほど、深い崇敬を寄せていた。

上杉謙信のほか、武田信玄、足利義満などの武将たちが飯綱権現を崇敬したとされる。

兜に配された飯綱権現

飯綱権現は仏教の不動明王と同一視とされることもある。不動明王は大日如来が悪を降伏させるために忿怒の表情で現れた姿だとされる。こうした伝承も、武将たちの信奉を集めた理由の1つとなっているようだ。

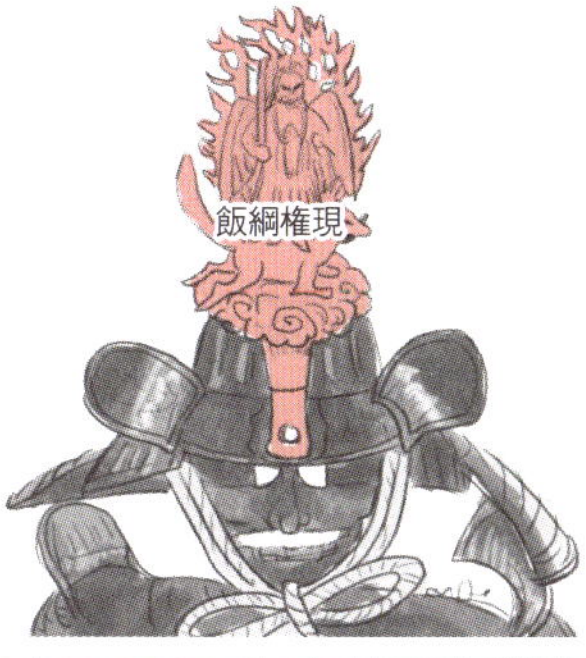

※2：金剛蔵王菩薩（こんごうざおうぼさつ）ともいう。役行者が金峯山（きんぷせん、奈良）で修行し、感得したもので、修験道の本尊とされる。※3：熊野三山（和歌山）の神のこと。熊野本宮大社の神は阿弥陀如来、熊野速玉大社の神は薬師如来、熊野那智大社の神は千手観音とされた。

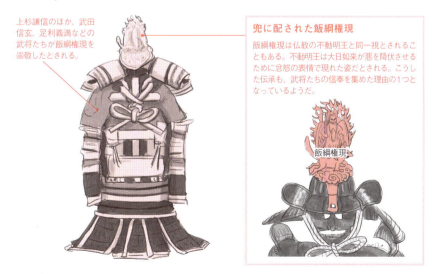

宇《う》賀《が》神《じん》

半人半蛇の豊穣の神

中世、人々に福を授け、五穀豊穣をもたらす神として、**宇賀神**が登場した。『古事記』、『日本書紀』に見える宇迦之御魂神《うかのみたまのかみ》（96頁）に由来するという。ウカとは食物とくに稲のことをいうので、もともとは穀物の神だったのだろう。

穀物の神であった宇賀神が、仏教に取り入れられ**弁財天**（108頁）※1と習合し、さらに信仰が広まったとされる。そのため宇賀弁財天としても知られる。経典によれば、弁財天は頭に老人の顔をもつ蛇をいただくという。そのため、次第に宇賀神は蛇の体に人の頭をもつ姿で表されるようになっていった。

一方、蛇そのものを宇賀神として祀ることもある。蛇神としてのイメージが膨らんでいったことの背景には、蛇が田の水を司る水神とされていたことが挙げられる。豊かな実りをもたらすという役割が水神としての蛇を結びつけたのだと考えられる。蛇の好物とされる卵や酒が供えられることが多い。

半人半蛇の姿をした宇賀神

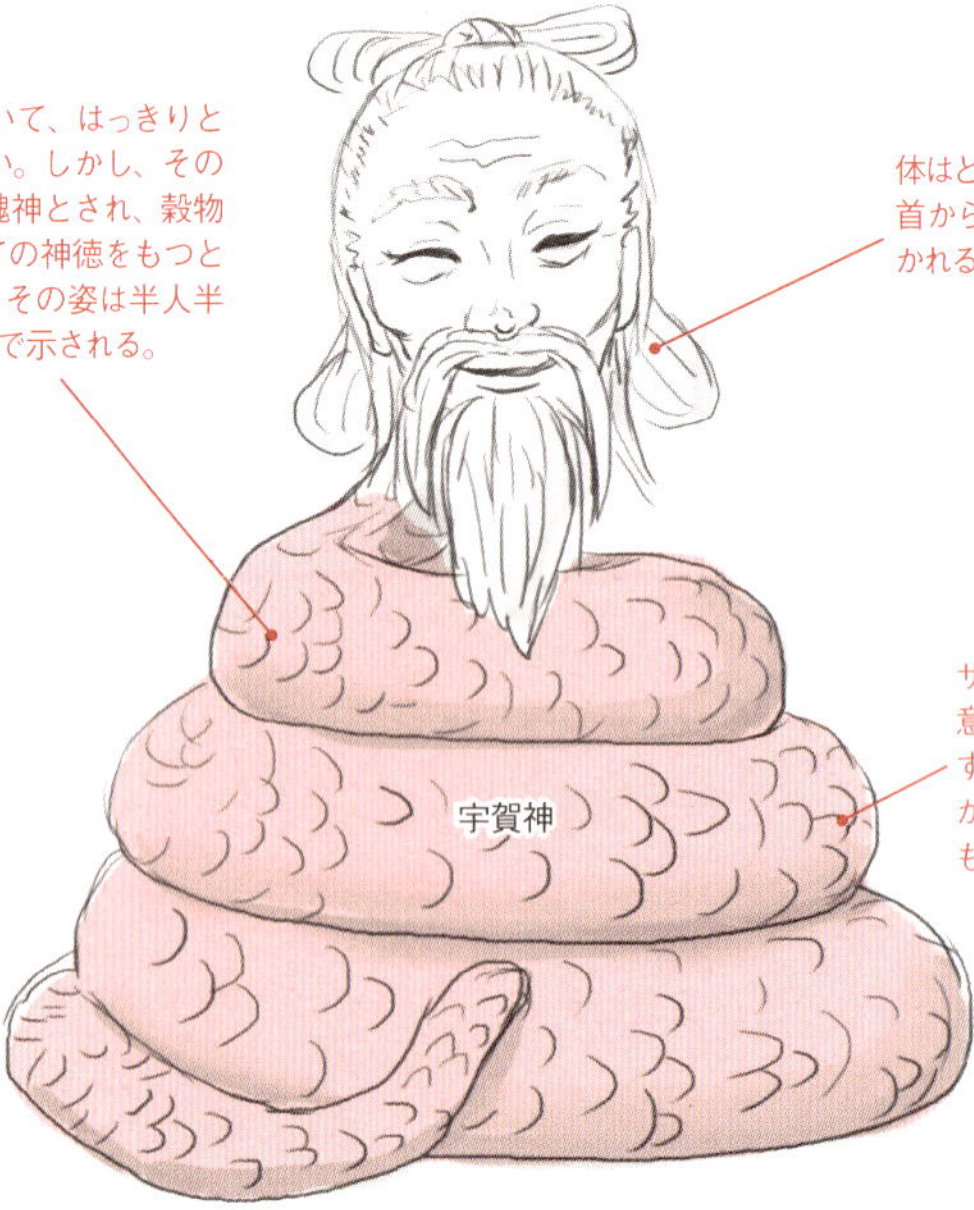
宇賀神の出自について、はっきりと記された文献はない。しかし、その神名から宇迦之御魂神とされ、穀物や食物などについての神徳をもつとされることが多い。その姿は半人半蛇という不思議な姿で示される。
体はとぐろを巻いた蛇、首から上は老人相で描かれることが多い。
宇賀神
サンスクリット語で宇賀神を意味する「ウガヤ」が蛇を意味する「ウラガ」と似ていることから、蛇の姿であるとする説も伝わる。

仏教の広まりで新たなご神徳も誕生

神名が近いことから、宇迦之御魂神とのつながりが伝わった宇賀神だが、仏教の広まりと同時に、弁財天とも習合。「宇賀弁財天」の神名で、財宝を司る神としての御神徳も誕生した。

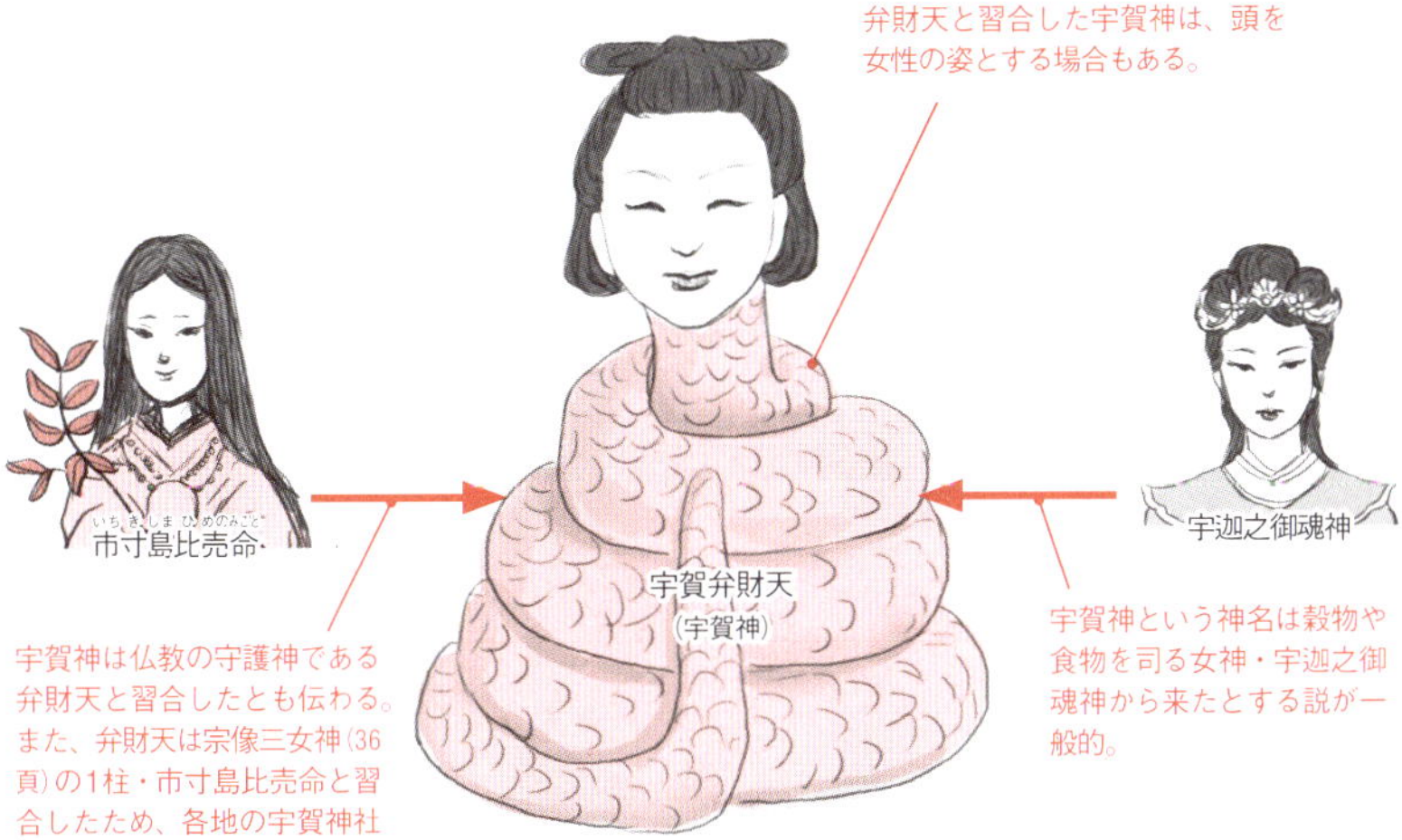
弁財天と習合した宇賀神は、頭を女性の姿とする場合もある。
市寸島比売命《いちきしまひめのみこと》
宇賀弁財天
（宇賀神）
宇迦之御魂神
宇賀神は仏教の守護神である弁財天と習合したとも伝わる。また、弁財天は宗像三女神（36頁）の1柱・市寸島比売命と習合したため、各地の宇賀神社では、宇賀神と市寸島比売命を合祀するところも。
宇賀神という神名は穀物や食物を司る女神・宇迦之御魂神から来たとする説が一般的。

弁財天の頭に乗る宇賀神も

中世に入って、弁財天の頭に宇賀神を乗せた像がつくられた。とくに江戸期の図像にこうした姿が散見される。

琵琶湖に浮かぶ竹生島（ちくぶじま）には「日本三大弁天※2」の1つといわれる宝厳寺（滋賀）がある。宝厳寺の弁財天像は頭に鳥居と宇賀神をかかげている。
弁財天
8本の手に武器をもつ。

弁財天の頭上に乗る宇賀神

頭上に宇賀神や鳥居を乗せた弁財天が登場したのは、鎌倉期頃のことだとされる。

※1：もとはインドの神。※2：ほかの2つは江島神社（神奈川）、厳島神社（広島）。

column｜神の世界を今に伝える『古事記』『日本書紀』

国土や神々の誕生や天皇家の起源など、日本の神話を伝えているのが、『古事記』と『日本書紀』である。

これらの原本は残念ながら残っていないが、写本が残されている。

『古事記』が完成したのは8世紀、712年だとされる。また『日本書紀』は正史、すなわち歴史書として、同じく8世紀の720年に完成したとされている。こちらは全30巻にも及ぶ壮大なものだ。

現存最古の『古事記』写本

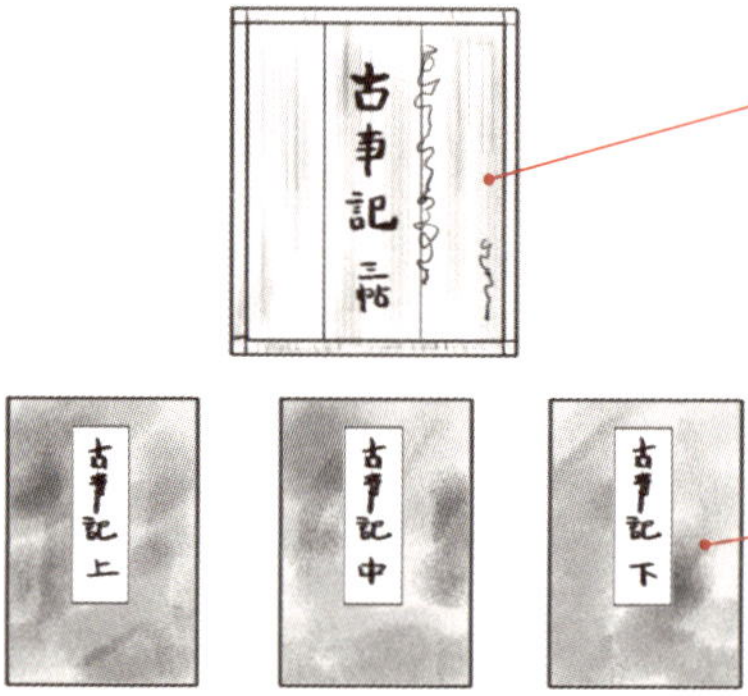

現存するもっとも古い『古事記』の写本は14世紀のもの。江戸後期、尾張藩の藩士で国学者だった稲葉通邦（いなばみちくに）により、真福寺宝生院（大須観音、愛知）で見つかったという。稲葉通邦は、約35年をかけて古事記を注釈したとされる本居宣長（もとおりのりなが）の門人。

国宝で真福寺本とも呼ばれ、古事記研究の基本資料となっている。上・中・下の3巻からなり、上・中巻は1371（応安4）年、下巻は1372（応安5）年に僧・賢瑜（けんゆ）によって書写された。

400年以上前に印刷された『日本書紀』

後陽成（ごようぜい）天皇の勅命（ちょくめい）により、慶長年間（1596-1615年）に刊行された『日本書紀』神代巻。慶長勅版（けいちょうちょくはん）ともいわれる。印刷にあたっては、李朝の銅活字※1を参考にしたとされる。

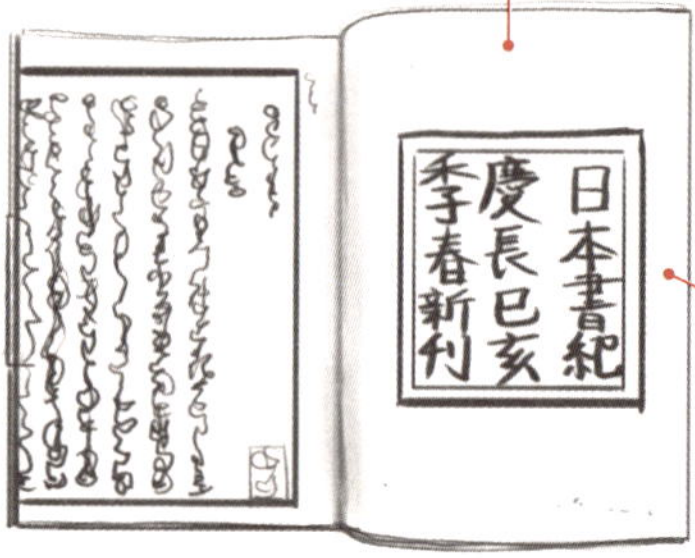

後陽成天皇は好学の天皇として知られ、『日本書紀』の他に『孝経（こうきょう）※2』『論語』『四書』などを刊行、これらは古典文化研究の新しい潮流となった。

※1：日本への金属活字が入ったのは13世紀とされる。「銅活字」は朝鮮半島の高麗（こうらい）で最初につくられたとされる青銅製の活字。※2：中国・儒教の経典で、孔子（こうし）の言葉を弟子が記したものとされる。

4章

ありがたい神様の
スゴいご利益

出会いを結ぶ夫婦神

縁結びの神

（伊邪那美命《いざなみのみこと》・須佐之男命《すさのおのみこと》・大国主神《おおくにぬしのかみ》とその妻神）

いつの時代も恋愛は大きな関心事の1つ。そのため古くから縁結びを願われる神々がいた。

まずは最初の結婚をした**伊邪那岐命**《いざなぎのみこと》と**伊邪那美**《いざなみの》**命**《みこと》（26頁）。2神は淤能碁呂島《おのころじま》をつくって結ばれ、島々、自然を生み出した。淤能碁呂島だと伝えられる自凝島《おのころじま》神社（兵庫）はご利益があると人気だ。

伊邪那岐命の子・**須佐之男命**《すさのおのみこと》（34頁）は、出雲で**櫛**《くし》**名田比売**《なだひめ》（40頁）と出会い、**八岐大蛇**《やまたのおろち》（64頁）を退治し結ばれる。新居にちなむのが島根県松江市の八重垣《やえがき》神社。縁結びの聖地として知られている。

須佐之男命の子孫・**大国主神**は大変美男の神。全国津々浦々に妻を持ち、正妻・**須勢理毘売命**（43頁）に嫉妬されるが、最後は仲直りをし、末永く仲良く暮らした。浮気者だが、初めて正妻を持ち、妻と仲良く暮らした大国主神を祀る出雲大社《いづもおおやしろ》は、いまも縁結びを願う多くの人で賑わう。

最初の夫婦、伊邪那岐命・伊邪那美命

国生み・神生みの夫婦神

神話世界で、初めての夫婦として描かれる伊邪那岐命・伊邪那美命。淡路島にある自凝島神社ではこれらの2柱に、黄泉国（よみのくに）でのやり取りで※1仲を取りもった菊理媛尊（くくりひめのみこと）を合わせた3柱を祀る。

夫婦神は淡路島をはじめ、日本の島々を生み、多くの自然神を生んだ。

夫婦神の系統図

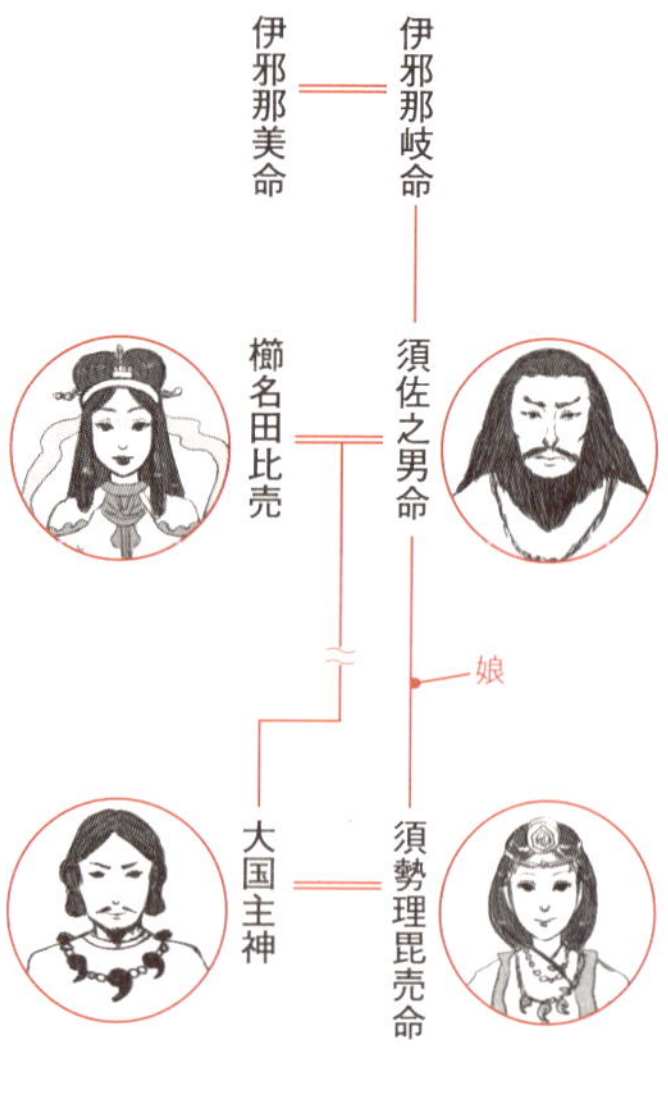

これらの神々は夫婦で祀られることも多く、縁結びの御神徳が伝わる。

櫛名田比売を救って妻にした須佐之男命

須佐之男命と櫛名田比売を祀る八重垣神社。奥の院（天鏡社）の神域は佐久佐女《さくさめ》の森といわれ、縁結びに効果があるという鏡の池がある。

池の端に建つ天鏡社は櫛名田比売を祀る。

須佐之男命は「八雲立つ　出雲八重垣　妻籠みに　八重垣作る　その八重垣を」と歌を詠み、新居を設けたという。社名はその歌に由来する。

鏡の池で縁を占う

櫛名田比売が、自分の姿を映す鏡としていたという伝説が残る鏡の池。紙を沈めて縁を占う「鏡の池占い」が人気。社務所で専用の半紙を購入し、小銭を乗せて池に浮かべると、お告げの文字が浮かぶ※2。

恋多き大国主神は6柱の妻神をめとった

須佐之男命の子孫に、美男とされる大国主神がいる。大国主神は各地の女神と恋仲になり、正妻・須勢理毘売命に嫉妬されるが、最後は仲直りをし、末永く仲良く暮らした。その大国主神を祀る出雲大社（島根）は、今も縁結びを願う多くの人で賑わう。

本殿の屋根は檜皮葺（ひわだぶき）で、棟の上には長さ7.9mある2組の千木が交差する。

本殿の様式は切妻造、妻入で、社殿への入口を向かって右側につけることが特徴の大社造。

大国主神は「国譲り」の代償に出雲大社を贈られ、同時に幽世（かくりよ）の神事、つまり目に見えない人の縁などを司ることになった。これが「出雲大社＝縁結びの神」の由縁とされている。

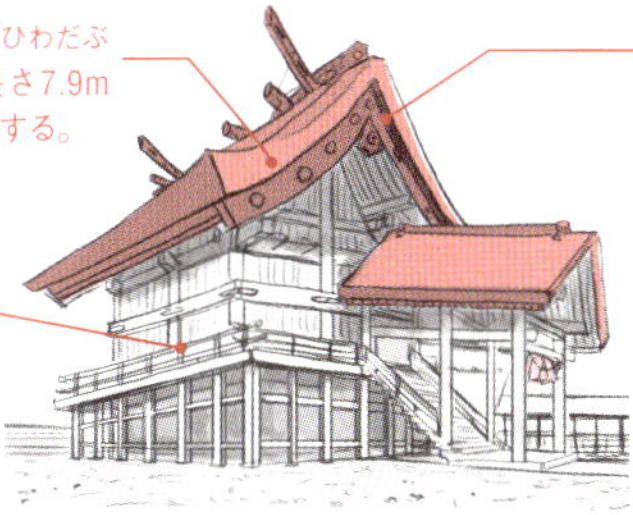

■出雲大社にいる・いない？　大国主神の妻たち

神名	解説	祭神とする主な神社
須勢理毘売命	大国主神の正妻。父・須佐之男命の試練を受けた大国主神（当時の神名は大穴牟遅神）を助けた。	境内摂社・御向社（みむかいのやしろ、島根）
多紀理毘売命《たきりびめのみこと》	宗像三女神（36頁）の1柱。須佐之男命と天照大御神のやりとり（誓約、うけい）で須佐之男命の剣から誕生した。	境内摂社・筑紫社（つくしのやしろ、島根）
八上比売《やがみひめ》	木の神・木俣神（きのまたのかみ）を生む。嫉妬深い須勢理毘売命の嫌がらせを受け、実家に帰ってしまったという。	賣沼《めぬま》神社（鳥取）
沼河比売《ぬなかわひめ》	『古事記』にのみ登場。福井～山形の日本海側にあった高志国（越国）に住んでいたという。諏訪大社の主祭神・建御名方神を生んだ。	奴奈川《ぬなかわ》神社（新潟）
神屋楯比売命《かむやたてひめのみこと》	「国譲り」のシーンに登場した漁業の神として知られる事代主神の母。	美保神社末社・大后社（きさいのやしろ、島根）
鳥取神《ととりかみ》	『古事記』にのみ登場。鳥取という地名の由来になったという説もある。	未詳

※1：『日本書紀』では、死んだ伊邪那美命とそれを追いかけて黄泉国へ出かけた伊邪那岐命が口論となるも、菊理媛尊が取り持ったと記載がある。※2：紙が沈むのが早いほど良縁の訪れが早いとされる。また、紙が遠くのほうへ流れていけば遠くの人と、近くに沈めば近い人と縁があるとされる。

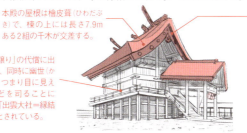

投げ飛ばして勝利した武神

勝負の神

（建御雷神《たけみかづちのかみ》・経津主神《ふつぬしのかみ》・天手力男神《あめのたぢからおのかみ》）

ここ一番の勝負のとき、願うならどんな神だろうか。勝ちへ導く神といえば**建御雷神**（44頁）だ。**天照大御神**《あまてらすおおみかみ》が地上の「国譲り」を**大国主神**《おおくにぬしのかみ》に求めたときに派遣された剣の神である。このとき大国主神の息子の**建御名方神**《たけみなかたのかみ》が力比べを挑んでくると、手を取り葦を引き抜くように投げ飛ばした。こうして国譲りは成功へと導かれた。『日本書紀』は、建御雷神とともに**経津主神**も地上にやって来たとする。建御雷神は茨城県の鹿島神宮に、経津主神は千葉県の香取神宮に祀られるが、いずれも剣の神、戦いの神として、全国の多くの武道場に祀られる。

ほかには天照大御神が天《あめ》の石屋《いわや》に閉じこもったとき、その戸をこじ開けた**天手力男神**（39頁）も力強さから戦いの神となった。石屋の戸が投げ飛ばされてできたという長野の戸隠山《とがくしやま》にある戸隠神社は、スポーツの必勝祈願で知られる。

利根川の両岸に対峙する武神2柱

葦原中国を平定した2柱の武神、建御雷神と経津主神は勝負事の神として今も信仰を集める。建御雷神を祀る鹿島神宮（茨城）と経津主神を祀る香取神宮（千葉）は利根川をはさんで対峙しており、12年に1度行われる「御船祭（みふねまつり）」では2神が水上で出会う。

香取の経津主神

香取神宮のほか、春日大社（奈良）の祭神でもある。経津主神という神名のうちの「フツ」は剣で何かを切る際の音、あるいは「奮い立つ」ようすを示したものとされる。

鹿島の建御雷神

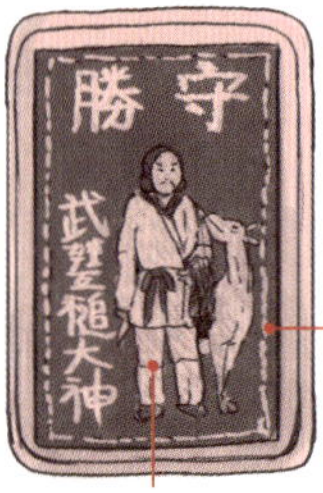

鹿島神宮や春日大社の祭神。

鹿島神宮の「勝守」には、日本神話において最強の武神で、かつ勝利の神とされる建御雷神が刺繍されている。

建御雷神に「国譲り」の使命を伝えた天照大御神の使者・天迦久神（あめのかくのかみ）が鹿の神霊であることから、鹿島神宮の神使は鹿とされている。

建御雷神が街を行く　鹿島神宮最大の祭典・神幸祭《しんこうさい》

鹿島神宮は祭礼の多い神社として知られ、その数は年間80回にも及ぶ。なかでも祭神・建御雷神の山車《だし》が街を練り歩く神幸祭は多くの人を集め、いわば建御雷神のハレの日といえる。

山車の歴史は160年！

神幸祭に山車が初めて登場したのは1857（安政4）年。現在の山車は社地周辺の自治体が保有、すべてが鹿嶋市の指定有形文化財となっている。

例祭・神幸祭は、毎年9月1〜2日にかけて開催。年間80回を数える鹿島神宮の行事のなかで最も勇壮な祭典とされる。

建御雷神の山車のほか天照大御神の山車なども出る。

例祭の行列は、祭神の建御雷神を分霊した神輿を中心に大鳥居から西へ延びる大町通りを往復する。

高天原一の怪力神・天手力男神

天手力男神を祀る戸隠神社は5つの社地からなる。このうち、奥社の背後にそびえる戸隠山は大岩が飛ばされてできたという逸話をもつ。

戸隠神社は849（嘉祥［かしょう］2）年に学問行者（がくもんぎょうじゃ）なる修験僧が奥社の地を発見、修験を始めたことが由来。

奥社拝殿の背後には、神話で天手力雄命が投げ飛ばした岩戸とされる戸隠山がそびえたつ。

無双の神が祭神

祭神の天手力男神は天の石屋隠れ（39頁）の際、岩戸を押し開いた神で、高天原（たかまのはら）一の怪力とされる。武神、スポーツの神、必勝の神としての神徳が伝わる。

天手力男神

天皇家につながる安産成就の神々

伊邪那美命に始まる安産の神

安産の神の多くは天皇の祖先神やその妻神。安産の神として全国の熊野神社などに祀られる。

安産の神として全国の子安神社で祀られる。

各地の豊玉毘売神社、山中諏訪神社（山梨）、淀姫神社（佐賀）などで祀られる。

伊邪那岐命 ＝ 伊邪那美命
天照大御神
迩迩芸命 ＝ 木花之佐久夜毘売
火遠理命《ほおりのみこと》（山幸彦） ＝ 豊玉毘売
神武天皇

安産祈願の聖地・水天宮

平家一族と共に壇の浦で入水した若き安徳天皇とその母（平徳子［たいらのとくこ］）を祀る水天宮も安産を願う多くの女性が訪れる。東京の水天宮は1818（文政元）年、福岡県の水天宮の分社として創建された。

2016（平成28）年、3年の歳月を費やして建て替えられた社殿は白木を基調とし、繊細な彫刻や飾り金具による豪奢な装飾が施されている。

江戸期より、庶民から安産祈願の崇敬を集めてきた神社といえば東京・中央区の水天宮。お産が軽いという犬にあやかり、毎月の戌（いぬ）の日には安産の祈祷を乞う多くの人で賑わう。

水天宮の腹帯は「鈴の緒」

水天宮で授与される腹帯は「鈴の緒　御子守帯（みすずおび）」といわれる。鈴の緒は社殿の前の設置された鈴の紐に由来し、おなかに直接巻くことで、胎内の赤ちゃんを支えてくれるという。

過酷な出産をした女神たち

安産の神（伊邪那美命《いざなみのみこと》・木花之佐久夜毘売《このはなのさくやびめ》・豊玉毘売《とよたまびめ》）

神話のなかで女神たちはときに過酷な出産をする。**伊邪那美命**（26頁）は火の神を生んだため、大やけどを負って亡くなった。しかしたくさんの神を生んだ女神は子授け、安産の神となった。

木花之佐久夜毘売（50頁）は、天孫・**迩迩芸命**《ににぎのみこと》に見初められて結婚し妊娠するが、不貞を疑われ、疑いを晴らそうと産屋に火を放ち火中で3人の子を生んだ※。炎のなかで無事出産をしたので、女神を祀る神社では安産が祈願される。

海の女神・**豊玉毘売**（52頁）は**山幸彦**《やまさちひこ》の子（迩迩芸命の孫）を地上で出産する。その際、夫に本来の姿を見られてしまい、女神は泣く泣く子を置いて海へ帰ることに。出産の場とされる鵜戸《うど》神宮（宮崎）には、このとき女神がくっつけた乳房だというお乳岩がある。御子はこの岩から滴る水で育てられたと伝えられ、この物語から安産、子育ての神となった。

木花之佐久夜毘売が鎮まる子安神社

富士山の神として知られる木花之佐久夜毘売だが、安産の神として全国の子安神社で祀られる。伊勢神宮（三重）の内宮にも子安神社がある。

伊勢神宮内宮の境内にある子安神社の祭神は木花之佐久夜毘売。

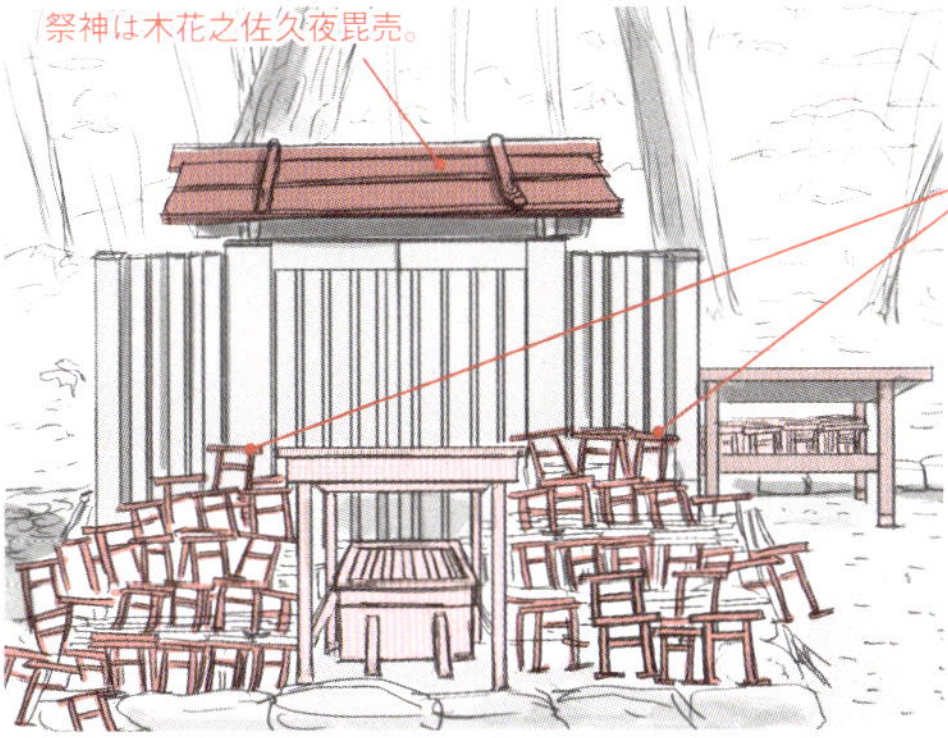

子授け、安産に効くミニ鳥居

社殿の周囲には子授けの祈願や、安産のお礼参りの人々によるミニ鳥居が数多く奉納されている。ミニ鳥居は社地のそばにある俵田屋や宮忠といった神具専門店で授与している。本来は神棚に飾るためのものだが、子安神社に奉納する参拝者が多い。

豊玉毘売が御子を生んだ産屋跡に建つ・鵜戸神宮

鵜戸神宮の社殿は豊玉毘売が山幸彦との間にできた子（鵜葺草葺不合命《うがやふきあえずのみこと》、神武天皇の父）を生むための産屋があったとされる洞窟に建つ。

洞窟に建つ社殿

本殿は、日向灘に面した自然洞窟のなかに鎮座する。主祭神は鵜葺草葺不合命。

極彩色の社殿は、本殿・幣殿・拝殿が一体なった権現造（八棟造）。創建年代は未詳だが、782（延暦元）年に天台宗の開祖・光喜坊快久（こうきぼうかいきゅう）が再興したと伝わる。

安産の聖地を象徴するお守り

鵜戸神宮の安産祈願のお守りには、産着にくるまれた赤ちゃんの刺繍が施されている。なお出産後、鵜戸神宮へ郵送すると子供お守りに交換してもらうことができる。

社殿の奥には清水湧くお乳岩

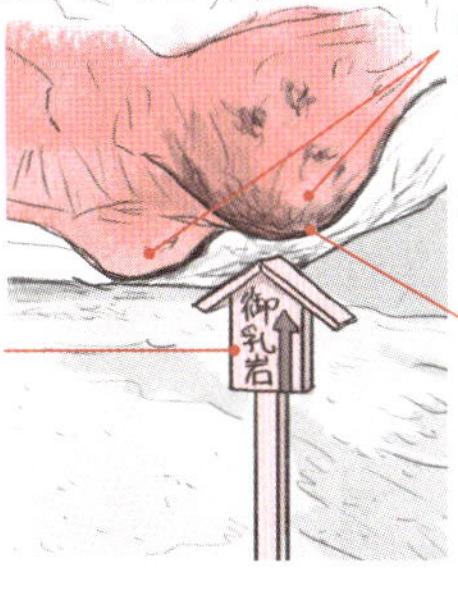

豊玉毘売は生後間もない御子のために乳房を残して去った。それが本殿が鎮まる洞窟にあるお乳岩だとされる。

左右2つのお乳岩からは、母乳が滴るように今も玉のような清水が滴り落ちている。

鵜戸神宮のお土産「おちちあめ」

「おちちあめ」は、直径2cm程の楕円形をした飴で、お湯に溶かして飲むとお乳の出がよくなるとされる。

鵜戸神宮のお土産として人気がある。

※：木花之佐久夜毘売が燃え盛る産屋で出産した御子の1人が山幸彦（火遠理命）。

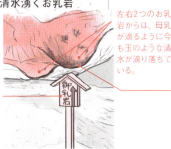

痛みを癒やす国作りの神

病気平癒の神

（大国主神《おおくにぬしのかみ》・少彦名神《すくなひこなのかみ》）

治癒神とは病気や怪我を治してくれる神のこと。「因幡《いなば》の白《しろ》ウサギ」として知られる神話は**大国主神**が治癒神であることを伝える（42頁）。この神話で大国主神は、皮を剥がれたウサギに真水で傷を洗い、ガマの花粉をまき散らした上で転がると良いと教えた。ガマの花粉は漢方でいう蒲黄《ほおう》のことで、止血の効果があるとされる。まさに正しい治療をしたのだ。

この大国主神は**少彦名神**というとても小さな神と一緒に「国作り」をした。2神は人間や家畜のために病を治す方法を定めた。そこで少彦名神も治癒神とされることになった。また2神は人間が早く死んでしまうことを哀れんで「温泉の術」を定めたと知られる。おそらく正しい入り方を教えたのだろう。道後温泉や伊豆の温泉を開いたともいわれ、治癒神として各地の温泉に祀られている。

兄弟の契りを交わした2柱の神

須佐之男命の試練を乗り越えた大国主神は、日本の国土を拓く「国作り」を行おうとする。その時現れたのは海の彼方からやって来た助っ人、少彦名神だった。

大国主は少彦名神と出会い、共に国作りを行った。

蛾の羽でできた服を着たといわれるほど小さな神。医薬の神として知られ、少彦名神社（大阪）などで祀られる。

『古事記』には国作りについての詳細は記されていないが、『日本書紀』や『風土記』が伝えている。それによれば2柱の神は各地で農業、病気の治療などについての技術を授けて回り、同時にたくさんの温泉を開いたとされる。

海の彼方からガガイモ（植物）の舟に乗ってやって来て、大国主神とともに国を開いたのち、常世国へと帰っていった。

白ウサギに治療法を教えた痕跡は因幡国《いなばのくに》に残る

サメをだまして浜辺へ渡ろうとした白ウサギは策を見破られ、皮を剥かれる。大国主神の兄らの進言により体を塩水で洗うと、傷はより悪化。この傷の正しい治療法を教えたのが大国主神だった。鳥取県にある白兎《はくと》神社の近辺には、こうした白ウサギの治療にちなむ場所がいくつかある。

体を洗った御身洗池《みたらしいけ》

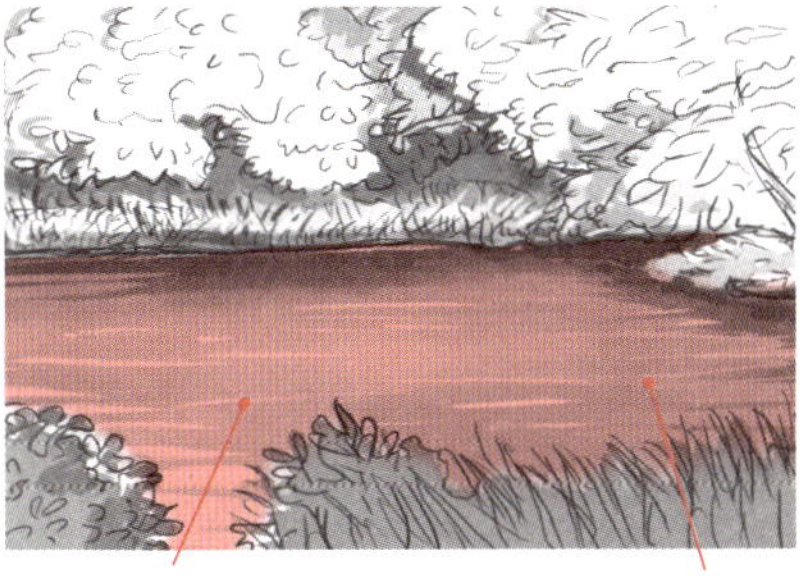

白ウサギを祭神とする白兎神社には、大国主神の言葉に従い、白ウサギが（真水で）体を洗ったとされる御身洗池がある。

季節を問わず水位が一定であるため「不増不滅の池」とも呼ばれる。

日本で最初の薬とも

参道にはガマが植えられている。白ウサギが治療に使ったガマは日本最初の薬ともいわれる。実際にガマの花粉は消炎作用をもつほか、内服して利尿薬や通経薬として利用されることがある。

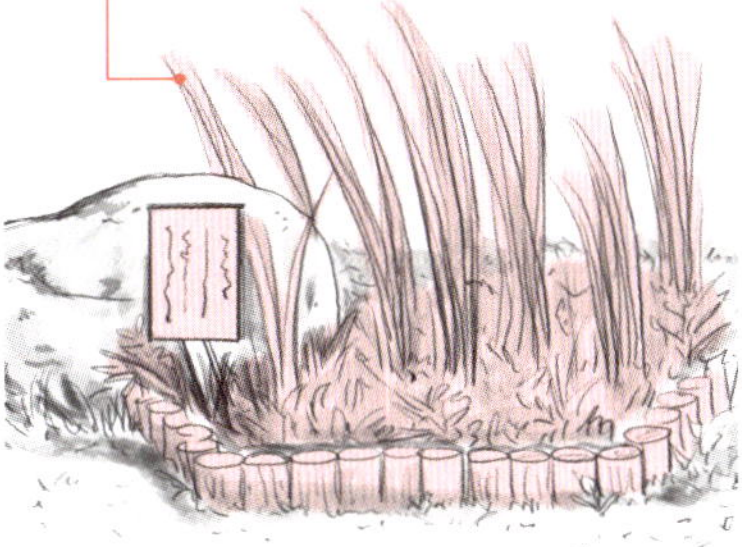

国作りした2柱の神が見つけた古湯・有馬温泉

多くの温泉地に大国主神と少彦名神を祀る温泉神社、湯神社が鎮まる。2柱の神が開湯したと伝わる有馬温泉（兵庫）にも古社・温泉《とうせん》神社が残る。

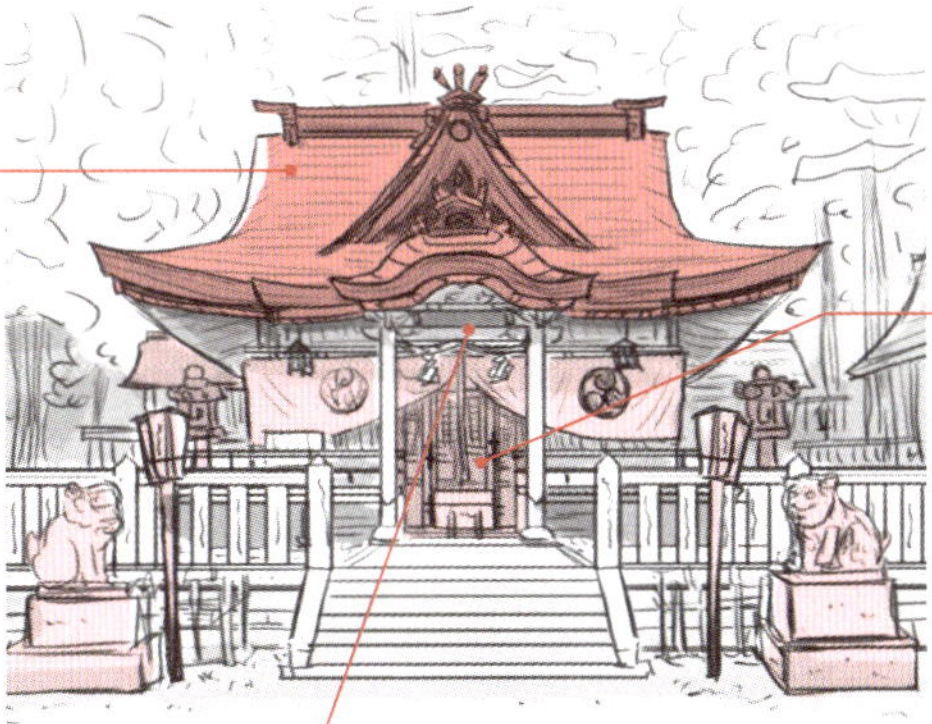

有馬温泉の中心地にあり、温泉（ゆの）神社とも呼ばれる。『日本書紀』では631（舒明［じょめい］天皇3）年に舒明天皇、647［大化3］年に孝徳天皇が参拝したとある。

有馬温泉を最初に発見したとされる大穴牟遅神（おおなむちのかみ、大国主神）、少彦名神のほか、熊野久須毘命（くまのくすびのみこと）を加えた3柱を祀る。

社殿彫刻のカラスが示す温泉発見の話

大穴牟遅神と少彦名神が薬草を探していたところ、傷ついた3羽のカラスが傷を湯で癒やしていた様子を見て有馬温泉を発見したとされる。

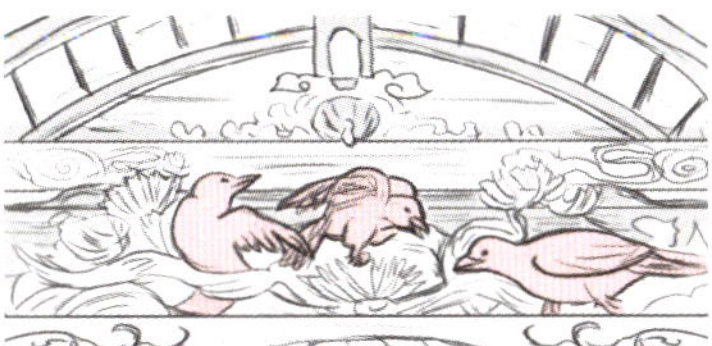

流されて、福の神となったえびす

福をもたらす恵比寿

商売繁盛の聖地といえば、兵庫県の西宮神社。祭神・えびす大神は福の神として知られ、毎年1月に行われる十日戎には1年の福を求めて多くの参拝客が集う。神札に描かれた西宮神社の祭神は釣り竿と鯛をもつおなじみの姿。

背後には神が宿るとされる松の木。

福の神の縁起物・福笹

毎年1月9日から3日間にわたり十日戎を開催。この間に限り、参拝者が本殿に立ち入ることができる。本殿は社殿を横に3棟配置した三連春日造。正面向かって右手から第一殿・えびす大神、第二殿・天照大御神および大国主神（おおくにぬしのかみ）、第三殿・須佐之男命（すさのおのみこと）を祀る。

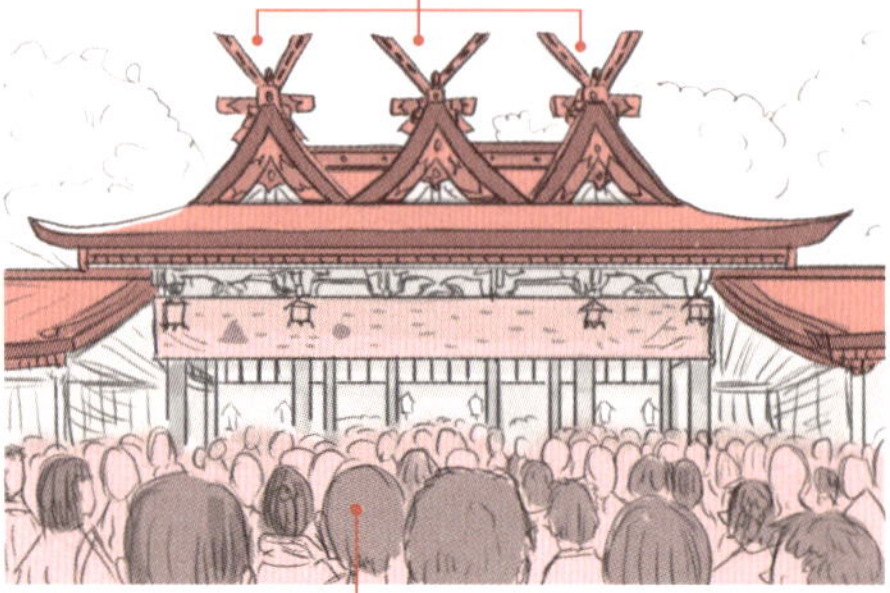

福の神の縁起物・福笹

参拝者のお目当ての1つが福笹。あらゆる福を招くとされる。笹は常緑樹で朽ちないこと、殺菌力があり、邪悪なものを振り払う力があると考えられたことから縁起物とされるようになった。

時代に即して神徳も変わる

商売繁盛の神

（恵比寿《えびす》・倭建命《やまとたけるのみこと》）

「商売繁盛笹もってこい」といえば十日戎《とおかえびす》。**恵比寿**（28頁）を祀る神社で1月10日に行われる祭りだ。いまでは商売繁盛といえば恵比寿だが、釣り竿をもち鯛を抱えた姿で描かれるように、もともとは漁民の間で信仰された神。漁民たちがイルカやクジラ、漂着した死体などを「えびす」と呼び大漁をもたらす福の神として信仰したのが始まりとされる。それが鎌倉時代頃から、豊漁だけでなく商売繁盛をもたらす神としてさまざまな地域に広まった。

年末には全国にある大鳥《おおとり》（鷲）神社で酉《とり》の市《いち》が立つ。大鳥神社の祭神は**倭建命**（56頁）。戦いの神であるが、11月の酉の日に行われる市で売られていた熊手が福をかき集める縁起物として人気となり、商売繁盛の神となった。

時代や人々の生業の移り変わりとともに神に願われるご利益も変化していくのだろう。

各地を平定した皇子は商売繁盛の神になった

死後、白鳥となって西に飛び立ったとされる倭建命。その倭建命を祀る大鳥(鷲)神社の酉の市では、縁起物として熊手が販売される。熊手には福の象徴や、倭建命を示す白い鳥が配される。

福を呼ぶ倭建命

各地の大鳥神社で祭神となっている倭建命は景行天皇の御子。東国を平定するなど武勇に優れた。開運招福、除災、出世などの神徳で知られる。

福をかき込む熊手

酉の市で販売される熊手は「運をかき込む」「金銀をかき集める」道具として、縁起物とされてきた。

熊手の上部に配された白い鳥は、倭健命が死後、白い鳥となって飛び立ったという伝承にちなむ。

鷲神社(東京)の熊手の価格は最高数十万円とされる。なお1万円以上の熊手を購入すると、お店の人が手締め(3本締め)をしてくれる。

酉の市の発祥はおとりさま・鷲神社

酉の市発祥の神社と伝わる東京・浅草の鷲神社。創建当初は「天の石屋隠れ」のシーンに登場する鷲《わし》※を神格化した天日鷲命《あめのひわしのみこと》を祭神としていたが、後に倭建命を合祀。地元では「おとりさま」の名で親しまれている。

東京・浅草に鎮まる下町の神社で、古来、江戸庶民らの崇敬を集めてきた。

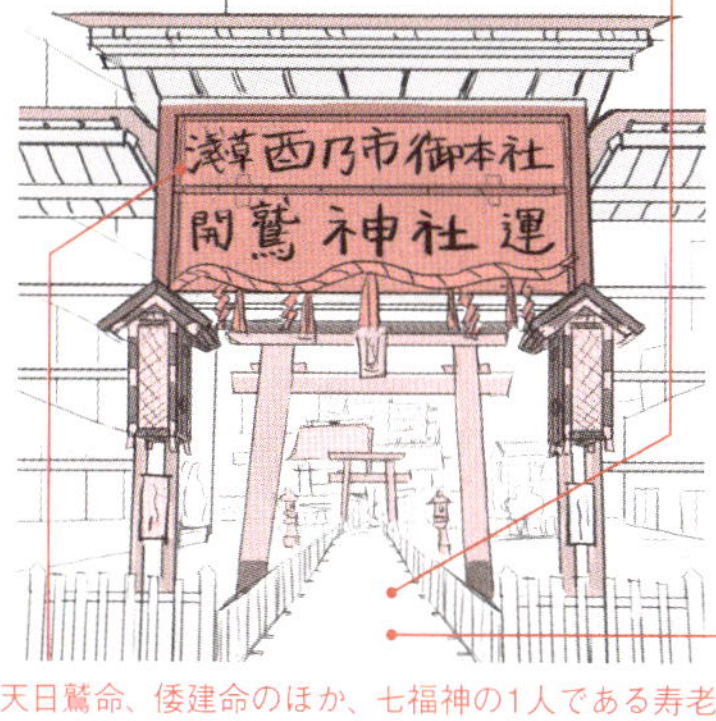

天日鷲命、倭建命のほか、七福神の1人である寿老人(じゅろうじん)を祀る。地元では「おとりさま」として親しまれ、毎年11月の例祭酉の市には多くの人が集まる。

毎年80万人が訪れる一大祭礼「酉の市」

倭建命が東征の際、戦勝を祈願したと伝わる。また、お礼参りの際に熊手を収めたのが11月の酉の日であったことから、この日を酉の市の起源としたという。

酉の市には150以上の店舗が立ち並び、70～80万人が福を求めて訪れる。

※:天照大御神が天の石屋から引き出された際、天宇受売命(あめのうずめのみこと)の舞に合わせて奏でられた楽器に降りた鷲。岩屋が開き、世の中が明るくなったことから、この鷲は開運や商売繁盛へ導く神として、天日鷲命の神名を与えられたという。

日本の食を司る

豊作の神（田の神・稲荷神《いなりのかみ》）

米を主食とする日本人にとって**田の神**はとても大事な神だ。日本各地で信仰され、呼び方も風習もさまざまあるが、山の神が田の神に代わると伝わる地域が多い。山の神が春に田に降り、田の神となって実りをもたらす。そして秋の収穫が終わると、山に戻って山の神になるというのだ。

稲荷神（96頁）も稲作の神であるが、この神もやはり山（稲荷山《いなりやま》）の神である。稲荷神といえば狐だが、狐はもともと春先に里に現れることから、山の神を田へと導くと考えられた。狐が稲荷神の使いになったというのもうなずける。

奥能登地方の田の神は、田と家とを往来する。12月には田の神を自宅に招き、収穫に感謝をしてもてなす「アエノコト」という行事が行われる。田の神はその家で年を越し、春にまた田へと送り出される※1。世界無形文化遺産にも登録された行事である。

人々に実りをもたらす田の神

田の神は地域によって呼び名や風習が異なるが、一般には田植えのときに祀られることが多い。
田の神の祭りは、種まき、田植え、収穫など、稲作の工程に合わせ、1年を通じて行われる。
田の神
民間の信仰では山の神を田の神とみなすところが多い。稲田を守護し豊かな実りをもたらす田の神は、春に山から降りてきて秋には山に戻るという。農神（のうがみ）ともいわれる。

『古事記』にはかかしが登場

『古事記』において、初めは謎の神とされた少彦名神の名を大国主神に教えた神が久延毘古だ。この久延毘古は田畑に立つかかしを神格化した神で、田の神や農業の神とされる。

奈良・大神（おおみわ）神社の境内に、久延毘古を祀った末社・久延彦神社がある。
久延毘古は学業・知恵の神としての神徳ももつ。
久延毘古《くえびこ》

田の神を我が家に迎える農耕儀礼アエノコト

石川県・能登地方で行われるアエノコトでは、各家庭に田の神（農業の神）を迎え入れる。食事を提供するほか風呂をわかすなど、人を接待するかのように振る舞うのが古くからの風習だ。

床の間に置かれた種もみの俵は田の神を表す。俵には冬期間中に、その神にお休みいただくという意味もある。

メバル、ブリ、大根など縁起が良いとされる海の幸・山の幸で供応する※2。このとき主人は、膳の内容を一つひとつ丁寧に説明する。

アエノコトで何をする？

①稲田で神を迎え、家へと案内する

当主が裃（かみしも）姿で稲田へ行き、お神酒と塩で田を清めて柏手を打ったのち、鍬入れする。田の神さまをお迎えし、家まで案内する。

②田の神に湯を供する

湯加減などを聞きながら田の神の背中を流すような所作をする。田の神は目が不自由であるとされ、「田の神さま、お風呂の準備ができました」「田の神さま、お湯の加減はいかがですか」など言葉掛けを行う。

神の象徴である榊（さかき）

豊作を前もって祝う田の神祭り

下呂《げろ》温泉（岐阜）に鎮まる森水無八幡神社《もりみなしはちまんじんじゃ》では毎年、厳寒の2月初頭、春を告げる祭礼「田の神祭り（花笠まつり）」が行われる。色鮮やかな花笠が舞う華やかな祭礼は稲の豊作を前もって祝う（予祝）という、中世以来の田遊び※3を神事化したものといわれる。

2月14日の本楽祭では、花笠をかぶった踊り子たちが櫓（やぐら）から観衆のなかに縁起物の花笠、だんご、小竹箸（おたけばし）などを投げ入れる「笠投げ」が行われる。これが田の神祭りのハイライトだ。

近隣の神社を合祀し、須佐之男命（すさのおのみこと）、猿田毘古神（さるたびこのかみ）をはじめ12柱を祭神とする。

2月7日の「神主頼（てでだの）みの儀」に始まり、13日の試楽祭、14日の本楽祭と続く。春を告げる祭礼として、県内外から多くの見物客が集う。

※1：耕作前の2月9日、五穀豊穣を祈願し、再び田に送り出す。※2：メバルは農作物の「芽が張る（出る）」、ブリは出世魚、大根は漢名（中国名）で莱菔（らいふく）といい、「来福」に通じることから縁起が良いとされる。※3：稲作の所作を模した古典芸能（民俗芸能）の総称で、神社の神田で行われる御田植祭（おたうえまつり）などがこれにあたる。

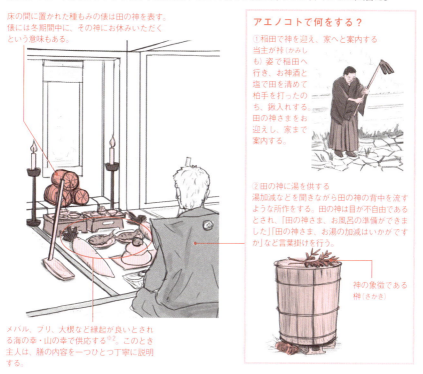

神社アイテムの起源

神社でいただく縁起物

神社ではお札やお守り、破魔矢《はまや》などをいただくことができる。これらは授与品といい、「買う」ではなく「いただく」という。

お札は、神札《しんさつ》、護符《ごふ》などともいう。紙や木に祭神名やシンボルを記したもので、神棚に納めたり、門や柱に貼ったりする。伊勢神宮のお札は神宮大麻《じんぐうたいま》といい、ほとんどの神社でいただくことができる。

このお札を小さくし、袋に入れて身につけて持ち運べるようにしたのがお守りである。家ではなく個人個人が身につけるので、学業成就や縁結びなど祈願ごとのお守りがある。

お正月にいただく破魔矢は、もとは破魔弓とともに年初の占いに使うものだったが、魔を破るということで魔除け、開運の縁起物として初詣の授与品となった。

これらは翌年の初詣の際に神社にお返しし、また新たにいただくものだ。

平安期のお守り「懸守《かけまもり》」が残る・熊野速玉大社《はやたまたいしゃ》

熊野速玉大社（和歌山）の創建年代は未詳だが128（景行天皇58）年、神倉山（摂社・神倉神社の社地）から現在の地に遷座したと伝わる。この経緯から神倉神社を「旧宮」、熊野速玉大社を「新宮」と呼ぶこともある。

拝殿

神仏加護を持ち歩いた懸守

熊野速玉大社の神宝・懸守。平安期の古い懸守はきわめて珍しく、ほかには大阪・四天王寺に残るくらいしかない。

護符を入れた袋の両端に紐をつけ、首に掛ける守り袋。主に女性が使用していたといわれている。
金銅透かし彫りの梅の花がデザインされている。

阿弥陀如来の化身がお守りに

熊野、速玉大社のご神木・梛（なぎ）の実を用いた数珠のお守りは拝殿向かいの授与所で。家内安全・縁結び・海上安全のご利益があるとされる。

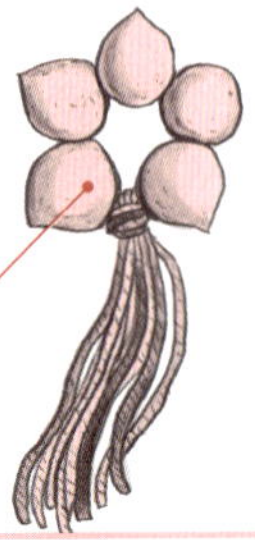
ご神木は金剛童子（こんごうどうじ、阿弥陀如来の化身とされる）の変化身（へんげしん、仏が姿を変えて現れた姿）と伝わる。

縁起物「破魔矢」はここから・新田《にった》神社

南北朝時代、上野国の武将として活躍した新田義興《にったよしおき》を祀る新田神社（東京都大田区）には、魔除けの力を持つとされる破魔矢誕生のエピソードが伝わる。

新田神社は破魔矢発祥の地とされている。境内に群生した篠竹（しのだけ）を使い、江戸期の科学者・平賀源内が魔除けの縁起物「矢守（やもり）」を考案。この矢守が破魔矢の原型になったとされる。

正平13（1358）年創建。鎌倉後期の武将・新田義貞（にったよしさだ）の次男である新田義興を祀る。現在の社殿は、東京・明治神宮に仮社殿として建てられた本殿と幣殿を下付されたものだ。

破魔矢に付く短冊は「黒一文字」

授与される破魔矢には新田神社の神紋「黒一文字」が付いている。これは平賀源内が矢守を売り出す際、新田家の家紋を描いた短冊を付けたのが起源とされる。

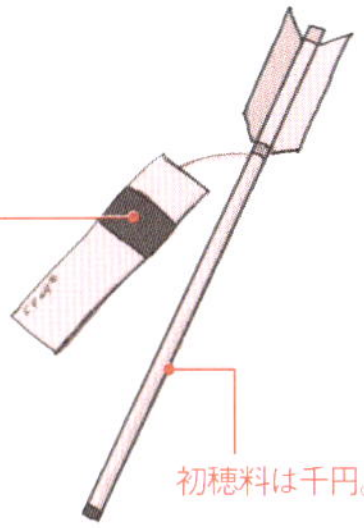

初穂料は千円。

「矢守」を広めた平賀源内の人形浄瑠璃

平賀源内は劇作家でもある。源内が書いた人形浄瑠璃『神霊矢口渡（しんれいやぐちのわたし）』は、『太平記』の新田神社の縁起をもとにしている。また、その中に「矢守」を登場させ、新田神社の「矢守」を一躍有名にさせたという。

全国の神社で頒布される伊勢神宮の神札・神宮大麻《じんぐうたいま》

伊勢神宮（三重）の神札は神宮大麻と呼ばれる。古くは御師《おし》※1により祓串《はらえぐし》を箱に入れた物が授与されたが、明治期に天皇の命により、神宮教※2によって全国の神社へ頒布されることとなり、神札の形式とされた。なおいただいた神宮大麻は神棚に飾り、朝夕拝するのが慣わし。

2000（平成12）年に再建された銅板葺、入母屋造の伊勢神宮外宮の神楽殿。ここで御朱印の受付や神札、お守りをいただくことができる。

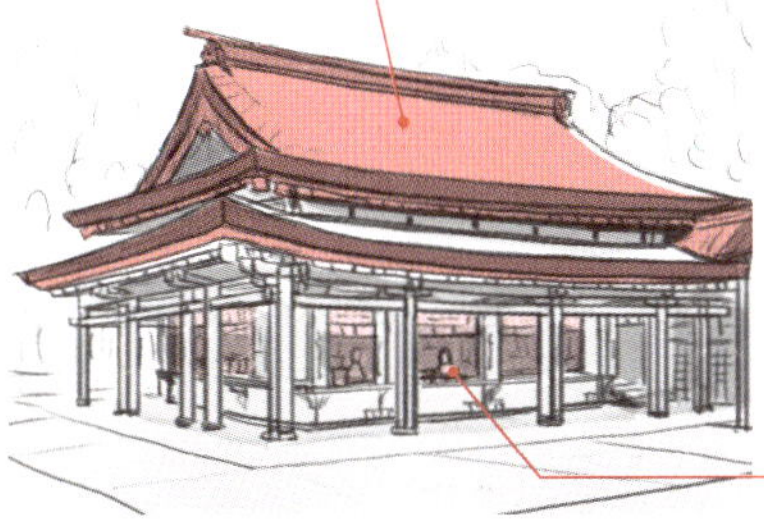

伊勢の神札「神宮大麻」

授与された際に神札を覆っている薄紙は、お神札本体を保護するためのものなので、お祀りする前に外しておく。

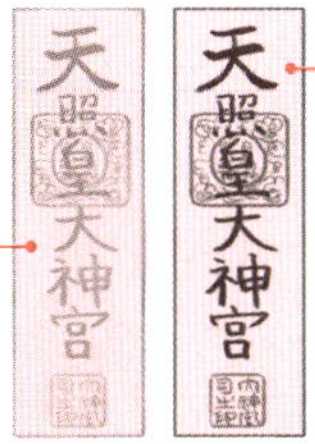

神宮大麻の大麻とは「おおぬさ」とも読み、お祓いに用いる祭具「祓串」を意味する。

※1：各地の神社や寺院において、参拝者の世話をする者。明治期に正規の神職ではない御師は廃止された。 ※2：伊勢信仰の信者で構成される伊勢講（いせこう）が発展してできた神道の教派の1つ。1899（明治32）年、神宮奉斎会（じんぐうほうさいかい）に改組して現在に至る。

参照頁	社寺名	所在地	主祭神・本尊	利益	掲載頁
序章　すぐにわかる神様の系譜					
12-13	**来宮神社**	静岡県熱海市西山町43-1	大巳貴命、日本武尊、五十猛命	縁結び、恋愛成就、林業・漁業・商売繁盛	12
	越木岩神社	兵庫県西宮市甑岩町5-4	蛭子大神	子授け・安産祈願	12
	富士山本宮浅間大社	[本宮]静岡県富士宮市宮町1-1 [奥宮]富士山頂上	木花之佐久夜毘売命	子授け・安産祈願	12,50
	神宮（伊勢神宮）	[内宮]三重県伊勢市宇治館町1 [外宮]三重県伊勢市豊川町279	[内宮]天照大御神 [外宮]豊受大御神	「神恩感謝」を伝える場所	13,32,47,57,119,141,149
14-15	**宗像大社**	[辺津宮]福岡県宗像市田島2331 [中津宮]福岡県宗像市大島1811 [沖津宮]福岡県宗像市大島沖之島	[辺津宮]市杵島姫神 [中津宮]湍津姫神 [沖津宮]田心姫神	交通安全、家内安全、商売繁盛	15,36,103
16-19	**東大寺**	奈良県奈良市雑司町406-1	盧舎那仏	―	17,60
	宇佐神宮	大分県宇佐市南宇佐2859	八幡大神、比売大神、神功皇后	金運上昇、開運招福、商売繁盛	17,58,60,107,119
	浅草神社	東京都台東区浅草2-3-1	土師真中知命、檜前浜成命、檜前武成命	家内安全、交通安全、商売繁盛	18
	浅草寺	東京都台東区浅草2-3-1	聖観世音菩薩	―	18
	白山比咩神社	石川県白山市三宮町ニ105-1	白山比咩大神、伊邪那岐尊、伊弉冉尊	五穀豊穣、縁結び、生業繁栄	19
	林西寺	石川県白山市白峰イ68	阿弥陀如来	―	19
22	**茅部神社**	岡山県真庭市西茅部1501	天照大神、御歳神（御年神）	所願成就、商売繁昌、五穀豊穣	22
	高天彦神社	奈良県御所市北窪158	高皇産霊神、市杵嶋姫命、菅原道真公	開運除厄	22
	槵觸神社	宮崎県西臼杵郡高千穂町三田井713	天津彦彦火瓊瓊杵尊、天児屋根命	所願成就	22,49
1章　日本を形づくった古事記の神様					
24-25	**千葉神社**	千葉県千葉市中央区院内1-16-1	天之御中主大神	厄除開運	24
	サムハラ神社	大阪府大阪市西区立売堀2-5-26	天御中主大神、高産巣日大神、神産巣日大神	無傷無病、延命長寿	25
	浮島神社	愛媛県東温市牛渕718	宇摩志阿斯訶備比古遅神、大山津見神、三神御面	開運招福、富貴繁昌、衆災消除	25
	駒形神社	岩手県奥州市水沢区中上野町1-83	駒形大神（天照大御神、天之常立尊、国之狭槌尊、吾勝尊、置瀬尊、彦火火出見尊）	産業開発、交通安全、必勝祈願	25
26-27	**自凝島神社**	兵庫県南あわじ市榎列下幡多415	伊邪那岐命、伊邪那美命	健康長寿、良縁堅固、夫婦和合、安産塩砂	26,136
	伊弉諾神宮	兵庫県淡路市多賀740	伊邪那岐命、伊邪那美命	子孫繁栄、殖産振興、良縁祈願	26
	多賀大社	滋賀県犬上郡多賀町多賀604	伊邪那岐命、伊邪那美命	延命長寿、厄除け、縁結び	26,119
	熊野速玉大社	和歌山県新宮市新宮1	熊野速玉大神、熊野夫須美大神	富貴隆昌、現世安穏	26,74,84,131,148
	熊野那智大社	和歌山県東牟婁郡那智勝浦町那智山1	熊野夫須美大神	無病息災、長寿、所願成就	26,74,84,131
	平安神宮	京都府京都市左京区岡崎西天王町97	桓武天皇、孝明天皇	縁結び、開運招福、商売繁盛	27
	厳島神社	広島県廿日市市宮島町1-1	市杵島姫命、田心姫命、湍津姫命	交通安全、縁結び、心願成就	27,36,133
28-29	**西宮神社**	兵庫県西宮市社家町1-17	西宮大神（蛭子命）	家内安全、商売繁盛、豊漁祈願	28,144
	石津太神社	大阪府堺市西区浜寺石津町中4-12-7	蛭子命、八重事代主命、天穂日命	商売繁昌、航海安全	28

DATA 掲載社寺データリスト

参照頁	社寺名	所在地	主祭神・本尊	利益	掲載頁
	柳原蛭子神社	兵庫県神戸市兵庫区西柳原町5-20	蛭子大神、大物主大神	商売繁盛、家内安全、学業成就	28
	胡子神社	広島県広島市中区胡町5-14	蛭子神、事代主神、大江広元公	商売繁盛	28
	八坂神社 **（蛭子社）**	京都府京都市東山区祇園町北側625	素戔嗚尊、櫛稲田姫命、神大市比売命、八柱御子神ほか	厄除け、病気平癒、良縁成就	28,34,118
	冠者殿社	京都府京都市下京区四条通寺町東入ル	素戔嗚尊の荒魂	不詳	29
30-31	**揖屋神社**	島根県松江市揖屋町2229	伊弉冉命	不詳	31
32-33	**神宮** **（伊勢神宮）**	[内宮]三重県伊勢市宇治館町1 [外宮]三重県伊勢市豊川町279	[内宮]天照大御神 [外宮]豊受大御神	「神恩感謝」を伝える場所	13,32,47,57,119,141,149
	伊雑宮	三重県志摩市磯部町上之郷374	天照坐皇大御神御魂	五穀豊穣、航海安全、産業発展	32
	天岩戸神社	宮崎県西臼杵郡高千穂町岩戸1073-1	[西本宮]大日孁尊 [東本宮]天照皇大神	諸願成就、開運除厄	32,37,39
	廣田神社	兵庫県西宮市大社町7-7	天照大御神之荒御魂	勝運合格、開運隆盛、子授安産	32
	山口大神宮	山口県山口市滝町4-4	天照大御神（内宮）、豊受大御神（外宮）ほか	所願成就、五穀豊穣、商売繁盛	32
	江田神社	宮崎県宮崎市阿波岐原町字産母127	伊邪那岐尊、伊邪那美尊	不詳	33
34-35	**八坂神社**	京都府京都市東山区祇園町北側625	素戔嗚尊、櫛稲田姫命、神大市比売命、八柱御子神ほか	厄除け、病気平癒、良縁成就	28,34,118
	広峯神社	兵庫県姫路市広嶺山52	素戔嗚尊、五十猛命	縁結び、病気平癒、厄除け	34
	津島神社	愛知県津島市神明町1	建速須佐之男命	健康祈願、無病息災、開運	34
	須佐神社	島根県出雲市佐田町須佐730	須佐之男命	厄除け、縁結び、子孫繁栄	34
	素盞嗚神社	広島県福山市新市町大字戸手1-1	素盞嗚尊	縁結び、恋愛成就、夫婦和合	34
36-37	**厳島神社**	広島県廿日市市宮島町1-1	市杵島姫命、田心姫命、湍津姫命	交通安全、縁結び、心願成就	27,36,133
	宗像大社	[辺津宮]福岡県宗像市田島2331 [中津宮]福岡県宗像市大島1811 [沖津宮]福岡県宗像市大島沖之島	[辺津宮]市杵島姫神 [中津宮]湍津姫神 [沖津宮]田心姫神	交通安全、家内安全、商売繁盛	15,36,103
	江島神社	神奈川県藤沢市江の島2-3-8	多紀理比賣命、市寸島比賣命、田寸津比賣命	芸道上達、商売繁盛、恋愛成就	36,133
	阿智神社	岡山県倉敷市本町12-1	多紀理毘売命、多岐都比売命、市杵嶋比売命	交通安全、商売繁盛	36
	淵神社	長崎県長崎市渕町8-1	田心姫命、市杵島姫命、湍津姫命	恋愛成就、縁結び	36
	天岩戸神社	宮崎県西臼杵郡高千穂町岩戸1073-1	[西本宮]大日孁尊、 [東本宮]天照皇大神	諸願成就、開運除厄	32,37,39
	六嶽神社	福岡県鞍手郡鞍手町室木1207	田心姫之神、湍津姫之神、市杵島姫之神	交通安全、商売繁盛、国家守護、航海安全、豊漁	37
38-39	**伏見稲荷大社**	京都府京都市伏見区深草藪之内町68	稲荷大神	商売繁盛、五穀豊穣	38,96
	猿田彦神社 **（佐瑠女神社）**	三重県伊勢市宇治浦田2-1-10	猿田彦大神、大田命	交通安全、商売繁盛、病気平癒	38

参照頁	社寺名	所在地	主祭神・本尊	利益	掲載頁
	鈿女神社	長野県北安曇郡松川村字大仙寺6695-1	天鈿女命	芸道上達、安産、商売繁盛	38
	車折神社（芸能神社）	京都府京都市右京区嵯峨朝日町23	清原頼業	商売繁昌、財運向上、良縁成就	38
	筑土八幡神社（宮比神社）	東京都新宿区筑土八幡町2-1	応神天皇、神功皇后、仲哀天皇	厄除、商売繁盛、家内安全	38
	荒立神社	宮崎県西臼杵郡高千穂町三田井667	猿田彦命、天鈿女命	夫婦円満、縁結び、所願成就	38
	天岩戸神社	宮崎県西臼杵郡高千穂町岩戸1073-1	［西本宮］大日靈尊 ［東本宮］天照皇大神	諸願成就、開運除厄	32,37,39
40-41	**稲田神社**	茨城県笠間市稲田763	奇稲田姫之命	縁結び、安産、身体健全	40
	氷川神社	埼玉県さいたま市大宮区高鼻町1-407	須佐之男命、櫛名田比売命、大己貴命	縁結び、仕事運	40
	八重垣神社	島根県松江市佐草町227	素盞鳴尊、櫛稲田姫、大己貴命、青幡佐久佐日古命	恋愛成就、夫婦和合、良縁祈願	40,136
	櫛田神社	富山県射水市串田6841	武素盞鳴尊、櫛稲田姫命	夫婦円満、家庭和合、縁結び	40
	櫛田神社	福岡県福岡市博多区上川端町1-41	大幡大神、天照皇大神、素盞鳴大神	夫婦円満、縁結び、不老長寿	40
	須我神社	島根県雲南市大東町須賀260	須佐之男命、稲田比売命、清之湯山主三名狭漏彦八島野命	良縁結び、夫婦円満、子授け	41
	六所神社	神奈川県中郡大磯町国府本郷935	櫛稲田姫命、素戔鳴尊、大己貴尊	良縁、縁結び	41
42-43	**出雲大社**	島根県出雲市大社町杵築東195	大国主大神	縁結び、安産、商売繁盛	42,45,101,119,136
	出雲大神宮	京都府亀岡市千歳町千歳出雲無番地	大国主命、三穂津姫尊	長寿、縁結び、金運	42
	大國魂神社	東京都府中市宮町3-1	大國魂大神	縁結び、福の神、厄除け	42
	気多大社	石川県羽咋市寺家町ク1-1	大己貴命	恋愛成就、縁結び、安産	42
	飛瀧神社	和歌山県那智勝浦町那智山	大己貴神	延命息災、現世利益	42
	琴弾山神社	島根県飯石郡飯南町佐見472	大國主大神、伊弉冊大神	安産、小児の疳の虫封じ	43
44-45	**香取神宮**	千葉県香取市香取1697-1	経津主大神	勝運、仕事運、道開き	44,119,138
	鹿島神宮	茨城県鹿嶋市宮中2306-1	武甕槌大神	勝負運、出世、厄除け	44,119,138
	春日大社	奈良県奈良市春日野町160	春日神（武甕槌命、經津主命、天兒屋根命、比賣神）	縁結び、厄除け	44,101,138
	鹽竈神社	宮城県塩竈市一森山1-1	塩土老翁神、武甕槌神、経津主神	海上安全、安産守護、延命長寿	44,53
	枚岡神社	大阪府東大阪市出雲井町7-16	天児屋根命、比売御神、経津主命、武甕槌命	必勝祈願、学業成就、航海安全	44
	吉田神社	京都府京都市左京区吉田神楽岡町30	建御賀豆智命、伊波比主命、天之子八根命、比売神	武運長久、旅行安全、国家鎮護	44
	諏訪大社	［上社本宮］長野県諏訪市中洲宮山1 ［上社前宮］長野県茅野市宮川2030 ［下社春宮］長野県諏訪郡下諏訪町193 ［下社秋宮］長野県諏訪郡下諏訪町5828	建御名方神、八坂刀売神	勝利祈願、商売繁盛、子授かり	45,119

DATA

参照頁	社寺名	所在地	主祭神・本尊	利益	掲載頁
	出雲大社	島根県出雲市大社町杵築東195	大国主大神	縁結び、安産、商売繁盛	42,45,101,119,136
46-47	**高千穂神社**	宮崎県西臼杵郡高千穂町大字三田井字神殿1037	高千穂皇神、十社大明神	恋愛成就、良縁祈願、交通安全	46,55
	霧島神宮	鹿児島県霧島市霧島田口2608-5	天饒石国饒石天津日高彦火瓊瓊杵尊	所願成就、国家安泰、家内安全	46
	霧島岑神社	宮崎県小林市細野夷守	瓊々杵命、木花咲耶姫命、彦火々出見命、豊玉姫命、鸕鷀草葺不合命、玉依姫命	家内安全、子孫繁栄、縁結び	46
	築土神社	東京都千代田区九段北1-14-21	天津彦火邇々杵尊、平将門	必勝祈願、商売繁盛、工事安全	46
	常陸國總社宮	茨城県石岡市総社2-8-1	伊弉諾尊、大国主尊、素戔嗚尊、瓊々杵尊、大宮比売尊、布留大神	家内安全、厄除け、開運招福	46
	神宮 **(伊勢神宮)**	[内宮]三重県伊勢市宇治館町1 [外宮]三重県伊勢市豊川町279	[内宮]天照大御神 [外宮]豊受大御神	「神恩感謝」を伝える場所	13,32,47,57,119,141,149
48-49	**二見興玉神社**	三重県伊勢市二見町江575	猿田彦大神、宇迦御魂大神、綿津見大神	開運招福、家内安全、交通安全、諸業繁栄、縁結び	48
	椿大神社 **(椿岸神社)**	三重県鈴鹿市山本町1871	猿田彦大神	交通安全、方災解除、開運招福	48
	槵觸神社	宮崎県西臼杵郡高千穂町三田井713	天津彦彦火瓊瓊杵尊、天児屋根命	所願成就	22,49
50-51	**大山祇神社**	愛媛県今治市大三島町宮浦3327	大山積神	所願成就	50,67
	三嶋大社	静岡県三島市大宮町2-1-5	大山祇命、積羽八重事代主神	商売繁盛、豊漁祈願、航海安全	50
	富士山本宮 **浅間大社**	[本宮]静岡県富士宮市宮町1-1 [奥宮]富士山頂上	木花之佐久夜毘売命	子授け・安産祈願	12,50
	木花神社	宮崎県宮崎市大字熊野9508	日子番能邇邇芸命、木花佐久夜毘売	縁結、安産、子育て	51
52-53	**若狭彦神社** **(若狭姫神社)**	[上社]福井県小浜市龍前28-7 [下社]福井県小浜市遠敷65-41	[上社]彦火火出見尊、 [下社]豊玉姫命	良縁祈願、安産祈願、子育大願	52
	和多都美神社	長崎県対馬市豊玉町仁位55	彦火々出見尊、豊玉姫命	航海安全、豊漁祈願、安産祈願	53
	鹽竈神社	宮城県塩竈市一森山1-1	塩土老翁神、武甕槌神、経津主神	海上安全、安産守護、延命長寿	44,53
54-55	**橿原神宮**	奈良県橿原市久米町934	神武天皇	家内安全、健康長寿、厄除	54
	宮崎神宮	宮崎県宮崎市神宮2-4-1	神日本磐余彦尊 (神武天皇)	国家安寧、家内安全、家業繁栄	54
	高千穂神社	宮崎県西臼杵郡高千穂町大字三田井字神殿1037	高千穂皇神、十社大明神	恋愛成就、良縁祈願、交通安全	46,55
56-57	**大鳥大社**	大阪府堺市西区鳳北町1-1-2	日本武尊、大鳥連祖神	災難除け、文武の神、出世開運	56
	建部大社	滋賀県大津市神領1-16-1	日本武尊、大己貴命	出世開運、火防守護、縁結び	56
	大高山神社	宮城県柴田郡大河原町金ケ瀬台部2-1	日本武尊、橘豊日尊	出世開運、火防守護	56
	走水神社	神奈川県横須賀市走水2-12-5	日本武尊、弟橘媛	火防守護、武運長久、難局打開	56
	酒折宮	山梨県甲府市酒折3-1-13	日本武尊	出世開運、火防守護	56
	神宮 **(伊勢神宮)**	[内宮]三重県伊勢市宇治館町1 [外宮]三重県伊勢市豊川町279	[内宮]天照大御神 [外宮]豊受大御神	「神恩感謝」を伝える場所	13,32,47,57,119,141,149

参照頁	社寺名	所在地	主祭神・本尊	利益	掲載頁
58-59	**鎮懐石八幡宮**	福岡県糸島市二丈深江2143-1	神功皇后、応神天皇、武内宿祢	安産、勝運、厄除け	58
	住吉大社	大阪府大阪市住吉区住吉2-9-89	底筒男命、中筒男命、表筒男命、神功皇后	航海安全、開運出世、厄除	58,67,104
	宇佐神宮	大分県宇佐市南宇佐2859	八幡大神、比売大神、神功皇后	金運上昇、開運招福、商売繁盛	17,58,60,107,119
	城南宮	京都府京都市伏見区中島鳥羽離宮町7	息長帯日売命、八千歳神、国常立尊	武運長久、安産祈願、子育大願	58
	香椎宮	福岡県福岡市東区香椎4-16-1	仲哀天皇、神功皇后	武運長久、夫婦和合、恋愛成就	58
	聖母宮	長崎県壱岐市勝本町勝本浦554	息長足姫尊、足仲彦尊、住吉大神	勝負運、夫婦円満、子宝	59
	宮地嶽神社	福岡県福津市宮司元町7-1	神功皇后	商売繁盛、安産祈願、武勇長久	59
60-61	**東大寺**	奈良県奈良市雑司町406-1	廬舎那仏	―	17,60
	宇佐神宮	大分県宇佐市南宇佐2859	八幡大神、比売大神、神功皇后	金運上昇、開運招福、商売繁盛	17,58,60,107,119
	石清水八幡宮	京都府八幡市八幡高坊30	応神天皇(誉田別尊)、比咩大神(多紀理毘賣命・市寸島姫命・多岐津比賣命)、神功皇后(息長帯比賣命)	国家鎮護、厄除開運、必勝	60
	筥崎宮	福岡県福岡市東区箱崎1-22-1	応神天皇、神功皇后、玉依姫命	海上交通、商売繁盛、安産祈願	60
	鶴岡八幡宮	神奈川県鎌倉市雪ノ下2-1-31	応神天皇、比売神、神功皇后	金運上昇、出世開運、武運長久	60
	大分八幡宮	福岡県飯塚市大分1272	応神天皇、神功皇后、玉依姫命	海上交通、商売繁盛、安産祈願	60
	宇美八幡宮	福岡県糟屋郡宇美町宇美1-1-1	応神天皇、神功皇后、玉依姫命、住吉大神、伊弉冉尊	安産	61
2章　ダークヒーローと異形の神様					
64-65	**箱根神社（九頭龍神社新宮）**	神奈川県足柄下郡箱根町元箱根80-1	瓊瓊杵尊、木花咲耶姫命、彦火火出見尊	恋愛成就、商売繁盛、厄除	64
	九頭龍神社	箱根町元箱根防ケ沢(箱根樹木園内)	九頭龍大神	金運、開運、商売繁盛、縁結び	65
66-67	**和霊神社**	愛媛県宇和島市和霊町1451	山家清兵衛公頼公	所願成就、子孫繁栄、家内安全	67
	金刀比羅宮	香川県仲多度郡琴平町字川西892-1	大物主命	海上交通安全、五穀豊穣、大漁祈願	67,104,118
	大山祇神社	愛媛県今治市大三島町宮浦3327	大山積神	所願成就	50,67
	住吉大社	大阪府大阪市住吉区住吉2-9-89	底筒男命、中筒男命、表筒男命、神功皇后	航海安全、開運出世、厄除	58,67,104
68-69	**鵺神社**	京都府京都市上京区主税町964	鵺大明神、玉姫大明神、朝日大明神	妖霊鎮魂	68
	神明神社	京都府京都市下京区綾小路通高倉西入ル神明町	天照大神、菅原道真	厄除け、火除け、学業成就	69
70-71	**千光寺**	岐阜県高山市丹生川町下保1553	千手観音菩薩	―	70
	清水寺	京都府京都市東山区清水1-294	千手観音	―	70
	日龍峰寺	岐阜県関市下之保4585	千手観世音菩薩	―	70
	水無神社	岐阜県高山市一之宮町5323	御年大神	所願成就、五穀豊穣、商売繁盛	71
72-73	**首塚大明神**	京都府京都市西京区大枝沓掛町旧老ノ坂峠	鬼王・酒呑童子	首から上の病気	72

DATA

参照頁	社寺名	所在地	主祭神・本尊	利益	掲載頁
	北野天満宮	京都府京都市上京区御前通今出川上る馬喰町	菅原道真公	学業成就、金運、病気平癒	72
	鬼嶽稲荷神社	京都府福知山市大江町北原303-1	稲荷神、宇迦之御魂神	五穀豊穣、商売繁盛	73
74-75	**熊野本宮大社**	和歌山県田辺市本宮町本宮1110	家都美御子大神	厄除、除災招福、家内安全	74,84,131
	熊野速玉神社	和歌山県新宮市新宮1	熊野速玉大神、熊野夫須美大神	富貴隆昌、現世安穏	26,74,84,131,148
	熊野那智大社	和歌山県東牟婁郡那智勝浦町那智山1	熊野夫須美大神	無病息災、長寿、所願成就	26,74,84,131
	須賀神社	京都府京都市左京区聖護院円頓美町1	素戔嗚尊、櫛稲田比売命	縁結び、家内安全	75
	安楽寿院	京都市伏見区竹田中内畑町74	阿弥陀如来	―	75
76-77	**愛宕神社** **(夜刀神の社)**	茨城県笠間市泉101	火之迦具土神	火防守護、家内安全	77
78-79	**大神神社**	奈良県桜井市三輪1422	大物主大神	国家守護、交通安全、家内安全	78,102,119,146
80-81	**葛城一言主神社**	奈良県御所市森脇432	葛城之一言主大神、幼武尊	心願成就、武勇長久	80
	土佐神社	高知県高知市一宮しなね2-16-1	味鉏高彦根神、一言主神	商売繁盛、交通安全、病気平癒	81
82-83	**天目一神社**	兵庫県西脇市大木町648	天目一箇命	産業振興、事業成功	83
	鏡作麻氣神社	奈良県磯城郡田原本町大字小阪字里中244	天麻比止都禰命	事業成功、産業振興、諸願成就	83
84-85	**熊野本宮大社**	和歌山県田辺市本宮町本宮1110	家都美御子大神	厄除、除災招福、家内安全	74,84,131
	熊野速玉神社	和歌山県新宮市新宮1	熊野速玉大神、熊野夫須美大神	富貴隆昌、現世安穏	26,74,84,131,148
	熊野那智大社	和歌山県東牟婁郡那智勝浦町那智山1	熊野夫須美大神	無病息災、長寿、所願成就	26,74,84,131
	弓弦羽神社	兵庫県神戸市東灘区御影郡家2-9-27	伊弉册尊、事解之男命、速玉之男命	良縁祈願、安産祈願、殖産振興	85
86-87	**水天宮**	福岡県久留米市瀬下町265-1	天御中主神、安徳天皇、高倉平中宮、二位の尼	健康長寿、安産祈願、厄除け	86,140
	常堅寺	岩手県遠野市土淵町土淵7-50	勢至観音菩薩	―	86
	磯良神社	宮城県加美郡色麻町一の関字東苗代27	息長帯比売命、底筒男命、中筒男命、表筒男命	水難除け、安産、縁結び	87
88-89	**聖神社**	埼玉県秩父市黒谷字菅仁田2191	金山彦命、国常立尊、大日孁貴尊、神日本磐余彦命、元明金命	金運隆昌、商売繁盛、国家安寧	89
90-91	**日吉大社**	滋賀県大津市坂本5-1-1	大己貴神、大山咋神	魔除、家内安全、商売繁盛	90,101
	日枝神社	東京都千代田区永田町2-10-5	大山咋神	諸願成就、安産祈願、子授け	90
3章　物から仏まで、森羅万象の神様					
96-97	**伏見稲荷大社**	京都府京都市伏見区深草藪之内町68	稲荷大神	商売繁盛、五穀豊穣	38,96
	東寺 **(教王護国寺)**	京都府京都市南区九条町1	薬師如来	―	96
	豊川稲荷 **(妙厳寺)**	愛知県豊川市豊川町1	千手観音	―	96
	最上稲荷 **(妙教寺)**	岡山県岡山市北区高松稲荷712	久遠実成本師釈迦牟尼仏	―	96
98-99	**天石立神社**	奈良県奈良市柳生町柳生字岩戸谷789	豊磐牖命、櫛磐牖命、天岩戸別命、天照大姫命	諸願成就、技芸・スポーツ上達	99

参照頁	社寺名	所在地	主祭神・本尊	利益	掲載頁
	荒神山神社	滋賀県彦根市清崎町1931	火産霊神、奥津日子神、奥津比売神	家内安全、商売繁盛	99
	岩津天満宮（厠神社）	愛知県岡崎市岩津町東山53	菅原道真	学問上達、病気平癒、安産	99
	埴山姫神社	山形県鶴岡市羽黒町字羽黒山33	埴山姫命	縁結び	99
100-101	**延暦寺**	滋賀県大津市坂本本町4220	薬師如来	―	100
	葛木御歳神社	奈良県御所市東持田269	御歳神	五穀豊穣	101
	春日大社	奈良県奈良市春日野町160	春日神（武甕槌命、經津主命、天兒屋根命、比賣神）	縁結び、厄除け	44,101,138
	幸神社	京都府京都市上京区幸神町303	猿田彦大神	疫病、悪霊を防ぐ道祖神、鬼門除けの守護神、芸能上達	101
	出雲大社	島根県出雲市大社町杵築東195	大国主大神	縁結び、安産、商売繁盛	42,45,101,119,136
	日吉大社	滋賀県大津市坂本5-1-1	大己貴神、大山咋神	魔除、家内安全、商売繁盛	90,101
102-103	**大神神社**	奈良県桜井市三輪1422	大物主大神	国家守護、交通安全、家内安全	78,102,119,146
	熱田神宮	愛知県名古屋市熱田区神宮1-1-1	熱田大神	大願成就、武運長久	103
	宗像大社	［辺津宮］福岡県宗像市田島2331 ［中津宮］福岡県宗像市大島1811 ［沖津宮］福岡県宗像市大島沖之島	［辺津宮］市杵島姫神 ［中津宮］湍津姫神 ［沖津宮］田心姫神	交通安全、家内安全、商売繁盛	15,36,103
104-105	**金刀比羅宮**	香川県仲多度郡琴平町字川西892-1	大物主命	海上交通安全、五穀豊穣、大漁祈願	67,104,118
	住吉大社（船玉神社）	大阪府大阪市住吉区住吉2-9-89	底筒男命、中筒男命、表筒男命、神功皇后	航海安全、開運出世、厄除け	58,67,104
	鎮西大社諏訪神社	長崎県長崎市上西山町18-15	建御名方神、八坂刀売神	武勇揭揚、勝利祈願、五穀豊穣	105
	蛭子神社	和歌山県東牟婁郡太地町森浦139	事代主神	商売繁盛	105
	海童神社	長崎県南松浦郡新上五島町有川郷	海童神	五穀豊穣、商売繁盛、交通・航海安全、安産、諸災除去	105
	金屋子神社	島根県安来市広瀬町西比田	金山彦命、金山姫命	不詳	105
106-107	**真山神社**	秋田県男鹿市北浦真山水喰沢97	瓊瓊杵尊、武甕槌	五穀豊穣、勝利祈願、旅行安全	107
	大崎八幡宮	宮城県仙台市青葉区八幡4-6-1	応神天皇、仲哀天皇、神功皇后	開運厄除け、攘災招福・必勝、安産	107
	宇佐神宮	大分県宇佐市南宇佐2859	八幡大神、比売大神、神功皇后	金運上昇、開運招福、商売繁盛	17,58,60,107,119
108-109	**寶田恵比壽神社**	東京都中央区日本橋本町3-10	事代主命、少彦名命、大国主神、大己貴命、素盞嗚命、宇迦之御魂神	商売繁盛、家族繁栄、交通安全	109
	椙森神社	東京都中央区日本橋堀留町1-10-2	五社稲荷大神、恵比寿大神	雨乞い、五穀豊穣、商売繁盛	109
	笠間稲荷神社	東京都中央区日本橋浜町2-11-6	宇迦之御魂神	殖産興業、開運招福、火防守護	109
	末廣神社	東京都中央区日本橋人形町2-25-20	宇迦之御魂神、武甕槌神	無病息災、家内安全、商売繁盛	109
	松島神社	東京都中央区日本橋人形町2-15-2	稲荷大神、伊邪那岐大神、伊邪那美大神ほか	財宝無限、大願成就、合格祈願	109
	水天宮	東京都中央区日本橋蠣殻町2-4-1	天御中主命、安徳天皇、二位の尼、建礼門院	健康長寿、安産祈願、厄除け	109,140

DATA

参照頁	社寺名	所在地	主祭神・本尊	利益	掲載頁
	茶の木神社	東京都中央区日本橋人形町1-12-10	宇迦之御魂神	火防守護(火難除け)、五穀豊穣、商売繁盛	109
	小網神社	東京都中央区日本橋小網町16-23	宇迦之御魂神、市杵嶋姫命	社運隆昌、商売繁盛、強運厄除	109
	吉祥院天満宮(吉祥天女社)	京都府京都市南区吉祥院政所町7	菅原道真公	合格祈願、学業成就、五穀豊穣	109
110-111	道祖神社	京都府京都市下京区油小路通塩小路下ル	猿田彦命、天鈿女命	夫婦和合、縁結び、良縁祈願	111
	陰陽石神社	宮崎県小林市東方3332-5	皇産霊神	縁結び、安産、工産	111
	大善寺玉垂宮	福岡県久留米市大善寺町宮本1463-1	玉垂命、八幡大神、住吉大神	不詳	111
112-113	吉備津神社	岡山県岡山市北区吉備津931	大吉備津彦命	商売繁盛、長寿延命、勝利祈願	113
114-115	上御霊神社	京都府京都市上京区上御霊前通烏丸東入上御霊竪町495	崇道天皇、他部親王、井上皇后、火雷神、藤原大夫神、文屋宮田麿、橘逸勢、吉備大臣	災難除け、厄除開運、家内安全	115
	下御霊神社	京都府京都市上京区新烏丸通丸太町下ル信富町324	吉備聖霊、崇道天皇、伊予親王、藤原大夫人、藤原大夫、橘大夫、文大夫、火雷天神	疫病退散、家内安全、家業繁栄	115
116-117	日光東照宮	栃木県日光市山内2301	徳川家康公	学業成就、出世開運、商売繁盛	116
	南洲神社	鹿児島県鹿児島市上竜尾町2	西郷隆盛命	不詳	116
	乃木神社	東京都港区赤坂8-11-27	乃木希典、乃木静子	勝負運、夫婦和合、厄除け	116
	東郷神社	東京都渋谷区神宮前1-5-3	東郷平八郎命	必勝祈願、家内安全 、商売繁昌 、交通安全 、病気平癒	116
	豊国神社	京都府京都市東山区茶屋町530	豊臣秀吉	出世開運、地震除け	116
	建勲神社	京都府京都市北区紫野北舟岡町49	織田信長公	国家安泰、万民安堵	116
	将門口ノ宮神社	千葉県佐倉市大佐倉1929-1	平将門公、佐倉惣五郎	勝運、除災厄除	116
	東勝寺宗吾霊堂	千葉県成田市宗吾1-558	宗吾尊霊	―	116
	三瀧山不動院	宮城県仙台市青葉区中央2-5-7	大日大聖不動明王	―	116
	久能山東照宮	静岡市駿河区根古屋390	徳川家康公	出世開運、商売繁盛、家内安全	117
	増上寺	東京都港区芝公園4-7-35	阿弥陀如来	―	117
118-119	八坂神社	京都府京都市東山区祇園町北側625	素戔嗚尊、櫛稲田姫命、神大市比売命、八柱御子神ほか	厄除け、病気平癒、良縁成就	28,34,118
	金刀比羅宮	香川県仲多度郡琴平町字川西892-1	大物主命	海上交通安全、五穀豊穣、大漁祈願	67,104,118
	神宮(伊勢神宮)	[内宮]二重県伊勢市宇治館町1、[外宮]三重県伊勢市豊川町279	[内宮]天照大御神 [外宮]豊受大御神	「神恩感謝」を伝える場所	13,32,47,57,119,141,149
	出雲大社	島根県出雲市大社町杵築東195	大国主大神	縁結び、安産、商売繁盛	42,45,101,119,136
	大神神社	奈良県桜井市三輪1422	大物主大神	国家守護、交通安全、家内安全	78,102,119,146
	鹿島神宮	茨城県鹿嶋市宮中2306-1	武甕槌大神	勝負運、出世、厄除け	44,119,138
	香取神宮	千葉県香取市香取1697-1	経津主大神	勝運、仕事運、道開き	44,119,138

参照頁	社寺名	所在地	主祭神・本尊	利益	掲載頁
	諏訪大社	[上社本宮]長野県諏訪市中洲宮山1 [上社前宮]長野県茅野市宮川2030 [下社春宮]長野県諏訪郡下諏訪町193 [下社秋宮]長野県諏訪郡下諏訪町5828	建御名方神、八坂刀売神	勝利祈願、商売繁盛、子授かり	45,119
	多賀大社	滋賀県犬上郡多賀町多賀604	伊邪那岐命、伊邪那美命	延命長寿、厄除け、縁結び	26,119
	北野天満宮	京都府京都市上京区御前通今出川上ル馬喰町	菅原道真公	合格祈願、学業成就、五穀豊穣	119
	宇佐神宮	大分県宇佐市南宇佐2859	八幡大神、比売大神、神功皇后	金運上昇、開運招福、商売繁盛	17,58,60,107,119
122-123	**園城寺(三井寺)**	滋賀県大津市園城寺町246	弥勒菩薩	―	122
124-125	**金剛寺 (八坂庚申堂)**	京都府京都市東山区金園町390	青面金剛	諸願成就	124
126-127	**秩父神社**	埼玉県秩父市番場町1-3	八意思兼命、知知夫彦命、天之御中主神 、秩父宮雍仁親王	国土守護、除災招福	126
	真如寺境外仏堂	大阪府豊能郡能勢町野間中661	妙見菩薩	―	127
130-131	**熊野本宮大社**	和歌山県田辺市本宮町本宮1110	家都美御子大神	厄除、除災招福、家内安全	74,84,131
	熊野速玉大社	和歌山県新宮市新宮1	熊野速玉大神、熊野夫須美大神	富貴隆昌、現世安穏	26,74,84,131,148
	熊野那智大社	和歌山県東牟婁郡那智勝浦町那智山1	熊野夫須美大神	無病息災、長寿、所願成就	26,74,84,131
132-133	**宝厳寺**	滋賀県長浜市早崎町1664	弁才天	―	133
	江島神社	神奈川県藤沢市江の島2-3-8	多紀理比賣命、市寸島比賣命、田寸津比賣命	芸道上達、商売繁盛、恋愛成就	36,133
	厳島神社	広島県廿日市市宮島町1-1	市杵島姫命、田心姫命、湍津姫命	交通安全、縁結び、心願成就	27,36,133
134	**真福寺宝生院**	愛知県名古屋市中区大須2-21-47	聖観音	―	134
4章　ありがたい神様のスゴいご利益					
136-137	**自凝島神社**	兵庫県南あわじ市榎列下幡多415	伊邪那岐命、伊邪那美命	健康長寿、良縁堅固、夫婦和合、安産塩砂	26,136
	八重垣神社	島根県松江市佐草町227	素盞嗚尊、櫛稲田姫、大己貴命、青幡佐久佐日古命	恋愛成就、夫婦和合、良縁祈願	40,136
	出雲大社	島根県出雲市大社町杵築東195	大国主大神	縁結び、安産、商売繁盛	42,45,101,119,136
	賣沼神社	鳥取県鳥取市河原町曳田169	八上姫命	不詳	137
	奴奈川神社	新潟県糸魚川市一の宮3番34号	奴奈川比賣命、大日孁命、八千矛命	不詳	137
	美保神社 (大后社)	島根県松江市美保関町美保関608	事代主神、三穂津姫命	海上安全、大漁満足、商売繁盛、五穀豊穣、夫婦和合、安産・子孫繁栄	137
138-139	**鹿島神宮**	茨城県鹿嶋市宮中2306-1	武甕槌大神	勝負運、出世、厄除け	44,119,138
	香取神宮	千葉県香取市香取1697-1	経津主大神	勝運、仕事運、道開き	44,119,138
	戸隠神社	長野県長野市戸隠3506 (中社)	[宝光社]天表春命 [火之御子社]天宇受売神 [中社]天八意思兼命 [九頭龍社]九頭龍大神 [奥社]天之手力雄命	[宝光社]安産祈願 [火之御子社]火防守護 [中社]学業成就 [九頭龍社]心願成就 [奥社]五穀豊穣	138

DATA

参照頁	社寺名	所在地	主祭神・本尊	利益	掲載頁
	春日大社	奈良県奈良市春日野町160	春日神(武甕槌命、經津主命、天兒屋根命、比賣神)	縁結び、厄除け	44,101,138
140-141	**鵜戸神宮**	宮崎県日南市大字宮浦3232	日子波瀲武鸕鷀草葺不合尊	良縁祈願、安産祈願、子育大願	140
	水天宮	福岡県久留米市瀬下町265-1	天御中主神、安徳天皇、高倉平中宮、二位の尼	健康長寿、安産祈願、厄除け	86,140
	水天宮	東京都中央区日本橋蠣殻町2-4-1	天御中主命、安徳天皇、二位の尼、建礼門院	健康長寿、安産祈願、厄除け	109,140
	山中諏訪神社	山梨県南都留郡山中湖村山中13	建御名方命、豊玉姫命	恋愛成就、縁結び、安産祈願	140
	淀姫神社	佐賀県佐賀市大和町大字川上1-1	與止日女命	五穀豊穣、安産・縁結び、学業成就	140
	神宮 **(子安神社)**	[内宮]三重県伊勢市宇治館町1 [外宮]三重県伊勢市豊川町279	[内宮]天照大御神 [外宮]豊受大御神	「神恩感謝」を伝える場所	13,32,47,57,119,141,149
142-143	**少彦名神社**	大阪府大阪市中央区道修町2-1-8	少彦名命、神農炎帝	健康増進、商売繁盛	142
	白兎神社	鳥取県鳥取市白兎603	白兎神	皮膚病平癒、無病息災、良縁祈願	143
	温泉神社	兵庫県神戸市北区有馬町1908	大己貴命、少彦名命、熊野久須美命	子宝、厄除け、交通安全	143
144-145	**西宮神社**	兵庫県西宮市社家町1-17	西宮大神(蛭子命)	家内安全、商売繁盛、豊漁祈願	28,144
	鷲神社	東京都台東区千束3-18-7	天日鷲神、日本武尊	商売繁盛、出世開運、火防守護	145
146-147	**大神神社** **(久延彦神社)**	奈良県桜井市三輪1422	大物主大神	国家守護、交通安全、家内安全	78,102,119,146
	森水無八幡神社	岐阜県下呂市森1321	須佐之男命、猿田彦、応神天皇、御食津神、倉稲魂命、事解男命、早玉男命、大山祇神、火産霊神、大己貴命、埴山姫命、興津彦命	不詳	147
148-149	**熊野速玉大社**	和歌山県新宮市新宮1	熊野速玉大神、熊野夫須美大神	富貴隆昌、現世安穏	26,74,84,131,148
	神倉神社	和歌山県新宮市神倉1-13-8	天照大神、高倉下命	不詳	148
	四天王寺	大阪府大阪市天王寺区四天王寺1-11-18	救世観世音菩薩	ー	148
	新田神社	東京都大田区矢口1-21-23	新田義興公	家運隆昌、家内安全、厄除招福	148
	明治神宮	東京都渋谷区代々木神園町1-1	明治天皇、昭憲皇太后	国家安泰、家内安全、学業成就	149
	神宮 **(伊勢神宮)**	[内宮]三重県伊勢市宇治館町1 [外宮]三重県伊勢市豊川町279	[内宮]天照大御神 [外宮]豊受大御神	「神恩感謝」を伝える場所	13,32,47,57,119,141,149

おわりに

神話はいろいろな角度から想像力を刺激する。思いも寄らないような行動を取る神々や不思議な姿をした神には、思わず「なぜ？」と問いたくなる。そしてあれやこれやと考えてみる。他の地域の神話を参照して、似た神を見つけると、なにか手がかりを得られそうな気になるが、さらに謎が深まったりする。

たとえば『出雲国風土記』に登場する「目一つ鬼」（83頁）は、人を食らう恐ろしい鬼で、その名の通り目が一つである。ギリシャ神話のキュクロプスも人を食らう一つ目の巨人である。このキュクロプスは鍛冶をよくし、ゼウスに雷霆を作ってあげたと伝えられる。興味深いことに目一つ鬼についても鍛冶神で一つ目の天目一箇神との関連が指摘されている。鍛冶の神が一つ目なのは、鍛冶や製鉄は片目で火を見つづけるため、その目が弱ってしまうからだという説がある。目が一つの鬼とは、その地域に独自というより、鍛冶という生業から身体の特徴のイメージが文化を越えて生み出され、類似したのかもしれない。このように一つの神も複数の角度から「解剖」していくことによって、意外な発

見を体験する。

本書で紹介した「解剖」の事例は数多くいる日本の神々のなかのごく一部だ。「解剖」する角度はもっとたくさんあるだろう。読者の皆さんには、これからますます神々の「解剖」を楽しみ、自分なりの発見をしていって欲しいと願っている。

本書の特徴は、取り上げる神々が多岐にわたっていることだ。その構成は、坂田哲彦氏の労に負うところが大きい。坂田氏の仕事を引き継ぎ、編集の労をとって下さったジーグレイプの安永敏史氏には、絵や解説の細かいチェックなど根気強く助けていただいた。そして総監督として大所高所からアイディアとアドバイスを降り注いでくださったエクスナレッジの三輪浩之氏の存在なくしては本書の実現はなかっただろう。つねに誠意をもって対応して頂いたことに心より感謝申し上げたい。

２０１７年11月　平藤喜久子

参考文献

- 国学院大学日本文化研究所編『縮刷版　神道事典』弘文堂　1999年
- 白井永二、土岐昌訓編『神社辞典』東京堂出版　1997年
- 松村一男、平藤喜久子、山田仁史編『神の文化史事典』白水社　2013年
- 大林太良、吉田敦彦監修『日本神話事典』大和書房　1997年
- 井上順孝『図解雑学　神道』ナツメ社　2006年
- 井上順孝編『神社と神々』実業之日本社　1999年
- 井上順孝『神道入門』平凡社新書　2006年
- 岡田莊司編『日本神道史』吉川弘文館　2010年
- 櫻井治男『日本人と神様』ポプラ新書　2014年
- 阪本是丸、石井研士編『プレステップ　神道学』弘文堂　2011年
- 笹生衛『日本古代の祭祀考古学』吉川弘文館　2012年
- 藤本頼生『神社と神様がよ〜くわかる本』秀和システム　2014年
- 宮元健次『図説 日本建築のみかた』学芸出版社　2001年

Profile

著者

平藤喜久子(ひらふじ・きくこ)

1972年山形県生まれ。

國學院大學研究開発推進機構日本文化研究所教授。

博士（日本語日本文学）。

専門は神話学。主な著書に『日本の神様と楽しく生きる』(東邦出版)、『神社ってどんなところ？』(筑摩書房)、『神のかたち図鑑』(白水社・共編著)、『神の文化史事典』(白水社・共編著)、『よくわかる宗教学』(ミネルヴァ書房・共編著）などがある。

日本の神様解剖図鑑

2018年１月１日　初版第１刷発行
2024年11月１日　　　第12刷発行

著者　平藤喜久子

発行者　三輪浩之

発行所　株式会社エクスナレッジ
〒106-0032
東京都港区六本木7-2-26
https://www.xknowledge.co.jp/

問合せ先　編集　Tel：03-3403-1381
Fax：03-3403-1345
info@xknowledge.co.jp
販売　Tel：03-3403-1321
Fax：03-3403-1829